新编21世纪职业教育精品教材
婴幼儿照护类专业系列教材

婴幼儿活动设计与指导

主　编／艾桃桃　梁梦琳
副主编／王　丹　袁　果　宋木子　蒋宜宏
　　　　李　里　李　维
参　编／方美红　潘　云　冼心媛　王晓红
　　　　玉丹萍　曾　鑫　韦晶晶　陆丽冕

中国人民大学出版社
·北京·

图书在版编目（CIP）数据

婴幼儿活动设计与指导 / 艾桃桃，梁梦琳主编 . --
北京：中国人民大学出版社，2022.12
新编 21 世纪职业教育精品教材
ISBN 978-7-300-31304-7

Ⅰ. ①婴… Ⅱ. ①艾… ②梁… Ⅲ. ①婴幼儿－早期
教育－职业教育－教材 Ⅳ. ①G61

中国版本图书馆 CIP 数据核字（2022）第 246064 号

新编 21 世纪职业教育精品教材
婴幼儿照护类专业系列教材
婴幼儿活动设计与指导
主　编　艾桃桃　梁梦琳
副主编　王　丹　袁　果　宋木子　蒋宜宏　李　里　李　维
参　编　方美红　潘　云　冼心媛　王晓红　玉丹萍　曾　鑫　韦晶晶　陆丽冕
Yingyou'er Huodong Sheji yu Zhidao

出版发行	中国人民大学出版社		
社　　址	北京中关村大街 31 号	**邮政编码**	100080
电　　话	010－62511242（总编室）		010－62511770（质管部）
	010－82501766（邮购部）		010－62514148（门市部）
	010－62515195（发行公司）		010－62515275（盗版举报）
网　　址	http://www.crup.com.cn		
经　　销	新华书店		
印　　刷	北京密兴印刷有限公司		
开　　本	787 mm×1092 mm　1/16	**版　　次**	2022 年 12 月第 1 版
印　　张	12.5	**印　　次**	2024 年 9 月第 2 次印刷
字　　数	239 000	**定　　价**	39.00 元

前　言

当前关于 0～3 岁婴幼儿活动设计与指导的教材较少，在现有的教材中，一类以活动案例的呈现为主，缺乏理论指导部分，难以让学生系统掌握活动设计的原理，另一类以理论体系的建构为主，缺乏与教育活动设计的有机对接，实操性不强，不符合职业院校学生的学习特点。同时，教材缺少相应的电子资源，在内容编排上也未能实现“课证融通”，难以满足职业院校学生学习的需要。本教材着眼于培育学生的婴幼儿照护、教育反思能力，以提高学生在 0～3 岁婴幼儿活动设计方面的能力。

0～3 岁婴幼儿的教育与保育具有重要的、无可替代的价值，社会也对婴幼儿教育提出了更高的要求。党的二十大报告指出，我们要深入贯彻以人民为中心的发展思想，在幼有所育、学有所教等方面持续用力，全方位改善人民生活。近年来，我国高度重视婴幼儿照护服务的发展，托育、保育等专业成为职业教育的热门专业。2021 年国家卫生健康委员会颁布的《托育机构保育指导大纲（试行）》提出，托育机构保育工作应当遵循婴幼儿发展的年龄特点与个体差异，通过多种途径促进婴幼儿身体发育和心理发展。因此，针对 0～3 岁婴幼儿的活动设计尤为重要。

本教材有以下几个鲜明的特点：

（1）以课程思政为引领，达到立德树人的教学目标。

本教材在教学内容方面着重体现了课程思政的引领作用，在案例中全面贯彻社会主义核心价值观，践行立德树人的根本任务，在学习目标、工作任务、工作要点等项目中融入社会主义核心价值观、专业认同与职业道德，使学生不仅能够掌握专业知识，而且能够建立良好的职业道德，以期培养具有良好师德规范和教育情怀的幼儿保育人才。

（2）“岗课赛证”融通，理实一体。

本教材结合婴幼儿照护类专业学生需要掌握的各项照护技能，有机融入“1＋X”证书考试相关要求，设计了对应的“工作任务”“工作情境”等栏目，便于学生在实践中增强综合素养，全面打造幼儿保育专业复合型人才。

(3) 以学生为本，通俗易懂。

本教材充分考虑学生的认知特点和学习需要，内容简洁，图表丰富，表述通俗易懂；每个项目后附有“同步练习”，以帮助学生加深理解。

(4) 配套教学资源丰富，实现立体学习。

第一，筛选优质婴幼儿教育活动案例，列举与问题相对应的指导策略，可操作性强，便于学生理解和学习。第二，制作微课、课件并录制托育机构活动视频等电子资源（二维码），一方面便于教师备课，另一方面也能够给学生提供生动形象的案例，便于学生课前预习、课中学习、课后复习，从而实现立体学习。

本教材由广西幼儿师范高等专科学校艾桃桃、梁梦琳共同主编和统稿，艾桃桃拟定编写框架和撰写全书提纲。具体分工如下：项目一由宋木子完成，项目二由袁果完成，项目三由王晓红完成，项目四由方美红完成，项目五由潘云、冼心媛共同完成，项目六由蒋宜宏、曾鑫共同完成，项目七由梁梦琳、玉丹萍共同完成。王丹、李维、陆丽冕、李里、韦晶晶为本教材提供了丰富的资料。

本教材为广西幼儿师范高等专科学校 2020—2021 年度高层次人才科研项目“高校学前教育专业学生职业认同的质性研究”（2022GCCRC19）、广西幼儿师范高等专科学校 2019 年度工作过程系统化课程专项建设项目“学前儿童心理发展”（GXYZ-XTHKC-3）（重点）的研究成果。

在编写本教材的过程中，编者直接或间接地参考和借鉴了许多有关婴幼儿照护与教育研究的最新学术成果、文献资料以及诸多托幼园所一线教育工作者的实践经验总结，在此对原作者一并表示由衷的感谢与深深的敬意。编者热切地希望本教材能够满足我国托育、早教、幼儿保育专业人才培养的需要。由于编写时间仓促、编者经验有限，教材中疏漏和不妥之处在所难免，敬请广大读者不吝赐教。

编　者

目 录

项目一　婴幼儿活动概述 ………………………………………… 1

主题一　婴幼儿活动的含义与分类 ………………………………… 3

主题二　婴幼儿活动设计的原则与内容 …………………………… 7

主题三　婴幼儿活动设计的意义 …………………………………… 15

项目二　婴幼儿活动的理论基础 …………………………………… 21

主题一　行为主义学习理论 ………………………………………… 23

主题二　人本主义学习理论 ………………………………………… 32

主题三　认知主义学习理论 ………………………………………… 36

主题四　建构主义学习理论 ………………………………………… 39

项目三　婴幼儿身心发展概述 ……………………………………… 45

主题一　婴幼儿生理发展特点 ……………………………………… 46

主题二　婴幼儿心理发展特点 ……………………………………… 53

项目四　婴幼儿活动设计环境创设及资源利用 …………………… 73

主题一　婴幼儿活动设计环境创设 ………………………………… 74

主题二　婴幼儿活动设计资源利用 ………………………………… 81

项目五　婴幼儿园所教育活动设计与指导 ………………………… 90

主题一　0～6 个月婴儿教育活动 ………………………………… 91

主题二　7～12 个月婴儿教育活动 ……………………………… 103

主题三 13～24 个月幼儿教育活动 …… 112
主题四 25～36 个月幼儿教育活动 …… 124

项目六 家庭与社区教育活动设计与指导 …… 137

主题一 家庭教育活动 …… 138
主题二 社区教育活动 …… 152

项目七 婴幼儿活动评价 …… 163

主题一 婴幼儿活动评价的目标 …… 164
主题二 婴幼儿活动评价的内容 …… 168
主题三 婴幼儿活动评价的原则 …… 180

参考文献 …… 189

项目一　婴幼儿活动概述

学习目标

知识目标：掌握婴幼儿活动的含义、分类、设计的原则和内容。
能力目标：能依据活动设计的原则选择合适的活动内容。
素养目标：关爱婴幼儿，重视婴幼儿的发展，体会自身工作的重大责任。

思维导图

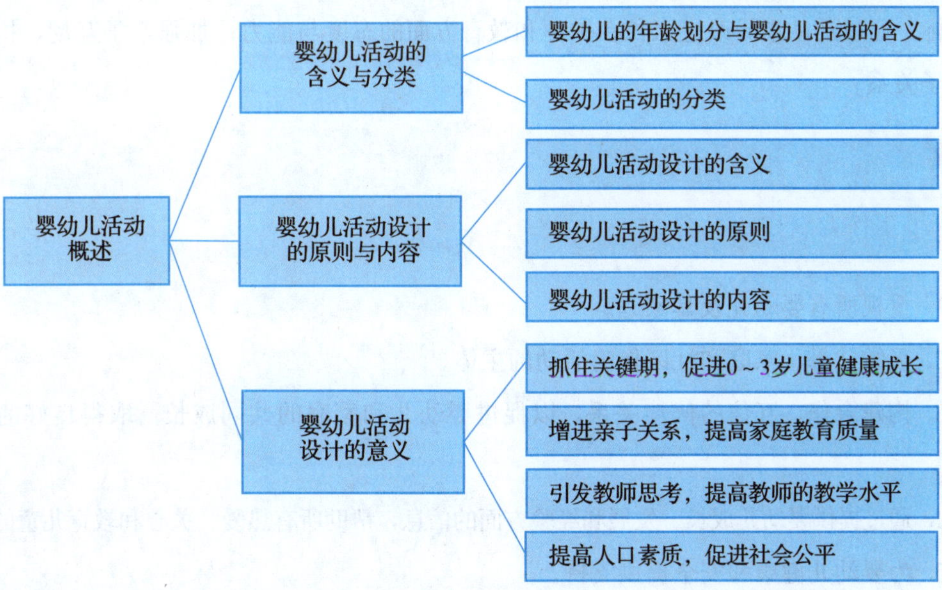

工作情境

0～3 岁婴幼儿照护是一项专业性很强的工作，0～3 岁是儿童最柔弱、最需要保护的时期，也是儿童语言、动作、社会性、健康等多领域发展的关键期。0～3 岁婴幼儿的成长发展，需要专业照护教师无微不至的关爱。照护质量提升的关键在于从事照护工作的教师能充分理解 0～3 岁婴幼儿身心发展的基本规律，把握婴幼儿身心发展的年龄特征、个性特点，制订科学的婴幼儿活动方案，合理安排婴幼儿的饮食、如厕、盥洗、睡眠、游戏等生活和活动内容，支持婴幼儿主动探索、操作体验、互动交流和表达表现，丰富婴幼儿的直接经验，从而为其一生的成长和发展奠定基础。

工作任务

为 0～3 岁婴幼儿及其家庭提供全程、全方位、富有个性的服务，鼓励婴幼儿与家庭共同成长，促进婴幼儿全面发展。具体如下：

（1）根据婴幼儿目前的成熟度和最近发展区确定婴幼儿发展目标，通过为婴幼儿设计丰富多彩的活动，培养身心健康、潜能得到充分挖掘的儿童。

（2）根据家长现有经验、育儿水平及完成学习任务的可能性，确定家长在活动中的学习目标；通过活动指导改进家长在护理和教育方面的态度与能力；加强亲子互动，构建和睦亲子关系。

工作要点

1. 重视所有婴幼儿及其家庭。

2. 吸纳父母、家庭和社区作为活动的主体。

3. 构建合作、互信的伙伴关系，以促进婴幼儿和家庭的共同成长，取得良好的活动效果。

4. 通过提供婴幼儿成长、发展和经验方面的信息，帮助所有热爱、关心和教育儿童的人。

5. 为婴幼儿健康和安全提供支持。

主题一　婴幼儿活动的含义与分类

一、婴幼儿的年龄划分与婴幼儿活动的含义

（一）婴幼儿的年龄划分

婴幼儿根据不同的标准有着不同的年龄划分，大体上0～1岁的为婴儿，1～6岁的为幼儿，0～6岁的统称为婴幼儿。本教材介绍的“婴幼儿”的相关内容，主要集中于0～3岁。

0～1岁：这一阶段的婴幼儿处于感知运动阶段初期，婴儿各种运动、动作的发展是其活动发展的直接前提，在婴儿期，由于言语能力有限，婴儿的发展水平更多的是通过其动作表现出来的，婴儿动作发展水平的高低决定着婴儿大脑、心理多方面的发展水平。婴儿期动作发展主要是大动作和精细动作的发展，即行走动作和手部取用物体技能的发展。0～1岁的婴儿还不能独立行走，以爬行为主，或是在家长的搀扶下缓行，手部动作以抓捏为主，十指灵活性不足，语言水平很低，只能掌握简单的单字和词。这一阶段的婴儿的活动目标应以发展其动作能力为主，通过发展动作能力来促进其他能力的发展。

1～2岁：这一阶段的幼儿开始喜欢走、跑、跳等动作，随着大肌肉活动能力的增强，小肌肉也相应发展起来，幼儿不仅能够抓握自如，肢体灵活性加强，还掌握了更精细的动作。幼儿逐渐出现自主探索世界的行为，动手的愿望明显增强，同时，语音、语言的发展也进入敏感期，开始注意并辨识各种语音、语调及声音，且能对音乐作出反应。加德纳认为，当儿童与音乐交互作用时，儿童不仅会建构思维的样式，而且也经历了新的情感体验。

2～3岁：这一阶段的幼儿词汇量迅速增加，处于对新词感兴趣的时期，也是语言理解能力迅速提高的时期。幼儿在2岁半以后常表现出系统整合的语言内化能力，能说出完整的句子。2～3岁还是幼儿疑问句的快速发展期，提问成为他们与社会进行信息交换的主要途径。维果茨基认为，儿童到了2岁左右的某一时刻，思维和言语发展的曲线就会会合，言语开始为智力服务，在这个思维开始用言语表达的时期，儿童对词语有强烈的好奇心，儿童的词汇量也迅速扩展，他有了说词语的需要，通过提出问题，意欲学会表示事物的语言符号。

（二）婴幼儿活动的含义

婴幼儿活动是指婴幼儿在需求的驱使下，为了达成某种目的而采取的行动。我们可以

从以下几个方面来理解婴幼儿活动。

1. 婴幼儿活动是一种有“目的”的活动

正如蒙台梭利所言：“儿童对活动的需要几乎比对食物的需要更为强烈。……如果我们给他们这个活动场地，我们将会看到，这些从来不能满足的使人苦恼的婴幼儿现在转变为愉快的工作者，出名的破坏者变成他周围器物的最热心的保护者。”

2. 婴幼儿活动是婴幼儿学习的重要途径

婴幼儿活动的过程是一个充满变化的、充满新颖性的和自发性的学习的过程。婴幼儿正是通过自主性活动获得经验，并在发现和解决问题过程中获得初步的实践能力及创造能力的。

3. 婴幼儿是活动中学习和发展的主体

婴幼儿既是活动的执行者、承担者、探索者，也是活动结果的最终体现者。婴幼儿享有选择和决定的自主权、研究与探索的自主权。

4. 婴幼儿活动是多种形式的活动

婴幼儿活动形式就是关于活动会如何进行、活动时间和空间会如何安排的问题，即活动进行的方式。婴幼儿的生理、心理特点决定了婴幼儿活动是多种多样、丰富多彩的。

另外，成人与婴幼儿的互动在活动中发挥着重要作用。成人可以直接或间接影响活动进程、引导活动方向及婴幼儿探索，他们可以是活动的设计者、组织者、调控者，也是活动目标的引领者。因此，在有成人参与的婴幼儿活动中，成人也是活动的主体。值得注意的是，成人主体性的发挥正是活动过程中婴幼儿主体性实现的有力保证，因为成人所面对的是未成熟的儿童，良好的主体性意识促使成人可以最大限度地满足婴幼儿发展的需要。在成人与婴幼儿的合作、交往、沟通和协调过程中，成人主体性的发挥和婴幼儿主体性的实现是一种动态的、良性循环的关系。

二、婴幼儿活动的分类

婴幼儿活动的主体是儿童，但活动的对象多种多样，构成因素也各不相同，这就形成了不同类型的活动。一般可以将婴幼儿活动进行如下分类。

（一）根据活动的领域分类

根据活动领域的不同，婴幼儿活动可以分为健康领域活动（如动作发展活动）、语言领域活动、科学领域活动、社会领域活动（如问好等）和艺术领域活动五类。当然，托幼园所的教育内容应当是全面的、启蒙性的和相互渗透的，这种划分只是相对的。

（二）根据活动中与成人的互动分类

根据活动中与成人的互动情况，婴幼儿活动可以分为婴幼儿的自由活动、家长与婴幼儿间的互动（如亲子活动）、教师与婴幼儿相互间的活动（如早期教育活动）。广义的亲子活动是指家长或看护人与婴幼儿进行的所有互动活动。狭义的亲子活动是指在专业教师的指导与组织下，在婴幼儿照护机构开展的，家长或看护人与婴幼儿共同接受早教教师的专业指导，获得学习成长的活动。早期教育活动是指为了促进婴幼儿健康成长，针对婴幼儿及家长开展的具有指导性、科学性、游戏性、互动性的学习活动的总和，包括托育教育活动、早期教育机构开展的教育活动、入户指导活动等。

想一想

你们俩一起玩儿吧

互动背景：室内游戏

幼儿年龄：18～23 个月

互动过程：旭旭看到琳达在玩彩虹套圈，对姥姥说：“姥姥，我也想玩。”姥姥说：“你跟琳达说，咱俩一起玩吧。”旭旭照着姥姥的话说道：“咱俩一起玩吧”，说着她就跟着琳达走，琳达给了旭旭一个黄色的套圈。姥姥说：“你看，你说了琳达就给你玩了，是不是？”旭旭看到琳达拿着的其他套圈，她也想玩。姥姥又对她说：“你跟琳达说，咱俩一起玩吧。”旭旭重复了一遍，但这次琳达并没有给她，而是自己拿着套圈一会儿走到这边，一会儿走到那边。旭旭对姥姥说道：“琳达不给你玩，琳达不给你玩”。姥姥说道：“等会儿她玩完了我们再玩吧。”

问题：这属于哪一种婴幼儿活动？姥姥的反应是否恰当？为什么？

小案例

快点收工了！

幼儿年龄：24～29 个月

互动背景：训练精细动作——舀豆子，要求婴幼儿用食指、中指和拇指捏住勺子练习舀的动作，主要目标是锻炼婴幼儿的手指灵活程度。

互动过程：琪琪今天的状态很好，一直舀个不停，时间到了，其他小朋友都收拾好了工具，可琪琪还是玩得很高兴。奶奶对她说：“好了，时间到了，把碗给老师送回去吧。”琪琪不理会奶奶，仍然玩着，老师看到了，对奶奶说：“没事儿，让她再玩一会儿吧。”过了几分钟，奶奶去拉琪琪的胳膊，又催她去放玩具，她把胳膊从奶奶手里挣脱出来，双手拍地，嘴里发出很不耐烦的声音，表示抗议，奶奶只好作罢。过了一会儿，奶奶又来催促，她还是拍地表示拒绝。直到下个环节开始了，其他小朋友开始拿大运动的器材，奶奶指着其他小朋友说："你看，其他小朋友在玩什么呢？"她这才放下了手中的工具。

案例评析：

第一，家长并未将婴幼儿视为活动的主体。在整个活动中，婴幼儿基本处于被动地位，而家长则是亲子互动的主要发起者，这与婴幼儿的年龄特点有关，也与家长的教育观念有关，同时还与亲子教育机构的课程设置有关。家长普遍认为教师是亲子教育的权威和控制者，因此，在活动中，家长会跟随教师的节奏和步骤去进行亲子活动，而不允许婴幼儿有其他活动。在上述案例中，我们能够看出在教学活动中家长对婴幼儿的控制，如家长用抱、拖、拉、拽等动作来阻止婴幼儿正在进行的行为。也就是说，家长为了防止婴幼儿作出一些违反亲子班活动纪律的行为，经常对婴幼儿使用一些抑制性的动作来主动发起亲子互动。

第二，家长没有将活动视为婴幼儿发展的途径。在案例中我们发现，家长只是为了参加活动而来，并没有发现活动中隐藏的教育契机，只是一味地要求孩子完成活动，完成教师交代的任务，如果孩子不想玩或者不想参与活动，家长就只会一味地逼迫孩子去参加，而不懂得如何引导孩子，而且过于以教师为中心，只要教师说过的话，就一定让孩子去完成，而不管孩子的发展程度怎样。

第三，家长没有认识到亲子间的互动在活动中的作用，没有发挥自身的主体性意识，盲目地以教师为权威。在案例中我们可以看到，教师安排了活动后，家长一定要让孩子去完成，而不管孩子是否有兴趣。在参与活动的过程中，教师如果组织别的小朋友参加其他活动，家长就一定要求孩子跟上，这种过于以教师为中心的教育方式，容易限制家长的思维。婴幼儿还处在感知运动发展阶段，孩子拿到玩具翻来翻去，不肯听话，正是他们用自己的感知觉来积累经验的过程，而家长却不给孩子探索、思考的时间，一味地按照教师的要求控制孩子，这将不利于孩子的发展。

拓展知识

早教活动应促进婴幼儿跨领域学习

现阶段我国早期教育活动的设计与开展多参照了学前教育阶段的培养模式，其内容包括体能、认知、语言、生活和社会性等方面。在早教活动实践中，多元、全面发展的目标期待未能完全实现。婴幼儿的发展对个体成长乃至其终身发展都非常关键。皮亚杰认为，出生后前两年里的智力发展都源于婴幼儿感觉与运动能力的发展，这意味着各个能力之间是相互影响的。因此，个体能力整体的发展要依赖于早教活动中各领域间的相互渗透，早教活动的设计与开展应有助于婴幼儿的跨领域学习。

首先，采用生成性活动方案，注重婴幼儿的自主探索。婴幼儿活动应基于婴幼儿的兴趣和需要，帮助其充分、自由地探索；要熟悉婴幼儿的发展特点，让婴幼儿独立、自主地操作体验，主导自己的活动；通过观察、记录、反思与调整生成活动方案，横向扩展或纵向延伸既定的活动内容，避免对婴幼儿进行知识灌输，切勿“指挥”或“替代”婴幼儿进行探索。

其次，注意各环节间的衔接，融合婴幼儿各领域经验。早教活动多包括运动、故事、游戏等多种形式、多个环节，侧重“多方面”但缺乏“整体性”，应将孤立零散的“拼盘式”早教活动结合起来，形成相互关联的“主题式”融合。如教师在讲完故事后带领婴幼儿做游戏是一种简单的叠加，若故事中的角色出现在游戏中，并能使婴幼儿以角色身份进行互动，就会有“主题式”融合的意味，从而使形式服务于内容，将各个环节有机衔接，更好地融合婴幼儿各领域经验。

最后，提供真实多样的材料，培养婴幼儿的多方面感知。婴幼儿凭借自己的感知觉来探索外部世界、接收外界信息，真实多样的感官刺激材料可以给婴幼儿带来多种体验，从而使其获得多方面感知。体验材料应真实，如“认识水果”，宜选用真的水果，使婴幼儿通过视、嗅、味、触等多种感觉获得对水果的多方面认知。又如为婴幼儿提供包括植物、生活用品、食物等多种不同性质的“材料”，并适时更换及补充材料，为婴幼儿提供多种尝试的机会。

资料来源：程香晖．早教活动应促进婴幼儿跨领域学习［J］．中国教育学刊，2019，(3)：106.

主题二　婴幼儿活动设计的原则与内容

一、婴幼儿活动设计的含义

婴幼儿活动设计是对一个活动的具体行动规划，是成人进行引导的蓝图，是取得良好活动效果十分必要的准备工作。婴幼儿活动设计的好坏，是婴幼儿活动是否有成效的关键。婴幼儿活动设计其实就是教师为了达到一定的教养目的，在进行了一定的活动背景分析基础上，创造性地对婴幼儿活动的目标、内容、实施策略、评价方法进行思考和构建的一个完整的过程。具体而言，在完成婴幼儿活动设计过程中有以下几个关键点：活动设计的组织者是教师；活动设计的目的是达成一定的教养目标；活动设计的前提是进行了一定的背景分析；活动设计的工作过程是创造性的；活动设计的工作任务是对婴幼儿活动的目标、内容、实施策略、评价方法进行思考和构建。

二、婴幼儿活动设计的原则

婴幼儿活动设计是教师为促进儿童发展而有计划、有目的地开展的一项创造性工作，它是建立在教师把握和分析活动对象的特点，制定适宜的活动目标，合理选择活动的内容与形式，并充分创设活动的环境和调动其他要素的基础之上的。因此，为了使其科学、合理而有效，有必要在设计中遵循以下基本的准则和要求。

（一）发展性原则

发展性原则是指在活动主题的选择、活动目标的定位、活动过程的实施、活动反思与延伸等方面的设计上应综合考虑婴幼儿的最近发展区，要考虑婴幼儿现有的发展水平，并以此为根据，促进其全面发展。教师在选择活动内容时，要充分考虑婴幼儿的可接受性，根据婴幼儿的认识规律，由浅入深、由易到难、循序渐进。例如：0～6 个月的宝宝所做的体操为被动操，而 6～12 个月的宝宝就可以做主动操。这样的活动设计既能调动婴幼儿参与活动的热情，通过适当的引导还能激发他们参与活动的积极性，提高其专注力，让婴幼儿在这种富有挑战性的活动中获得长远发展。

（二）主体性原则

主体性原则主要体现在两方面：一方面，在活动设计时，教师要遵循以婴幼儿为主体，在活动内容的设计上要注重激发婴幼儿的能动性、自主性和创造性，通过为婴幼儿创设良好的环境、提供适宜的操作材料，让婴幼儿在自主探索中得到发展；另一方面，要让家长发挥自身主体性。要在与家长的互动中让家长能理解活动的内容和方法，提升其育儿理念，并对家长的育儿理念提出建议，指导家长通过与孩子的互动增进亲子关系，最终使婴幼儿在精心设计的环境中不断地得到锻炼和成长。

（三）趣味性原则

趣味性原则是指教师在组织活动时要以游戏的方式调动婴幼儿学习的主动性、积极性，吸引婴幼儿的注意力，激发婴幼儿参与活动的兴趣，从而营造愉快的活动气氛。教师还应根据活动的具体内容和婴幼儿的实际需要，运用恰当直观的手段、生动形象的语言等增强活动的趣味性。教师要根据婴幼儿的年龄特点选择游戏类型，因地制宜地创设游戏条件，调动婴幼儿参加活动的积极性、主动性，使教育过程更充实、生动、形象、充满趣味。如在“送图形宝宝回家”的游戏中，让婴幼儿通过钻、爬、走、跳等诸多方式，分别将三角形、正方形、圆形送回各自的家。这一活动不仅让家长和孩子快乐地融入活动中，在欢笑中增进情感，也使婴幼儿在快乐中锻炼了肢体运动能力、形状配对能力及观察力。

（四）指导性原则

指导性原则主要体现在两个方面：第一，活动的设计要以提升现有能力，以及发展婴幼儿新的能力为目标，并且提供一定的指导方法。第二，如果活动中有家长参与，那么教师作为活动的组织者，不仅要带家长和婴幼儿一起游戏、学习、锻炼，还要结合具体可操作行为向家长传递科学育儿的理念。每一新内容的引入，都要设计婴幼儿的玩法并为家长提供相应的指导。

三、婴幼儿活动设计的内容

（一）活动内容的范围

婴幼儿活动内容的范围应包含六个部分：发展身体动作的内容（包括大肌肉肢体运动和小肌肉精细动作）、培养生活自理能力的内容、促进社会性发展的内容（尤其是社会性情感的培养）、发展语言理解能力和表达能力的内容、促进认知发展的内容（包括感觉统合训练的活动、调动五官感觉通道的活动等）、艺术能力培养（如感知音乐节奏及身体律动的音乐活动等）。从活动内容组织方面来看，婴幼儿活动内容的范围基本涵盖了认知领域、情感与社交领域、动作技能领域等方面，总体上符合婴幼儿成长和发展的要求。

（二）活动内容的选择

婴幼儿活动内容的选择应以目标为指引，以婴幼儿为主体，考虑婴幼儿发展目标和不同月龄段发展特点，针对婴幼儿的共性问题，选择生活中常见的、熟悉的、感兴趣的内容，开展丰富多样的活动，并且一个活动可以涉及不同的领域，领域之间相互交织，不能单一地呈现，从而促进婴幼儿的全面发展。另外，教师也可以根据不同月龄婴幼儿发育与健康、感知与运动、认知与语言、情感与社会性方面的发展指标，为每个婴幼儿建立档案。通过观察、记录和分析，定期为每个婴幼儿调整课程内容。

（三）活动内容的结构

婴幼儿活动内容组织的结构主要包括：活动目标、活动材料的准备、活动步骤（活动过程或活动流程），有的还包括活动指导和活动的延伸等方面。

下面以综合类课程为例，说明是如何运用这种活动内容达成活动目标。

小案例

【综合类课程主题】力量（10～16 月龄）。

【活动准备】A 机构玩偶、力量器械组合、沙包、彩虹伞、泡泡机。

【活动过程】

（1）主题发展目标介绍。

婴幼儿体能发育：开始从爬行过渡到站立和行走。

婴幼儿认知发育：开始关注因果相关性（通过对事物的体验）。

婴幼儿社交发育：初步与周围人开始互动游戏。婴幼儿通过一系列动作表示他们想要什么，学习双向交流。

（2）教学过程。

婴幼儿尝试举起不同的物体。

婴幼儿把不同的物体扔出去。

婴幼儿选择不同的位置做扔的动作。

【案例评析】上述活动内容符合婴幼儿身心发展的特点，尤其符合婴幼儿不同敏感期的特点。该月龄的婴幼儿开始体验到拥有力量的快乐，并特别喜欢做扔的动作。这些活动是有助于婴幼儿发展智力和能力的活动，婴幼儿还可在探索过程中学会使用声音、面部表情以及肢体来进行交流。

想一想

百变金字塔

活动主题：自由操作——百变金字塔。

幼儿年龄：16～18 月龄。

互动过程：

（1）教师出示一个摆好的金字塔，依次取下它的部件，并指着小的部件说："小的，小的，这是小的。"指着大的部件说"大的，大的，这是大的。"

（2）教师将取下的部件搭高，并对宝宝说："我们要将它们搭高。"

（3）教师变化金字塔，创意搭建，并对宝宝说："请你给它变一变。"

（4）游戏结束，整理玩具。教师带领大家一起说："玩具不玩了，从哪里拿的，放回哪里去。”

思考： 教师与婴幼儿的互动体现了哪些活动设计原则？

小案例

音乐课程——海上巡游

【幼儿年龄】1～1.5 岁。

【活动准备】游泳圈、三角铁。

【活动主题】

1. 相识问好

活动目标：通过有节奏的语言问好，让宝宝认识集体中的同伴，并培养宝宝良好的节奏感。

活动过程：

(1) 教师引导妈妈抱着宝宝围成大圆圈，欢迎宝宝和妈妈的到来。

教师：“大家好！欢迎妈妈和宝宝来到梦幻岛。我是大家的好朋友××老师。在梦幻岛上我们将一起体验音乐游戏的乐趣，妈妈们在这里也可以找回童年的快乐。那么，现在我们来相互认识一下吧！”

(2) 学做拍击。大家围圈问好，请妈妈帮助宝宝做手的动作，教师讲解动作并带家长和宝宝练习 2 次。

(3) 依次用这种形式跟每位宝宝问好。

2. 欢迎舞

活动目标：通过集体律动舞让宝宝感受音乐的韵律和节奏的变化；通过肢体活动，帮助宝宝发展对空间感的认识。

活动过程：

(1) 教师引导妈妈和宝宝进入舞蹈环节。

教师：“刚才我们认识了每一位宝宝，现在就请妈妈和宝宝伴随着音乐，开启快乐的海岛巡游之旅吧！”

(2) 妈妈抱着宝宝，在教师的带动下跟着音乐节奏跳圆圈律动欢迎舞。

教师：“请妈妈们一手从腋下环抱宝宝胸前，另一手托住宝宝的屁股，围成一个大圆圈，跟着音乐，和我一起来跳欢迎舞，一会儿弯腰问好的时候，请妈妈带动宝宝大声向其他人说‘你好’。”

（3）播放音乐，跳欢迎舞。

3. 感统一：扑到游泳圈上

活动目标：通过跳的动作锻炼宝宝的腿部肌肉；扑到游泳圈上时，感受爆破音和音乐的休止，提高宝宝的平衡感。

活动过程：

（1）教师介绍游戏并示范玩法。

教师：“刚刚跳完了欢迎舞，现在××要带宝宝们一起到海滩上来玩，宝宝们看，海滩上那是什么？”

教师出示游泳圈并介绍玩法。

（2）教师组织家长、宝宝跟着音乐做游戏。

请妈妈带着宝宝将游泳圈摆放在教室的一边，然后和宝宝一起站在对面的位置上。要扑在游泳圈上时，请妈妈们一定要大声唱出“砰”，让宝宝感受爆破音。

（3）根据宝宝兴趣反复练习几遍。

（4）现在请宝宝帮助××把游泳圈送回来吧！

4. 欣赏妈妈的歌：《让我们荡起双桨》

活动目标：为家长和宝宝提供良好的亲子互动空间，帮助宝宝获得更好的音乐感受能力，为开口唱歌做准备。

活动过程：

（1）教师带领家长唱歌。

教师：“宝宝最爱听妈妈的歌声，每次来到梦幻岛，××都会准备一首适合宝宝听的歌曲，请妈妈用最美的声音，和××一起来唱歌给宝宝听。从小给宝宝提供温馨的亲子音乐环境，可以帮助宝宝获得音乐感受能力，同时也能让宝宝感受到妈妈的爱。今天让我们一起坐上小船，唱着《让我们荡起双桨》去海上巡游吧！”

（2）教师带着妈妈看着歌词，跟着伴奏唱歌。

5. 集体舞

活动目标：让宝宝体验欢快的旋律和节奏；帮助宝宝发展四肢的协调性。

活动过程：

（1）教师介绍舞蹈，并示范舞蹈动作。

教师：“刚才我们欣赏了妈妈童年的歌曲《让我们荡起双桨》，现在××要带着宝宝一起来划一划小船，我们到蔚蓝的大海里扬帆起航吧！”

（2）跟着音乐跳舞。

6. 感统二：美丽的礁石

教学目标：对宝宝身体进行抚触，促进其触觉的发展；让宝宝感知顿音和连音；在游戏中增进亲子感情。

活动过程：

(1) 教师介绍游戏并示范玩法。

教师："现在我们划着船到了美丽的海上，看见远处有好多礁石在海面上若隐若现，海水拍打着礁石，哗——哗——声音真好听！现在我带着大家一起去礁石上玩一玩吧！"

(2) 跟音乐，做游戏。

7. 乐器玩奏：海上音乐会

教学目标：让宝宝跟随音乐学习使用三角铁进行演奏；体验乐器给他们带来的乐趣。

活动过程：

(1) 教师介绍所出示乐器的名称及用法。

教师："现在让我们坐着小船，在美丽的海面上开一个小小的音乐会吧！看，我手里拿的是什么？它的声音好听吗？这是三角铁。"

(2) 鼓励宝宝和家长一起敲击乐器，教师观察其敲奏的方法。

(3) 乐器演奏。

(4) 收回乐器。

8. 感统三：跳跃的小鱼

活动目标：通过身体动作，在游戏中感知音乐的停顿；增强宝宝对平衡感及重力感的体验。

活动过程：

(1) 教师介绍游戏名称并示范玩法。

教师："刚刚宝宝和妈妈的音乐会开得真精彩！演奏完好玩的乐器，现在我想和宝宝一起像小鱼一样在跳出海面、再'呼'地潜回海里，自由地与大海做游戏。"

(2) 第二次听音乐，换玩法做"飞"的游戏。

(3) 用不同的方式做几遍游戏。

9. 告别舞

教学目标：用集体律动的方式，让宝宝结交朋友；提高宝宝在课堂上的互动能力；帮助宝宝建立秩序感，知道跳告别舞是该课程的结束。

案例评析：

通过上述案例，可以发现教师在课程的每一个环节都会说出活动的目标及该活动有助于发展婴幼儿的哪项能力，从而帮助家长理解活动设置的意义。通过各个活动的目标，可以看出整个活动呈现多元化的目标体系，且目标明确，具有循序渐进的特点，可以使婴幼儿实现全面和谐发展。在活动过程中，教师非常注重婴幼儿在各项活动中潜能的开发和婴幼儿的社会性发展，并为家长提供科学育儿方面的指导。但是从整个活动来看，活动目标侧重于认知能力的培养，情感体现得较少，且环节较多，各个目标在活动内容中体现不一。

拓展知识

0～3 岁亲子园课程内容

0～3 岁亲子园课程的研究，目的在于探索，而不是验证。因此，本研究主要运用的是观察法。研究者亲临现场，采取行动研究的方式，深入三类 0～3 岁亲子园（加盟亲子园、公办亲子园、自创品牌亲子园）的活动现场，查阅课程方案，观察课程开展情况，同时对负责人和教师进行调查、访谈，了解亲子园课程，并查看网站，分析宣传单。即采用多种方法收集第一手资料，找出有启发意义的工作思路与方法，尽可能深入了解 0～3 岁亲子园的课程。在此基础上，使用归纳法分析资料，并形成理论，通过与研究对象互动，从当事人的视角理解并进行意义建构。

（1）从网站和宣传单上看，亲子园课程内容大都以“儿童中心”为价值取向，按 0～3 岁婴幼儿心理发展逻辑来组织具有综合性的课程内容。所考察亲子园都提及：根据加德纳的多元智能理论、奥尔夫音乐教学理念、蒙台梭利教学以及美国爱尔丝博士的感觉统合训练等教育理念，同时契合婴幼儿发展需要，以游戏的方式设计个性化的课程。

（2）从活动组织形式看，不仅有平行性的小组活动内容，还有合作性的集体活动内容。平行性的小组活动内容既便于向家庭延伸，也便于亲子教师就每一对孩子和家长的互动行为为其提供个别化指导。也就是说，所有活动内容都是家长可以与孩子一对一开展的。合作性的集体活动内容可以弥补当今独生子女缺乏兄弟姐妹与之互动的遗憾，有利于培养孩子团结互助的精神。

（3）课程内容的结构化和精细化程度较高，流程僵化，“拼凑式”内容较多。活动内容存在“动则有趣，静则枯燥”的现象，缺乏趣味性和游戏性。此外，与亲子园课程相配套的教育性游戏材料严重缺乏。

（4）虽然亲子教师为每个入园婴儿建立档案，婴儿来园的每次活动内容，教师都有观察、记录和分析，但并不会真正为每个婴儿去调整课程内容。

(5) 有一些普适性生活习惯与学习习惯的养成内容，兼顾相关营养知识的介绍、讲解和科学育儿知识、经验、技能的传授，但针对个别家庭的文化、教育及社会背景指导的内容很少。

(6) 亲子园课程的环节较多，教师的主要角色就是课程流程的“导游”，即按照教案规定的环节、内容和时间组织家长和婴幼儿参与活动，并顺利完成这些内容，给人以“走马观花”之感。

资料来源：刘懿，卢筱红. 0～3 岁亲子园课程的实践研究 [J]. 教育学术月刊，2011 (2)：79 - 82.

主题三 婴幼儿活动设计的意义

《幼儿园教育指导纲要（试行）》中明确指出，幼儿园教育要与“0～3 岁教育做好衔接”，预示着幼儿教育的延伸在我国势在必行。随着现代脑科学、心理学研究的发展，专家发现婴儿生下来并不是“白板”一块，而是具有各种心理能力和学习能力。人类各种心理活动，包括感知觉、注意、记忆、学习、想象、思维、言语、情感、意志行动、自我意识，以及个性心理特征等，在婴幼儿期都已开始发展。婴幼儿期是人类个性心理发生的重要时期，早期教育对个体发展至关重要，而且这种早期经验对其儿童期、青少年期乃至一生的发展将产生重要的、长远的影响。

一、抓住关键期，促进 0～3 岁儿童健康成长

0～3 岁是婴幼儿早期教育的关键时期。苏联生理学家、心理学家巴甫洛夫曾说：“如果你在婴儿降生的第三天才开始教育，你就已经晚了两天。”说明人的发展从出生开始就应该受到高度关注。心理学和脑科学，尤其是神经科学的研究成果表明：0～3 岁是婴幼儿生理发育和心理发育最迅速、最关键的时期。0～3 岁是婴儿一生中最重要的三年。新生儿从出生开始就是一位学习者，其听觉、视觉和触觉都已开始发展。相关研究表明，婴幼儿的脑部发展除了和遗传基因有关外，也和婴幼儿早期丰富多彩的教育有很大的关系。活动设计是教师促进婴幼儿身心各方面全面发展的主要媒介和平台，是婴幼儿与社会沟通的桥梁。婴幼儿通过形式多样的活动与周围环境互动，活动设计是否科学、是否适合婴幼儿的发展水平，直接关乎婴幼儿的健康成长。

二、增进亲子关系，提高家庭教育质量

活动设计涵盖了父母教育和子女教育两个方面，它会通过对父母的指导而实现对亲子关系的调适，从而更好地促进儿童身心的健康和谐发展。亲子教育不一定非要在特定的亲子教育机构中进行，日常生活中的所有时间、所有场合都是亲子教育的机会。目前，我国0～3岁婴幼儿大多数散居在家，0～3岁婴幼儿家长有对孩子进行早期教育的愿望，但苦于科学育儿方式方法和早期教育机构的缺乏，在这样的背景下，在活动过程中给家长提供养育婴幼儿的指导，既进行了早期教育，又能增进亲子关系，也能够极大地满足广大父母和孩子们的需要，推动亲子教育的发展，改善家庭教育质量。

三、引发教师思考，提高教师的教学水平

教师作为活动的设计者，除了对活动内容以及承载各种不同形式内容要求的材料作出选择外，还应当考虑婴幼儿的个体差异、活动环境的情况，以及在活动中选择什么样的组织方法才是适当的、合理的、有效的。教师通过活动设计的过程，可以引发对自身的教育行为和策略的思考，更好地促进教师根据具体的活动环境、婴幼儿年龄发展特点、成熟水平和现有经验选择适宜的活动内容和材料，采用不同的活动组织方法，以支持和鼓励婴幼儿快乐、健康、全面地发展，进而提高自身的教学水平。

四、提高人口素质，促进社会公平

随着学前教育的发展，0～3岁婴儿的教育已成为社会各界关注的焦点。联合国儿童基金会前执行主任卡罗尔·贝拉米（Carol Bellamy）提出，社会必须对0～3岁早期儿童进行投入，这有四个原因：一是儿童有权拥有最佳的人生开端，同时也为今后成长提供保障；二是将来它必然会产生巨大的经济效益，可以在纠补教育、保健和康复等服务领域节省资金；三是有助于缩小社会差距和经济差异，减少社会性别不平等现象；四是为一个国家提供通过增强国民素质来提高它在全球经济中的竞争力的最佳契机。她还认为，0～3岁这一年龄段对孩子以后的成长十分关键，任何负责任的政府都应把早期儿童教育放在最优先考虑的位置。

想一想

在访谈中，对于“在亲子园中和孩子交流最多的内容是什么？主要通过什么方式？”这个问题，A、B两位家长分别作出了以下回答。

A 家长：我最多的就是告诉他老师安排的内容，再就是告诉他不要打架。

B 家长："就是通过老师引导吧，交流的内容就是老师上课的内容，自己在网上、书上也看一些。"

问题：对这两位家长的教育观念，你怎么看？

小案例

找小熊

婴儿年龄：1～12 个月。

互动背景：精细动作——小筐子中有很多玩具，要求家长把其中两只高 5cm 左右的小熊玩具藏起来，让宝宝去找。

互动过程：妈妈手里拿一只玩具小熊，说："芝麻，你给妈妈找一只一样的小熊来"，芝麻并没有按照妈妈的要求做，而是探索小筐子里的各种玩具。妈妈看芝麻没有找，于是拿起另外一只小熊，对宝宝说道："这两只是不是一样？"芝麻没有反应。于是，妈妈转过头对老师说："她怎么一点反应都没有啊？"老师说："即使宝宝没有反应也不要紧，我们还是要潜移默化地影响宝宝，家长可以拿起玩具告诉宝宝，这两只是一模一样的。"妈妈采纳了老师的建议，对宝宝说："芝麻，你看，这两只是一样的，都是小熊，芝麻，妈妈要这样的，这样的在哪啊？"宝宝这次找到了一样的小熊，交给了妈妈，妈妈夸奖她说："真棒，真棒！"说完抱起宝宝亲了一口。

案例评析：在这个案例中，妈妈刚开始和芝麻互动时，没有取得预期的效果，于是主动询问老师，亲子教师给予指导之后，妈妈学会了如何潜移默化地影响宝宝。活动设计的指导不仅包括对婴幼儿活动的指导，也包括对家长教育行为和理念的指导，这在提高亲子间的互动效果的同时，也提高了家庭教育质量。

拓展知识

0～3 岁儿童学习与发展及教育的重要性

儿童从出生，甚至更早时，就开始了学习。儿童早期的几年是其一生中成长和发展最快的阶段，这种快速的变化曾被认为是奇迹，尤其 0～1 岁是儿童大脑发育的关键期。研究表明：儿童感觉、语言和认知从出生前到 12 月龄期间爆发性地快速发展，直至达到顶峰，具体如图1-1所示。与父母、护理人、保育专家、教师以及其他成年护理人员之间的互动，在婴幼儿的大脑发育过程中发挥着关键作用。对于婴幼儿来说，从出生到进入幼儿园的每一天都很重要。

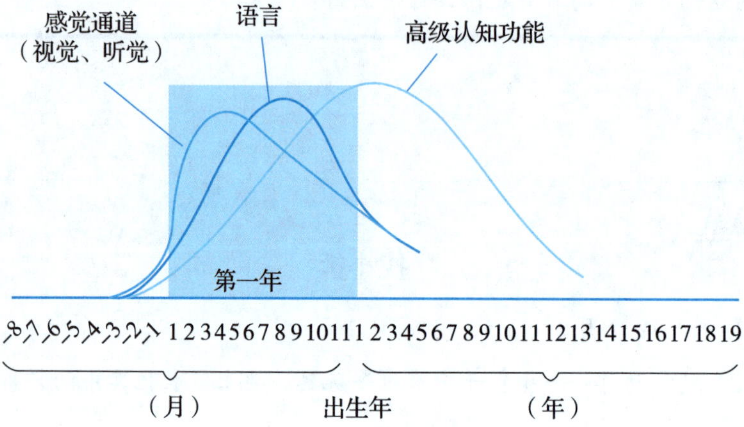

图1-1 儿童感觉、语言、认知的发展

从出生到3岁，儿童学习身体技能和社会技能，情感和认知也得到了发展。研究发现，根据3月龄婴儿对刺激的反应能预测其4岁时的言语和行为智商。生活在有丰富刺激的家庭环境中的儿童，从1岁到3岁，智商会不断提高；相反，生活在刺激较少的家庭环境中的儿童，在相同的时间内，智商会下降10～20分。在出生后8个月内发育迟缓的儿童，6岁时的智商比正常儿童低11分。生命的头3年是人类社会和情绪反应发展的敏感期，或许是形成亲密情感关系的最敏感期，如果在此期间没有或很少有机会形成这种关系，这些儿童会难以结交到亲密的朋友，且在以后的生活中很难与他人建立亲密的情感关系。可见，人际关系在3岁前就已经奠定基础了。这种人际关系认知表征一旦在生命的早期形成，就会相对稳定，成为人格的一部分，从而对个体终身的亲密关系都产生影响。

0～3岁教育会为儿童将来的学习打下基础。该阶段要最大限度地开发儿童的学习潜能。美国华盛顿大学学习与脑科学研究所负责人帕特里夏·库尔（Patricia Kuhl）表示："我们知道婴儿一出生就有学习能力，但现在我们认为他们甚至在更早的时候就开始学习了。"发表在世界著名学术杂志《科学》上一篇关于8个月婴儿统计学习的论文指出，婴儿具有计算语言输入的统计学特点的强大机制。埃里克森（E. H. Erikson）提出，人一生面临8个危机期，每个危机都必须顺利解决才能成功过渡到下一个阶段。人生最早的危机是0～1岁，主要是基本信任对基本不信任；1～3岁，主要是自主对羞耻（疑虑）；3～6岁，主要是主动对内疚。在整个人生的8个危机期中，0～6岁就占了3个，并且是基础性的 3 个。美国教育家布克梅尼斯特·富勒（Richard Buckminster Fuller）指出："每一个孩子生来都是天才，但大多数孩子在他生命的最初 6 年里，天资被磨灭了。"

资料来源：官群，姚茹，RICHARD WAGNER，等．中国《0～3 岁儿童学习与发展指南》研发报告 [J]．中国特殊教育，2018（5）：67－73.

项目小结

本项目主要介绍了婴幼儿活动的含义与分类、婴幼儿活动设计的原则与内容、婴幼儿活动设计的意义。这三个主题旨在回答婴幼儿活动设计中教师最为困惑的几个问题，同时这三者之间是存在一定内在联系的。首先，本项目第一个主题回答了婴幼儿活动的含义是什么、如何对婴幼儿活动进行分类这两个最基本的问题分类，从而解决了统一认识的问题。接下来，就要回答本项目中最重要的问题，即如何设计活动？活动应该围绕哪些内容展开？又该如何自查以避免设计中的错误？这就是第二个主题的学习重点——婴幼儿活动设计的内容与原则，从而解决了教师对活动设计正误评判的能力问题。最后，在完成活动设计后，教师可能会产生更大的困惑——婴幼儿活动设计的意义是什么？这样设计到底有没有价值？又有什么价值？如果教师始终对这个问题有困惑，就很难在活动设计中保持长久的热情。这就是第三个主题所涉及的内容，从而解决教师设计活动的动机与热情的问题。

同步练习

一、选择题

1. 婴幼儿早期教育的关键时期是（　　）。

A. 0～3 岁　　B. 3～4 岁　　C. 4～5 岁　　D. 5～6 岁

2. 一般婴幼儿在（　　）岁后，可以说出简单句。

A. 1　　B. 2　　C. 3　　D. 4

3. 婴幼儿学习的重要途径是（　　）。

A. 婴幼儿活动　　B. 婴幼儿触觉　　C. 婴幼儿观察　　D. 婴幼儿动作

4.（　　）个月的宝宝所做的体操为被动操。

A. 5　　B. 6　　C. 7　　D. 8

5.（　　）是婴幼儿活动中学习和发展的主体。

A. 教师　　B. 监护人　　C. 婴幼儿　　D. 家长

二、判断题

1. 婴幼儿活动是一种无“目的”的活动。（　　）
2. 1～2 岁这一阶段的婴幼儿词汇量迅速增长，处于对新词感兴趣的时期。（　　）
3. 婴幼儿活动设计涵盖了父母教育和子女教育两个方面。（　　）
4. 生活在有丰富刺激的家庭环境中的儿童，从 1 岁到 3 岁，智商不断提高。（　　）
5. 在完成婴幼儿活动设计过程中不需要做背景分析。（　　）

三、简答题

1. 根据 1～2 岁儿童的特点，你觉得活动的重点应该是什么？
2. 婴幼儿活动设计的主要内容和原则分别是什么？
3. 婴幼儿的心理特点都有哪些？
4. 简述婴幼儿活动设计的意义。
5. 简述完成婴幼儿活动设计的过程中的五个关键点。

四、案例分析题

在“建大桥”活动中，亲子教师请小朋友和他们的家长一起来建大桥。有的家长站在旁边看孩子自己做，对孩子的做法指指点点，就像一位监工，要求孩子按照他们说的来做，有的家长会训斥孩子说：“你怎么这么笨呀，你看其他小朋友都弄好了。”甚至有家长亲自上手，而让孩子只完成一些简单的任务。

问题：

1. 你觉得家长的上述做法是否合适？为什么？
2. 如果你是教师，你会如何指导家长呢？

项目二　婴幼儿活动的理论基础

学习目标

知识目标： 了解心理学理论的代表人物，掌握各理论的主要观点。

能力目标： 能用有关观点和理论解释婴儿活动的特点和规律，分析婴幼儿日常活动的行为。

素养目标： 传递理解、包容、爱护婴幼儿的情感关怀，感受家园合作的和谐关系。

思维导图

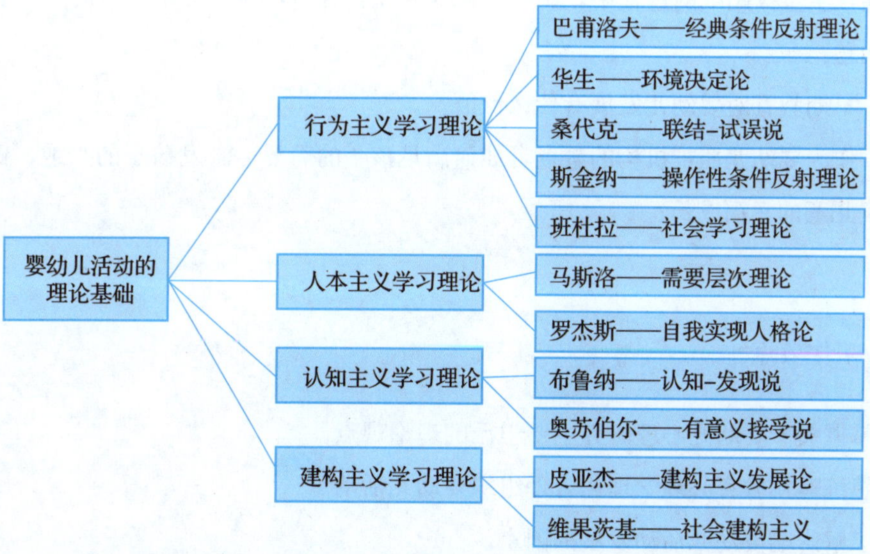

工作情境

在我国的托幼机构中，一般把活动分为两大类：一类是创造性活动。它是以想象为中心，主动地、创造性地反映现实生活的活动。另一类是规则性活动。它是有明确规则的活动，一般包含活动的任务、构思、规则和结果。

在早教的课堂上，21 月龄的宝宝想把贴纸撕下来，但是没有成功。妈妈帮宝宝把贴纸撕下来递给宝宝。我们提示妈妈让宝宝自己撕，如果宝宝有困难，妈妈可以帮助宝宝把贴纸掀起一角，便于宝宝操作。在粘贴时，宝宝分不清贴纸的正反面，妈妈就把宝宝手上的贴纸拿下来帮他贴在小猫旁边。早教教师告诉妈妈："宝宝因为年龄小，还不知道贴纸的特性，你可以先让宝宝用手指触摸黏的那一面，再尝试贴好。"最终宝宝能独立地把贴纸小动物贴在纸上。

工作任务

教育应该教给婴幼儿知识，应该发展婴幼儿的能力，应该激发婴幼儿积极的情感，但只有这些是不够的，婴幼儿教育还应让幼儿感受到幸福，婴幼儿有没有获得幸福，是衡量婴幼儿教育是否成功的最根本的标准。

请问在宝宝撕贴纸的过程中，妈妈如何介入比较合适？在学习本项目时，需要思考以下两个问题：

（1）早期教育对婴幼儿发展有什么价值？

（2）作为婴幼儿照护机构的教育者如何满足孩子的需要、激发孩子的兴趣，做到切实关注每位儿童的幸福成长？

工作要点

1. 掌握关于婴幼儿心理研究主要学派的理论观点。
2. 熟练运用教育心理学理论合理组织婴幼儿活动。
3. 了解影响婴幼儿活动发展的因素。

主题一 行为主义学习理论

行为主义是早期著名的心理学流派之一，行为主义心理学由华生在 20 世纪初提出。1913 年华生发表一篇名为《行为主义者眼中的心理学》的文章，行为主义学习理论随之诞生。随后，桑代克、斯金纳、班杜拉等人将其理论推至巅峰，并占据西方心理学理论首位长达半世纪之久。行为主义学者把学习过程看成刺激和反应的联结和联想，其中一部分学者认为学习是通过刺激和反应同时出现而产生的，另一部分学者认为学习通过行为受到奖励而进行。他们的理论成果都在一定程度上解释了婴幼儿活动发展的一般特点和规律。

一、巴甫洛夫——经典条件反射理论

俄国生理学家巴甫洛夫通过对动物条件反射实验的研究（见图 2－1），得出经典条件反射理论，为行为主义学习理论奠定了科学基础。后来，美国心理学家华生把巴甫洛夫的原则应用于心理学并使其成为心理学的主流。

图 2－1 经典条件反射实验

巴甫洛夫的经典条件反射实验情境：如果将食物放在一条狗口中或嘴巴附近，食物可以自动引起狗的唾液分泌反应。在实验中，食物被称为无条件刺激，引起狗的唾液分泌反应，这是无须任何训练和经验而自动出现的，被称为无条件反应。简言之，“食物-唾液分泌反应”属于生理反应。实验第二个阶段，如果给狗呈现其他刺激如铃声，在这个情境中铃声只能引起狗的注意而不会使狗产生唾液分泌的反应，实验者把铃声当作中性刺激。实验第三个阶段，如果将中性刺激与无条件刺激反复多次配对出现，那么，即使单独呈现铃声而不出现食物，狗也会分泌唾液，铃声取代了食物成为条件刺激。这个过程被称为经典条件反射过程。在婴幼儿的生活中，抚养人可以把给予婴幼儿幸福感和安全感作为活动任务的无条件刺激，让婴幼儿在活动和指令下进行动作的学习，这会更有利于婴幼儿掌握动作的发展。通过实验研究，巴甫洛夫提出了条件作用的几个规律，为后期儿童心理学的发展提供了理论基础。

（1）中性刺激的呈现应在无条件刺激之前，如先出现铃声后给食物。巴甫洛夫及其学生发现如果中性刺激在无条件刺激之后呈现，很难对动物形成条件作用。其他的研究则发现条件刺激在中性刺激之前的 15 秒呈现，最易形成条件作用。根据这个规律，我们可以在设计婴幼儿活动时，把一些条件刺激呈现给幼儿，如微笑、食物、奖励、拥抱，等等。在活动中进行有效的任务练习，多次的配合可以起到很好的效果。在生活中，婴幼儿偶尔叫一声“妈”，妈妈便报以微笑和爱抚，于是孩子就学会了叫“妈妈”。

（2）消退。条件作用的形成并不是一劳永逸的。如果只呈现条件刺激，这里的条件刺激是指希望完成的动作反应场景，而不伴随无条件刺激，几次以后，动物将不会再作出条件反应，即反应消退了。在婴幼儿阶段，奖励性的刺激与无条件刺激需要紧密配合，以促成良好习惯和良好行为。同时，消退规律也可以用来矫正偏差行为习惯。

（3）刺激的泛化。条件作用的形成往往是针对某一特定刺激的，但是动物有能力对与条件刺激相似的一些刺激作出条件反应。如狗被训练对某一声调的铃声作出条件反应后，它也会对不同声调的铃声作出反应。这种现象称作泛化。

（4）分化。在实验过程中，如果继续呈现不同音调的铃声而不提供食物，狗就开始更有选择性地作出反应，只对与最初的条件刺激最相似的刺激作出反应，这称作刺激的分化。抚养者与婴幼儿在生活环境中互动时，应有选择地呈现中性刺激，否则，过多的中性刺激呈现会给婴幼造成反应选择困难。

二、华生——环境决定论

华生首先主张用客观的方法研究可观察的行为，他是美国第一个将巴甫洛夫的研究结果作为学习理论的人。华生不满足于机能主义对意识研究与内省法不严谨的态度，力图用刺激-反应（S-R）公式解释动物和人的一切行为反应，并提出刺激-反应理论。

华生把人体肌肉的收缩和腺体的分泌现象称作反应现象，而引起有机体活动的内部和外部的变化就是刺激。于是，他认为心理学研究行为的任务是寻求刺激与反应中间的规律关系，进而根据不同刺激推知反应的强弱，或根据反应推知刺激的大小，从而达到预测和控制行为的目的。

华生曾经做过一场经典的行为主义实验——婴幼儿只要摸到毛茸茸的东西就会感到安

心，而听到巨大的噪声则会感到恐惧，于是每当婴幼儿摸到了毛茸茸的地毯，华生就会发出巨大的噪声让婴幼儿感到害怕。长时间下来，即使华生不再发出噪声，婴幼儿只要摸到地毯也会感到恐惧，甚至情绪失控与哭泣。通过实验，我们可以看出，实验者可以根据刺激-反应理论来建立人对事物的情绪。如图 2－2 所示。

图 2－2　经典的行为主义实验

这是一个简单的心理模型，将地毯替换成你不希望孩子接触到的事物，将噪声替换成任何可以引起孩子恐惧的事物，通过长期引导和刺激，你就可以让孩子朝着你想要的方向发展。但华生的教育方式完全是程序化的教育，是扩大心理模型的现实实验，没有掺杂丝毫的感情。在实验环境中，孩子还小的时候，这样的实验难免会给孩子造成心理上的伤害，过度严格控制孩子的一切生活，甚至思想，其实是不理性的行为。

由于旧的行为主义者排斥研究有机体的观念、意识、想象等内部条件，简单地将“刺激-反应”这一基本单元作为解释有机体行为反应的全部内容，忽略了人的主观能动性，因此行为主义的弊端也逐渐暴露了出来。后人在此基础上摒弃旧的行为主义思想，改良和完善旧行为主义。新行为主义者坚持研究人的行为的宗旨，旨在探索更能说明刺激与反应之间规律的科学。

三、桑代克——联结-试误说

桑代克是美国心理学家，心理学行为主义的代表人物之一，他也被认为是教育心理学的奠基人。他提出了联结主义理论：刺激-反应公式，即联结-试误说。

首先了解一下经典实验——饿猫打开迷笼的实验。箱内有某种开门的设施：一圈金属绳、一个把柄或一个旋钮。猫碰巧抓到这种开门设施，门便开启，猫得以逃出并能吃到箱子附近放置的鱼。第二次、第三次……猫一次比一次熟练，打开门的速度一次比一次快，正确反应逐渐巩固，最终形成了稳定的刺激-反应联结，如图 2－3 所示。

图 2-3　经典实验——饿猫打开迷笼的实验

实验中猫必须通过不断的尝试和试误才可以打开门，打开门后，才可以吃到作为奖励的鱼。简言之，学习是通过行为受奖励而进行的。实验中的猫可以看到笼子旁边的鱼，即奖励是在活动之前已经呈现给被实验对象。这一点也是不同于经典条件反射实验的一个方面。桑代克根据其实验结果提出联结主义学习理论。这种理论认为学习的实质在于形成这种刺激-反应联结，这种联结是通过尝试与错误的过程而自动形成的，不需要以观念作中介。动物的学习是盲目的，人的学习是有意识的。学习是试误的过程，并受练习律、效果律和准备律的制约。准备律指学习者在学习开始时的预备定式。学习者有准备又给以奖励就会感到满意，有准备而不予以奖励则会感到烦恼。练习律指在试误学习的过程中，任何刺激与反应的联结，如果经常对之进行练习和运用，则其联结的力量就会逐渐增强；练习的时间越近，联结保持的力量越大。如果不运用，则联结的力量会逐渐减少；不用的时间越长，联结的力量就减小。效果律是最重要的。决定学习的最重要的因素是机体的行为后果，凡是导致满意后果的行为被加强，而带来烦恼的行为则被削弱。

游戏是婴儿建构周围世界知识的关键方式，课程设计的一个重要方面是教师如何深思熟虑地、有目的地设计游戏空间。在精心设计的婴儿照护活动中，游戏环境为婴幼儿行为的发展提供了巨大的可能性。例如：孩子在游戏过程中，通过注意和比较玩具的不同特征，准备进入自己设定的游戏空间，婴幼儿只选择那些具有共同特征的玩具，不断组合配对，以达到自己满意的效果。他们凭借颜色、大小和形状把一个玩具与另一个玩具联系起来。在此过程中，婴幼儿掌握大小、数字、顺序和类型的概念。看似简单的游戏，其实是婴幼儿学习和探索的开始。

四、斯金纳——操作性条件反射理论

斯金纳是美国心理学家，新行为主义学习理论的创始人，也是新行为主义的主要代表。斯金纳意识到前人在行为主义发展上的不足，于是他设计了一种叫斯金纳箱的学习装置，便于在可控制的环境下对操作行为进行细致的研究。这个实验比经典条件反射实验和饿猫打开迷笼的实验更加灵活，研究者可以通过箱子控制实验过程中给动物的反馈结果。

在箱壁的一边有一个可供按压的杠杆（大多是一块金属板），在杠杆旁边有一个承接食物的小盒，紧靠着箱壁上的小孔，小孔外是食物释放器，其中贮有颗粒形食物。动物在箱内按一下杠杆，即有一粒食物从小孔口落入小盒内，动物可取食。一只白鼠禁食 24 小时后被放入箱内，开始它在箱内探索，偶尔按压了杠杆，获得食物。白鼠开始可能并没有注意到食物落下与按压杠杆的关系，但若干次重复后，就形成了按压杠杆取食的条件反射。研究人员后期对实验中的设置稍做修改，针对不同物种，设计稍有不同。例如：食物释放装置由程序控制，可测试动物能否学会按三次杠杆以得到食物，或间隔一定时间按压杠杆才能得到食物。斯金纳箱如图 2-4 所示。

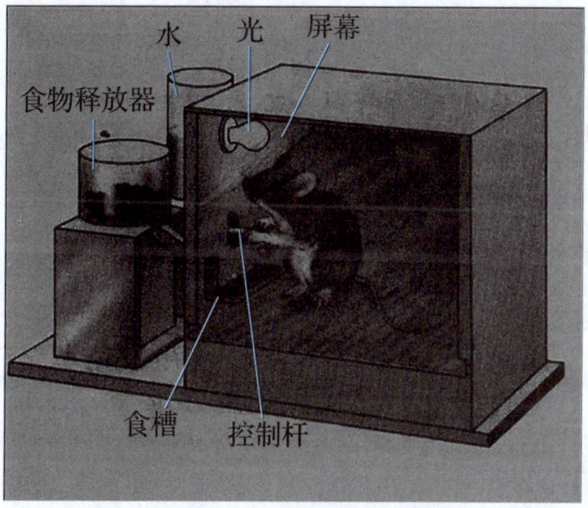

图 2-4　斯金纳箱

这时，我们可以说，白鼠学会了按压杠杆以取得食物的反应，按压杠杆成了取得食物的手段或工具。在实验中，斯金纳用三种基本的实验操作来控制环境：呈现刺激、安排结果、信号刺激，从而提出了操作学习理论。

斯金纳把人和动物的行为总体上分为两种：应答性行为和自发性行为。应答性行为是由特定刺激所引起的，是经典条件作用的研究对象。操作性行为则不与任何特定刺激相联系，是有机体自发作出的随意反应，是操作性条件作用的研究对象。操作性行为主要受强化规律的制约。实验对象通过自己的操作行为得到食物，为了得到食物而不断作出类似行为。个体在环境中可能有多种反应，哪些行为再次发生或者消失，取决于行为发生之后所得的强化。斯金纳将强化理论作为其学习理论的核心部分，并将强化的作用发挥到了极致。

斯金纳认为，强化作用是塑造行为的基础。人的大部分行为是操作性的，任何习得行为都与及时强化有关。同样，幼儿的偶然行为只要得到强化，这个行为在将来出现的概率就会大大增加，强化次数与行为出现的概率成正比，这就是人的操作行为的建立过程，行为是由伴随它的强化刺激所控制的。例如：一个儿童喜爱做航空模型而不喜欢阅读，可以让孩子完成一定量的阅读之后去做模型。通过用孩子喜欢的活动去强化孩子完成需要的活动，这种引导更符合儿童的特点。斯金纳认为行为不强化就会消退。成人注意到儿童的某一行为，并对他们的行为加以表扬或批评，就是对这一行为的强化。所以成人对儿童的不良行为（如愤怒、无理取闹）可以不予理睬，采取“冷处理”，儿童的这些不良行为得不到强化就会消退。

根据操作性条件反射学说，在婴幼儿活动教育过程中，教师和家长应多用正强化的手段来培养孩子的良性行为，用不予强化的方法来消除消极行为，应慎重地对待惩罚，因为惩罚只能让婴幼儿明白什么不能做，但并不能让他们知道什么能做和应该怎么做。

在实际婴幼儿生活中，人们对不同的强化会作出不同的反应。有的婴幼儿因父母的口头表扬而受到激励，但有的孩子则不然。一个强化事件本身并不必然有效。因此，在婴幼儿的活动中应注意：家长和教师要给孩子提供不同的强化物。这就要求家长和教师细心观察和了解孩子对什么强化物感兴趣；教师选择强化物时要注意把孩子的年龄考虑在内，给不同年龄的孩子提供不同的强化刺激。

五、班杜拉——社会学习理论

华生崇尚的经典条件反射理论和斯金纳推崇的操作性条件反射理论都认为学习必须由个体亲身参与才能进行，学习是个体接受刺激和强化从而习得某一行为的过程。而班杜拉通过对传统行为主义学习理论和新兴认知主义学习理论的吸收，构建了社会学习理论。

班杜拉强调模仿和观察学习。婴幼儿时期，大部分时间都是“张着眼睛和耳朵”观察和模仿周围人们的那些有意的和无意的反应。观察和模仿带着选择性。通过对他人行为及其结果的观察，婴幼儿获得某些新的反应。班杜拉的社会学习理论强调观察学习和模仿学习。

著名的儿童攻击行为获得的实验向我们再现了儿童行为的习得方式：心理学史上有一个非常著名、非常有影响的“波比娃娃”研究实验，它阐述了儿童是怎样习得攻击行为的。在实验中，把 4～6 岁的儿童分成二组，儿童在电影中看到一个成年男子演示四种不同的攻击性行为，但在影片快结束时，一组儿童看到的是这个成人榜样受到另一个成人的奖励，而另一组儿童看到的是这个成人榜样受到惩罚。最后一组为对照组，他们不接触任何成人榜样。接下来，就让儿童进入一间游戏室，里面放有一个同样的充气人以及这个成人榜样使用过的其他物品。结果发现，电影里榜样的攻击性行为所导致的结果（奖励或惩罚），是儿童是否会自发地模仿这种行为的决定因素。也就是说，看到榜样受奖励的那一组儿童比看到榜样受惩罚的另一组儿童表现出更多的攻击性行为。观察这两组儿童看完电影后的攻击性行为，结果表明，这两组儿童在模仿攻击性行为方面没有任何差异，即都能同样精确地显示出榜样的四种攻击性行为的顺序。在你的成长过程中，父母、教师等重要人物可能会强化某一行为而忽视或者惩罚其他行为。班杜拉认为除直接的鼓励和惩罚之外，行为的塑造还有一种重要的方式，即可以通过简单的观察、模仿其他人的行为而形成。儿童攻击性行为实验如图 2－5 所示。

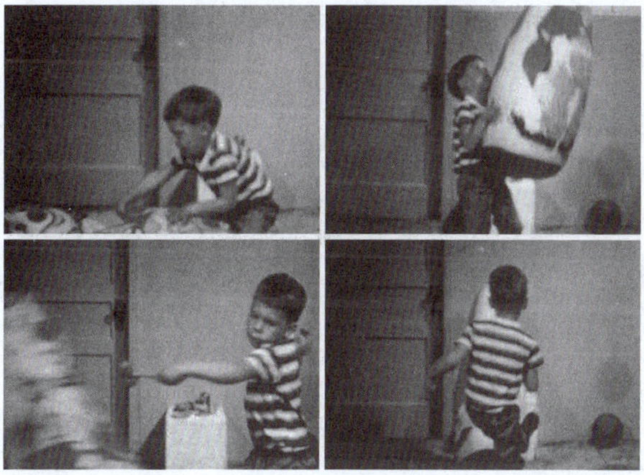

图 2－5　儿童攻击性行为实验

观察学习的全过程由四个阶段构成：注意过程、保持过程、动作再现过程、动机过程。婴幼儿与信赖的抚养者相处时，他们会用一种聪明的办法了解身边人所发现的一切。这一时期会出现“共同注意”的现象，即婴幼儿看着抚养者所看着的食物，凝视这一动作发出的信号是：“我希望你注意到我正在关注的食物。”当婴幼儿开始跟随抚养者的目光时，如果成人在看着一个物体，婴幼儿先是看着成人的脸，然后转身看着成人正在看的物体。共同注意在婴幼儿 9 个月大的时候出现，是婴幼儿真正对他人感兴趣的东西表现出兴趣的标志。保持阶段是将观察到的信息转化为符号贮存在长时记忆中。实验中成人的行为反馈结果会留在婴幼儿脑海中。动作再现过程中自我效能感会影响婴幼儿行为的表现，将贮存在脑海中的内容转化为相应的动作。动机阶段是观察到行为受到奖励还是惩罚，进而在适当的时机将学到的行为表现出来。

想一想

1. 俗话说：“龙生龙，凤生凤，老鼠生儿打地洞。”谈谈你对这句话的看法。

2. 孩子2岁了，连数字都分不清，妈妈已经教过很多次。可是，孩子只会1、2、3、5，怎么也不数4。孩子经常在家里与玩偶说话，还给它们喂饭、盖被子。这几种现象经常会发生在2～3岁的孩子身上。

问题：如果你是托育机构的教师，你将如何结合行为主义学习理论开展婴幼儿行为习惯养成层面的教育？

小案例

好玩的红色

幼儿年龄：24～36个月。

互动背景：认知红色，学会听指令做动作，感受集体活动的乐趣，愿意参与集体活动。

互动过程：

（边唱儿歌边走线）“现在我要变成小白兔啦！”“我变成小鸭子啦！”“我变成小乌龟啦！”“我变成小花猫了！”

（幼儿根据教师的动物名称指令，模仿小动物的行走姿态来走线）

“亲爱的小朋友们，上午好，我手上有朵小红花，有没有小朋友知道这是什么颜色呢？”

“对，这是红色。”

“小朋友们想不想得到这朵红花呢？”

“大家都想得到啊，谁能在接下来的游戏中取胜，老师就把小红花送给他。”

教师将彩虹伞在地上铺开，幼儿围着彩虹伞站好。

“当老师说出‘红色’的时候，大家的脚要踩在彩虹伞上红色的位置。”

“红色。”

“让我们看一下小朋友的脚有没有踩在红色位置上呢？”

“小朋友们真棒，接下来呢，我们做个小游戏好不好？”

“请小朋友们围着彩虹伞走，当老师停止拍手的时候，大家要站到红色的位置上，我们看谁做得最棒。”

（重复做围圈游戏）

“红色，×××跳到蓝色的位置上了，我们要跳的是红色、红色。”

“小朋友们真是太棒了，那我再考考大家，今天我们学习了什么颜色呢？”

“对，红色，老师今天要把小红花送给小朋友们，希望小朋友们回家后也找一找家里什么地方有红色，好不好呀？”

“愉快的一天又要结束了，我们一起帮忙把小红伞送回家吧！”

（唱一首再见歌）

“小朋友们再见，我们明天见！”

案例评析：

第一，在活动设计过程中，首先创设情境导入活动，进行讲解、示范认知活动要点，指导婴幼儿进行认知发展活动的训练，引入角色扮演的方法，模仿小兔子、小乌龟、小鸭子的走姿，吸引婴幼儿的注意，增强课堂导入的趣味性，然后组织婴幼儿重复训练若干次，强化婴幼儿对颜色的记忆。

第二，教师教学思路清晰，教学环节包含导入部分、主体部分、结束部分，环节过渡自然，时间分配合理。教学语言简洁流畅，用语准确，有启发性和感染力，有利于激发婴幼儿主动学习的兴趣。

第三，教学内容符合婴幼儿年龄特点，具有一定的趣味性、教育性；教学难度与容量适度，内容紧紧围绕教育目标。

拓展知识

婴幼儿思维能力发展

发展婴幼儿思维能力旨在培养婴幼儿的概念理解能力，发展婴幼儿的分类、比较能力，以及逻辑判断和推理能力，从而提高婴幼儿思维的独立性、敏捷性、广泛性、灵活性、逻辑性和创造性。婴幼儿思维能力的发展主要包括发展掌握概念的思维活动和发展初步判断能力的活动。

其中，发展掌握概念的思维活动主要包括婴幼儿对具体实物的分类和比较。比如提供生活中常见的蔬菜和水果，让婴幼儿区分哪些是蔬菜、哪些是水果。另外，发展初步判断能力的活动是婴幼儿在分类和比较的基础上，对具体事物的基本属性进行语言或动作方面的概括，从而使婴幼儿对具体事物的大小、长短、高低、沉浮等能作出初步判断。例如，在一杯水中依次放乒乓球、石子、羽毛，在放的过程中请婴幼儿猜一猜，哪个会沉下去，哪个会浮上来。

主题二　人本主义学习理论

一、马斯洛——需要层次理论

人本主义学习理论是建立在人本主义心理学基础之上的认识体系，对当代世界范围内的教育理论与教育实践产生了深远的影响。人本主义理论起源于20世纪50—60年代的美国，其代表人物是马斯洛和罗杰斯，人本主义教育心理学则是人本主义心理学的理论与方法在教育领域的贯彻与应用，其发起人是马斯洛，影响最大的代表人物是罗杰斯。

美国心理学家马斯洛认为人的基本需要有五种，由低到高依次有生理的需要、安全的需要、归属和爱的需要、尊重的需要和自我实现的需要，如表2-1所示。

表2-1　马斯洛的需要层次

<table>
<tr><td rowspan="3">自我实现的需要</td><td>创造需要</td><td rowspan="3">生长性需要</td></tr>
<tr><td>审美需要</td></tr>
<tr><td>认知需要</td></tr>
<tr><td colspan="2">尊重的需要</td><td rowspan="4">缺失性需要</td></tr>
<tr><td colspan="2">归属和爱的需要</td></tr>
<tr><td colspan="2">安全的需要</td></tr>
<tr><td colspan="2">生理的需要</td></tr>
</table>

马斯洛将它们由低到高依次排列。在人的需要层次中，最基本的是生理的需要；在生理的需要得到基本满足之后，便是安全的需要，即表现为个体追求稳定、安全、受到保护、免除恐惧和焦虑等；这之后是归属和爱的需要，即个体要求与他人建立感情联系，如结交朋友、追求爱情等；随后出现的是尊重的需要，它包括自尊和受到他人的尊重。这四种需要被统称为缺失性需要。在上述这些低一级的需要得到基本满足之后，便进入自我实现的需要层次。自我实现的需要也称生长性需要，包括认知、审美和创造的需要，是一种最高级的需要。从学习心理的角度看，人们进行学习就是为了追求自我实现，即通过学习使自己的价值、潜能、个性得到充分而完备的发展和实现。从这个意义上说，自我实现是

一种重要的学习动机。

家庭环境是婴幼儿出生后的第一个生活环境，也是对人的成长产生最直接、最深刻、最持久影响的环境因素，它潜移默化地塑造着人的个性。婴幼儿只有处在安全、稳定的环境中，才会拥有积极的情绪体验。婴幼儿每天大部分时间是在家中，所以，在婴幼儿时期，父母应注重弥补缺失性需要，给婴幼儿创设良好的家庭环境。例如：为婴幼儿提供卫生、安全、舒适、充满亲情的日常护理环境和充足的活动空间；选择空气新鲜的绿化场所，开展适合婴幼儿身心特点的户外游戏和体格锻炼，比如为冬季出生的孩子提供日光浴，能提高其对自然环境的适应能力；为婴幼儿创设温度适宜、空气流畅、光线柔和的睡眠环境，保证充足的睡眠时间，可以逐渐帮助婴幼儿形成有规律的睡眠。

归属和爱的需要，是婴幼儿十分重要的需要，这一时期婴幼儿不具备独立生存和生活的能力，需要家长给予精心照料，需要给予爱抚、温存体贴，陪他们玩耍和游戏。家长对婴幼儿的爱与关心是建立健康的亲子关系的前提，但家长不能一味地满足婴幼儿的种种要求，对不合理的要求要予以拒绝，学会理智地爱，而不是溺爱。因此，我们要指导家长在满足婴幼儿各种需要的时候要有长远目光，做到爱而不娇惯。

二、罗杰斯——自我实现人格论

人本主义学者罗杰斯针对教学活动有自己的理解，他认为教师的任务不是教儿童学习知识，也不是教儿童如何学习，而是为儿童提供各种学习的资源，提供一种促进学习的气氛，使儿童在教学情景中感到自信、轻松和安全，让儿童自己决定如何学习。教师只是儿童的引导者，儿童自己才是学习的关键。罗杰斯明确主张，教育的目标应该是促进成长和学习，培养能够适应环境变化、知道如何学习、具有独特个性和充分发展的人。这个教育目标是培养完整的人，他称为“完人”，内容包括知识教育、认识能力教育和情感意志的发展。因此可以说，人本主义重视的是教学的过程，而不是教学的内容，重视的是教学的方法，而不是教学的结果。

与此同时，罗杰斯把学习分为两类，一类近似于心理学上的无意义音节学习，另一类为意义学习。前一类型的学习是一种机械式学习，不涉及个人意义，与完整人格无关，因而学习者的学习效率是极低的。在罗杰斯看来，真正有价值的是后一类学习，即意义学习。所谓意义学习，不仅仅涉及事实累积的学习，而且是一种使个体的行为态度、个性以及在选择未来行为方向时发生重大变化的学习。这不仅仅是一种增长知识的学习，而且是一种与每个人各部分经验都融合起来的学习。罗杰斯强调的是学习内容与学习者两者之间的关系，有较强的情感色彩，即强调了学习与个人特点、兴趣之间的关系。大多数婴幼儿处于感知运动阶段，这个阶段婴幼儿没有严格意义上的语言和思维，还没有形成物体永存性的概念。因此，只有在真实的问题、具体的情境中，婴幼儿才能实现有意义的学习，才更容易激发婴幼儿的学习兴趣和动机，使他们更投入地从事探究学习活动，并产生较持久的学习效果。在学习的方式上，罗杰斯主张有意义学习，他认为，要想使儿童的学习活动生动活泼且有意义，就应该让儿童自由地学习，而不是教师“填鸭式”地强迫儿童去学习枯燥无味的教材内容。

在对儿童的主体地位的认识上，人本主义充分肯定儿童的主体地位以及儿童的内部需要、动机、兴趣、能力、知识经验等，反对行为主义学派把人看作环境的消极被动接受者，忽略人的主观能动性的做法。在师生关系的处理上，罗杰斯始终强调应以学习者为中心，教学过程应真正体现儿童的主体地位，教师是儿童学习的促进者。人本主义学习观由于强调学生天赋、潜能的作用，过于关注学生的个性发展，所以在强调学生的中心地位的同时忽视了教学内容的系统性，因而在某种程度上降低了教学的效率。所以在婴幼儿探究学习中，为了弥补探究性学习造成的缺陷，应将接受性学习与探究性学习相结合，根据教学内容的具体性质来决定到底使用哪种教学方法，把接受性学习作为探究性学习的补充。他认为儿童有自己制订学习方案的权利和义务，同时也有自我探究、自我发现、自我创造、自我评价的权利。

想一想

（1）在亲子活动中如何遵循人本主义学习理论进行游戏设计？

（2）良好的采光并不只是提供足够的光线，良好的采光会使空间变得明亮舒适。光线会影响人的情绪，好的采光使人放松或者精力充沛。

问题：

（1）婴幼儿所在的托儿机构是如何进行环境创设的？

（2）如何用马斯洛的需要层次理论解释环境创设对婴幼儿的影响？

小案例

调皮的豆子

婴幼儿年龄：24～36 个月。

活动过程：初步认识勺子，能够使用勺子做“舀”的动作，积极参与活动，体验活动的快乐。

(边唱儿歌边走线)

“小朋友们好，我是×××老师，很开心与大家见面了！今天我们教室来了好多小朋友啊，能不能像老师一样介绍下自己呢?”

“小朋友们都好厉害啊，鼓个掌激励一下自己吧!”

“为了奖励大家，今天老师给大家带来了几个新宝贝，我们一起来看看是什么吧？哇，是勺子!”

“小朋友们真棒，可是，你们知道勺子是由哪几部分组成的吗?”

“勺子分为勺柄、勺头，小朋友们用手来摸一摸吧!”

“小朋友们都会用勺子吗?”

“有哪位小朋友想给老师展示下你是怎么用勺子的?”

“×××真棒，小朋友们跟着×××一起来学习一下吧!”

“请小朋友们伸出自己的拇指、食指、中指，让它们互相打个招呼吧!”(示范三指捏的动作)“接下来，我们看下哪个小朋友可以用这三个手指握住勺子。”

(教师左手握住勺头，将勺柄放置于虎口处，并用三指准确握住勺子)

“×××小朋友做得真好，×××做得也不错，看来，我们的豆子宝宝有救啦!”

(教师拿出豆子)“豆子宝宝想去朋友家做客，可是它怎么也出不去，让我们一起来帮帮它吧!”

(教师使用勺子，进行舀的动作示范，将一个碗的豆子舀至另外一个空碗内，重复该动作直至舀完)

“哎呀，有一个豆子宝宝不小心摔跤了!”(教师停止操作，将豆子捡入碗内后再继续舀)

“大家想不想带豆子宝宝出去玩呢？快一起来帮帮它们吧!”

(幼儿自己动手舀豆子，教师进行个别化指导)

案例评析：

第一，通过创设情境导入活动，准备勺子、两个碗、豆子、托盘、彩虹伞、海洋球等教具，教师配合讲解、示范具体精细动作要点，指导婴幼儿进行具体精细动作的训练，以游戏的方式组织婴幼儿重复进行具体精细动作训练若干次。

第二，教师用简单易懂的语言讲解，并做动作示范，引导婴幼儿进行动作训练，鼓励、肯定婴幼儿的练习行为，并在具体精细动作发展活动中表现出积极的情绪。

拓展知识

表 2-2 婴幼儿精细动作训练的玩具、教具应用

0～1 岁	抓握练习——握持训练
	抓眼前的物品——伸手够物训练
	听指令摇响——摇动、敲打玩具训练
	撕纸——左右手协调训练
	有趣的面巾纸——抓握训练
	玩套碗——抓放可逆训练
	涂涂画画——双手协作训练
1～2 岁	拼多米诺骨牌——五指分化训练
	玩塑料夹子——手指对捏训练
	配瓶盖——双手协作训练
	剥蛋壳——手眼协调训练
	穿异形塑料串珠——穿珠子训练
	玩海绵滚轮刷——涂鸦训练
	折手帕——手腕转动训练
2～3 岁	五指儿歌——手指游戏
	玩过家家——双手协作训练
	搭垒积木——双手协作训练
	涂色游戏——有控制的画画训练
	套环训练——使用工具训练
	切水果——使用工具训练

主题三　认知主义学习理论

一、布鲁纳——认知-发现说

布鲁纳在联结主义学习理论和行为主义学习理论的基础上提出了自己的认知-发现学习理论，此理论一经提出就产生了广泛而深远的影响。布鲁纳的认知-发现学习理论，试

图在遵循婴幼儿思维认知发展规律的前提下，思考其理论对幼儿教育实践诸多方面的启示，在实践中促进幼儿教育的发展。

认知结构就是人关于现实世界的内在的编码系统，是一系列相互关联的、非具体性的类目，它是人用以感知外界的分类模式，是新信息借以加工的依据，也是人的推理活动的参照框架。布鲁纳认为，学习就是主动形成认知结构的过程。现实环境中大量不同物体、事件和人物都可以在个人的认知结构中找到对应的点，且它们是按照一定的编码系统排列和组织的；新的刺激输入要么能在已有的认知结构中找到，作出反应，要么就是通过“同化”或“顺应”，在原有的认知结构上形成新的认知结构。婴幼儿通过对话、听歌曲和听故事学会了语言。通过定期复述的故事和程序化的韵律和游戏，婴幼儿能够确定可预期的事情，同时也能了解意外发生的事情。例如：婴幼儿喜欢玩躲猫猫游戏，抚养者把脸藏起来然后突然闪现在左边，下一次突然闪现在右边。婴幼儿乐于玩这样的游戏，因为他们开始期待事情的发展和自己的猜想相一致。

布鲁纳基于认知结构理论提出了结构教学观，即无论哪个年龄段的儿童，都应该学习基本的学科结构。学生通过对学科基本结构的学习，能做到融会贯通、举一反三。例如，数学中的加减乘除运算、物理中的牛顿第一定律等。在编写教材时，最佳的教材应该是以“螺旋式上升”的形式呈现学科的基本结构，这样的教材不但使学生从一开始就能学习到学科基本结构，还有利于学科基本结构的连续性和渐进性发展。

布鲁纳还设计了发现法教学模式的一般程序，包括提出问题、创设问题情境、提出假设和评价、验证并得出结论四个步骤。提出问题要求教师从学习者的兴趣点出发，针对一般原理提供具体、感性的材料，引导学习者对问题进行思考，接着根据问题创设特殊的学习环境，使学习者能根据自己已有的知识和经验对新的问题进行加工和整合，再鼓励学习者提出多种可能的问题答案，最后引导学习者对各种答案进行判断，通过验证找到正确答案，从而解决问题。

二、奥苏伯尔——有意义接受说

20 世纪 50 年代中期，奥苏伯尔开始致力于有意义言语材料的学习与保持的研究，他坚决反对把动物的学习规律和人类在机械条件下的学习规律不加分析地推广到学生课堂的有意义的学习中去，从而建立了有意义的言语学习理论。

奥苏伯尔认为，学习是认知结构的组织和重新组织。在学习过程中，他强调已有知识经验的作用，又强调学习材料本身的内在逻辑结构。奥苏伯尔进一步指出，把有内在逻辑结构的材料与学生已有的认知结构联系起来，使新旧知识发生相互作用，让新材料在学生头脑里获得实际意义，这就是学习的实质。

奥苏伯尔认为，凡有利用先前学习来促进后继学习的地方就存在迁移。在有意义的学习中，新的学习总是建立在原先的学习基础之上，人们总是利用原先的学习来促进后继的学习，而后继的学习又可以巩固和加深原先的学习。因此，在有意义的学习中，迁移是普遍存在的。

想一想

1. 贝贝 2 岁了，同龄幼儿都能和爸爸妈妈进行简单对话了，可是贝贝只会用肢体或是用“嗯嗯”“啊啊”的声音来表达自己的意思。贝贝的妈妈非常着急，打算让贝贝接受专门的语言训练。

问题：如何用认知主义学习理论给贝贝的妈妈提供几个有效的婴幼儿语言学习建议？

小案例

小白兔乐乐学讲卫生

幼儿年龄：24～36 个月。

活动过程：照护者指导幼儿扮演文学作品中的人物，通过对话、动作、表情等再现故事人物或情节。观看表演和参与表演能使幼儿通过语言模仿和创造促进语言能力发展，体验表演的快乐。

请小朋友们伸出小手，跟着老师一起唱洗手歌：

“小朋友，要记牢，饭前洗手很重要！

没有细菌不生病，讲卫生，好宝宝。”

小朋友们都做得非常棒！

现在，我们来听一听《小白兔乐乐学讲卫生》的故事。

一天，小白兔乐乐准时回家，到家后已是大汗淋漓，它看见饭桌上有一个胡萝卜，就用还没洗的脏兮兮的手去摸它，妈妈看见了，严厉地说：“乐乐，吃饭前要洗手，妈妈跟你说过多少次了，不洗手吃东西会闹肚子的！”“哎呀，我不想洗手，甭管我了！”妈妈正要劝阻乐乐，乐乐一溜烟跑到外面偷吃了起来。晚上乐乐什么也不想吃，眼巴巴地看着面前的饭菜一点胃口也没有。到了夜里，乐乐的肚子疼了起来，最后乐乐被救护车送到了医院。医生检查后发现乐乐肚子里长了细菌。医生问："乐乐，你是不是吃了脏东西而没有洗手呀?"乐乐回答说："是。"医生说："乐乐，你到显微镜旁边来看一下，这些全都是细菌，它们正在你的肚子里爬着。如果你饭前不洗手，细菌就会附着在食物上，你吃下去会肚子疼，所以我们吃饭前要先洗手。"从此以后，乐乐养成了讲卫生的好习惯。

现在故事讲完了，请小朋友们猜一猜小白兔乐乐为什么会肚子疼。

甜甜小朋友说得真棒，乐乐吃饭的时候没有洗手，所以会肚子疼，因为有细菌在他的肚子里。

我们要做一个讲卫生的好宝宝。

现在我们跟着洗手歌一起来拍拍小手吧。

小朋友，要记牢，饭前洗手很重要！

没有细菌不生病，讲卫生，好宝宝。

回到家后，我们吃饭前一定要记得洗手哦！

这节课就上到这里了，小朋友们回到座位上休息一下吧！

案例评析：

语言是交流的工具。婴幼儿是通过模仿学习掌握语言的，特别是婴幼儿刚开始学习发音时，照护者是婴幼儿模仿学习的主要对象。语言能力的发展在一定程度上决定了婴幼儿智力的发展、情感的表达、个性的养成以及社会性等方面。0～3 岁是语言发展的关键期，抓住关键期施加教育影响，利用各种方法促进婴幼儿语言能力的提升，对婴幼儿身心健康的发展具有重要意义。

主题四　建构主义学习理论

一、皮亚杰——建构主义发展论

建构主义学习理论是行为主义发展到认知主义后的进一步发展，是认知心理学的又一个重要分支。皮亚杰是瑞士的儿童心理学家，是发生认识论的开拓者。他不仅为认知主义学习理论作出了贡献，同时，因为他认为发展就是个体与环境不断相互作用的一种建构过程，其内部的心理结构是不断变化的，所以也有人称他的理论为建构主义发展论。

皮亚杰引用图式、同化、顺应、平衡四个概念来说明内部的心理结构是如何变化的。所谓图式，在皮亚杰看来就是人们为了应付某一特定情境而产生的认知结构。皮亚杰认为，图式的变化是通过同化、顺应和平衡三个过程来实现的。同化是指主体将外界刺激纳入主体的图式中，这是个体获得新经验的过程。顺应是指同化性的结构受到所同化的元素的影响而发生的改变，即当有机体不能利用原有图式接受和解释新的刺激情境时，有机体就会对自身图式作出相应的改变，以适应新的情境。平衡，既是发展中的因素，又是心理结构。平衡是指同化作用和顺应作用两种机能的新的、暂时的平衡，不是静态的而是动态的，不断发展的过程就是适应的过程。没有平衡就没有发展。儿童在与环境相互作用时，不断从“自身的动作中得到蕴藏着的对这些动作的自动调节的信息”，使思维朝着“必经途径”发展。一般而言，当个体遇到新的刺激时，总是试图用自己已有的图式去同化或者顺应它，如果成功，认知便在这一刻达到了暂时的平衡。相反，如果个体用已有图式无法同化这一刺激，个体便会调节已有图式或重建新图式，即顺应，直至达到认识上新的平衡。平衡连续不断地发展，就是整个认知发展的过程。

例如：在观察婴幼儿抓小篮筐时，他先是抓住它，来回挥动，看着它摇晃。接着，他把小篮筐弯曲的边缘放进嘴里，感受它的味道，然后把篮筐扔掉。篮筐垂直落地，一圈又一圈地晃来晃去，慢慢停下来。婴幼儿开始轻拍小篮筐边缘，让它再次滚动。直到婴幼儿把篮筐翻过来，它一动不动时，整个动作结束。现在来解读婴幼儿的行为：“以前我看到圆圈和现在这个不一样吗?”“它们是哪里不一样?”这些问题被婴幼儿纳入大脑图式，随后：“当我扔掉这个篮筐会发生什么?”接下来：“我能不能让它一直摇晃?”直到发现篮筐以一种有趣的方式移动，验证了婴幼儿的假设，这便达到了一次思维平衡。

皮亚杰认为，儿童思维的发展既是连续的，又是分阶段的，前一阶段是后一阶段的基础，后一阶段是前一阶段的延伸。人的发展历程就像一个物种的进化过程，早期的结构进化为更复杂的适应机制，但是早期的结构并不会彻底消失。一个人面对新的问题或者经历新的事物时，早期阶段的思维方式会在后期阶段再现。发展阶段既不能逾越，也不能逆转，思维总是沿着必经的途径向前发展的。皮亚杰将儿童心理的认知发展分为四个阶段，下面主要介绍婴幼儿经历的前两个阶段。

第一阶段：感知运动阶段（0～2 岁）。该阶段是思维的萌芽期，是以后发展的基础，该阶段婴幼儿的学习限于最简单的身体动作和感官知觉方面，如视觉、触摸、嗅觉、味觉和听觉。在这个阶段，儿童还没有严格意义上的语言和思维，还没有形成物体永存性的概念。

第二阶段：前运算阶段（2～7 岁）。该阶段儿童能保持不在眼前的物体的形象，初步掌握了语言和符号，开始以符号作为中介描述外部世界。前运算阶段又分为前概念阶段和直觉思维阶段两个阶段。其中，前概念阶段（2～4 岁）又称象征思维阶段，这一时期儿童开始运用象征性符号进行思维，出现了“意之所指”和“意之所借”的分化，这一分化被皮亚杰认为是思维的发生。前概念指的是儿童将其初学得的语言符号加于一些观念之上而形成的概念，这种概念是具体的、动作的，而不是抽象的、图式的。在直觉思维阶段（4～7 岁），儿童的思维会受知觉到的事物的显著特征的影响，缺乏守恒性，思维具有不可逆性。此阶段的思维仍然是具体的，虽然已经开始反映事物的整体结构，但它还不够抽象，还不是概念。

二、维果茨基——社会建构主义

社会建构主义关注的是学习和知识建构背后的社会文化机制，其基本观点是：学习是一个文化参与过程，学习者借助一定的文化支持，通过参与某个共同体的实践活动来内化有关的知识。知识不仅是在个体与物理环境的相互作用中建构的，社会文化互动也发挥了重要作用。这种建构主义主要是以维果茨基的思想为基础发展起来的，同时也受到了当代哲学、社会学和人类学等的影响。

维果茨基认为，心理的发展有两种截然不同的过程：一是天然的、自然的发展过程，它是随着年龄而逐渐发展的，即生物进化的结果；二是历史文化的发展过程，儿童是在特定的文化氛围中成长的，即心理的“人化”过程，活动、社会交往在人的高级心理机能发展中发挥了突出的作用。

婴幼儿在游戏时，他们凝神，用嘴巴、手指摆弄或摇动物体。他们盯着人看，对人微笑，用手势传达自己的想法和意图。他们比较自己在一个物体或人身上发现的东西和其他的有什么不同。通过这样的观察和互动，婴幼儿开始了解物体的物理属性以及人的行为。在婴幼儿的早期成长过程中，指示性手势的形成是婴幼儿对远处物体的无意义抓握动作。然而，当他人对这些动作作出了某种反应，以表情回应或者把物品递给婴幼儿时，这些无意义的动作就成为有意义的行为了。另外，内在的智力也可以外化为外部的、实际的动作。内化和外化之间的桥梁，便是人的活动。儿童在与成人的交往过程中掌握了心理工具，从而在低级心理机能的基础上形成了高级心理机能。

在与婴幼儿的互动中，维果茨基提出了“最近发展区”，即婴幼儿的现有发展水平和在成人的指导下或与有较高能力的同伴的合作中所能达到的解决问题的水平之间的差距。差距的存在预示着婴幼儿需要在成人或同伴的指导和合作下完成任务，将已知领域和能知领域联系起来，有效激发了婴幼儿的主动性和好奇心。最近发展区是动态的，婴幼儿某一阶段的最近发展区可能成为下一个阶段的现实发展水平，而下一个阶段又是新的最近发展区。目前婴幼儿需要在别人的帮助下完成任务，将来某一时间幼儿就可能具备独自完成任务的能力。

想一想

2 岁的晨晨在吃到好吃的东西时总是愿意和姑姑分享，爷爷和奶奶对此“颇有微词”：“为什么东西都要给姑姑吃，爷爷奶奶要尝尝都不给，这个孩子白疼了。”其实，晨晨以前也和爷爷奶奶分享，但是爷爷奶奶经常说：“我不吃，你自己吃吧！”这样几次后，晨晨再有好吃的就不再问爷爷奶奶了。而晨晨与姑姑分享时，姑姑会说谢谢并与她分享，还夸她的东西好吃。

问题：为什么晨晨不和爷爷奶奶分享好吃的呢？请用建构主义学习理论给爷爷奶奶提出一些建议。

小案例

萤火虫找朋友

婴幼儿年龄：24～36 个月。

活动过程：亲社会行为是婴幼儿与其他人交往时表现出分享、帮助、安慰等利于人际交往的行为。婴幼儿很早就表现出利他行为，但这种行为是随着婴幼儿社会化的认知发展而变化的。

小朋友们，大家好，我是××老师，今天老师要给小朋友们讲一个有趣的故事——《萤火虫找朋友》，在讲故事之前老师问大家一个问题，小朋友们有没有好朋友呀？下面，我们一起来听一听萤火虫最后找到了好朋友没有。

在一个夏天的夜晚，萤火虫提着绿色的小灯笼，飞来飞去找朋友，萤火虫飞呀飞，飞到灯光下，看见几只小飞蛾。就问：“小飞蛾，你愿意做我的好朋友吗？”小飞蛾说：“好啊！待会儿再跟你玩，我们要找小妹妹，你帮我们找找好吗？”萤火虫说：“不，不，我要找朋友。”说完便飞走了。之后萤火虫遇到了小青蛙，它问：“小青蛙，你愿意做我的好朋友吗？”小青蛙说：“好啊！待会儿再跟你玩，我要找我的小弟弟，你帮我找找好吗？”萤火虫说：“不，不，我要找朋友。”说完便飞走了。萤火虫到处找朋友，可是它一个朋友也找不到。于是它停在树枝上伤心地哭了。大树对萤火虫说：“你不帮助人家，人家当然不会做你的朋友。”萤火虫听后脸红了。小朋友们，老师问你们，在这个故事中萤火虫找到好朋友了吗？

看来小朋友们都知道萤火虫没有找到好朋友。

这个故事讲完了，小朋友们都明白，做好朋友是要互帮互助的。

下面，请小朋友们和老师一起手拉手围成圈唱：“找呀找呀找朋友，找到一个好朋友，敬个礼呀，握握手，我们都是好朋友。”

案例评析：

前运算早期，儿童主要采取自我独白的方式，即“自言自语”，信息交换不多，行为也不具备社会性。因此学前教育过程中需要结合前运算早期儿童自我中心主义的特点，选择和儿童生活经验相关联的内容作为教学素材，以幼儿喜欢的方式呈现。在开展婴幼儿动作发展教育时，象征性游戏可以在保持婴幼儿动作教育内容不变的基础上，以与延迟模仿和设置情境相结合的方式来开展。例如，通过设置自然情境，让儿童扮演动物并模仿学习不同动物的走、跑、跳，或者通过设置社会情境，让儿童扮演清洁工运垃圾，扮演快递员送快递等。在象征性游戏中，婴幼儿动作行为的再现并不是其经验的直接体现，而是在婴幼儿原有认知结构下，同化发挥作用所产生的新理解。

项目小结

0～3 岁是人生发展的关键期，对人的智力发展、性格培养起着十分重要的作用。儿童最初的智力是以感觉动作开始的，婴幼儿各种动作的发展是其参与活动的前提。婴幼儿在言语能力水平较低的早期，无法与人进行言语交流，其心理发展水平更多是通过其动作技能水平反映出来的。早期动作的发展水平在某种程度上标志着婴幼儿心理发展的水平。3 岁前婴幼儿的认知能力是其所有能力、技能、情感、行为习惯发展的基础，是婴幼儿探索世界的主要方式，是其之后求知学习的基础。因此，充分了解婴幼儿的认知发展特点，并根据其发展特点引导其开展认知发展游戏，设计与组织婴幼儿认知发展活动，有利于促进婴幼儿认知的发展。

同步练习

一、选择题

1. “最近发展区”教学是（　　）提出的。

A. 班杜拉　　B. 桑代克　　C. 维果茨基　　D. 布鲁纳

2. 倡导发现法的是美国心理学家、教育家（　　）。

A. 斯金纳　　B. 杜威　　C. 布鲁纳　　D. 加涅

3. 期末考前如果反复刷题，考试成绩会好，而如果不做题也不练习，成绩会一般。这体现了桑代克的（　　）。

A. 准备律　　B. 练习律　　C. 效果律　　D. 重复律

4. “学习是知识的自我建构过程”是一种（　　）。

A. 行为主义学习观　　B. 建构主义学习观

C. 知识分类观　　D. 联结观

5. 强调知识的情境性属于（　　）的观点。

A. 社会建构主义　　B. 认知主义

C. 信息加工心理学　　D. 新行为主义

二、判断题

1. 语言发展迟缓表现为不能表达和理解语言。（　　）

2. 婴幼儿早期视觉定位优于听觉定位。（　　）

3. 婴幼儿的自我中心思维使他们还不能完全理解规则的真正目的，在游戏和行动中又按照自己的规则进行，所以常常会出现违规行为。（　　）

4. 婴幼儿教育要遵循以游戏为主要途径的原则。（　　）

三、简答题

1. 马斯洛将人的需要分为哪几个层次?

2. 简述皮亚杰的儿童心理发展阶段理论。

四、案例分析题

妈妈决定带两岁半的明明到亲子园探索小动物的世界。在照护者的带领下，明明和妈妈在有趣的活动中认识了很多小动物。

问题：

1. 照护者在设计亲子活动时的要领和方法是什么?

2. 以小动物为主题的亲子活动可以选择哪些内容?

3. 怎样指引家长有效参与亲子活动?

项目三　婴幼儿身心发展概述

学习目标

知识目标：掌握婴幼儿生理、心理发展特点。
能力目标：能够结合案例总结出适合各个年龄段婴幼儿身心发展特点的活动。
素养目标：树立依据婴幼儿身心发展特点进行照护的职业理念，坚定促进婴幼儿托育服务业发展的职业理想。

思维导图

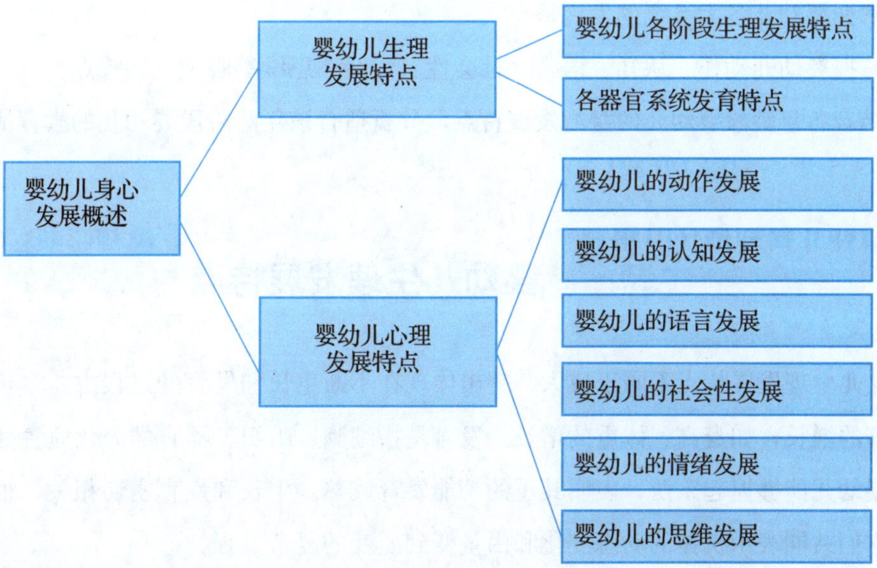

工作情境

西西老师在一所托幼机构上班，今年担任主班老师。她所在的葡萄班的婴幼儿的年龄是 31～36 月龄。一天，西西老师组织婴幼儿坐在椅凳上认真玩剪纸游戏，有两名婴幼儿表现出不耐烦，直接说今天的游戏活动好没趣啊，没坐几分钟便自己离开座位要去玩积木，西西老师批评两名婴幼儿不守纪律。请你结合所学知识分析西西老师的游戏活动设计的不足之处，并提出改进方法。

工作任务

1. 了解婴幼儿生理发展的整体特点，对婴幼儿的成长过程有初步的认知。
2. 根据婴幼儿身心发展特点与数据指标，对婴幼儿的生长发育水平进行评估。
3. 结合婴幼儿认知发展的特点，分析适合各个年龄段婴幼儿的活动。

工作要点

1. 掌握婴幼儿各年龄段生理发展的特点。
2. 掌握婴幼儿各大系统的发展特点。
3. 掌握婴幼儿动作、认知、语言、社会性、情绪、思维等心理发展特点。
4. 结合各年龄段婴幼儿的身心发展特点，分析适合该年龄阶段婴幼儿的教育活动。

主题一　婴幼儿生理发展特点

婴幼儿生理发展特点不同于成人，突出体现在不断生长和发育的过程中。生长是指身体和器官的增长，如身高、体重的增长。发育是指细胞、组织、器官的分化完善和功能成熟，如婴幼儿能够捏起东西，表明其手的功能发育成熟。生长和发育密切相关，很难截然分开，它们共同表示机体的动态变化和由量变到质变的复杂过程。

一、婴幼儿各阶段生理发展特点

婴儿出生时，体内含有过多的体液，大多数婴儿会在出生后的 5 天内失去出生时体重的 10%，并在随后的 5 天内恢复，因此 10 天内孩子可恢复到出生时的体重。

在恢复出生时的体重后，大多数婴儿发育得非常快，尤其是在 7～10 天和 3～6 周时的爆发生长期。新生儿的平均体重每天增加 20～30g，满月时体重将增加 1～2.5kg。在第一个月内，婴儿的身长增加 2.5～4cm。男孩的体重增加稍多于女孩，同时身长也稍多于女孩。新生儿的平均头围是 35cm，满月时增加到 37.75cm，男孩稍大于女孩。

新生儿的本能表现为无条件反射，是个体不学而能的。例如，将手指放入婴儿的手掌心，他们会紧握住不放。

拓展知识

常见的无条件反射

吮吸反射：当乳头、手指或其他物体碰到新生儿的嘴唇时，他们会立即作出吃奶的动作。这是一种食物性无条件反射，即吃奶的本能。

觅食反射：如果用手指轻触新生儿的面颊，他们会把头转向手指并把口张开。

怀抱反射：当新生儿被抱起时，他们会本能地紧紧靠贴着抱他的人。

抓握反射：用手指或笔杆等物体按压新生儿的掌心时，他们会紧握手指或笔杆等不放。

眨眼反射：当物体或气流刺激新生儿的睫毛、眼皮或眼角时，他们会作出眨眼的动作。这是一种防御本能，可以保护眼睛。

惊跳反射：受到突如其来的噪声刺激，或者被猛地放到床上，新生儿会立即伸直双臂，挺直双腿，张开手指，弓起背，头向后仰。

击剑反射：仰卧时，把新生儿的头转向一侧，他们会立即伸出该侧的手臂和腿，屈起对侧的手臂和腿，呈现击剑的姿势。

迈步反射：扶着新生儿的两肋，把他们的脚放在平面上，他们会作出迈步动作。

游泳反射：让新生儿俯伏在水里，他们会本能地抬起头，作出协调的游泳动作。

蜷缩反射：当新生儿的脚背碰到平面边缘时，他们会作出像小猫那样的蜷缩动作。

巴宾斯基反射：用手指由新生儿的脚跟部轻轻向前划至足掌外侧，他们的拇趾会背屈，其余四趾呈扇形张开。

巴布金反射：如果新生儿的单手或双手的手掌被压住，他们会转头张嘴；当手掌上的压力放松时，他们会打哈欠。

注意：有些条件反射如果超过一定的年龄还继续在婴儿身上出现，反而表明该婴儿发育不正常。例如，6 个月以后的婴儿不应再出现巴宾斯基反射。

无条件反射对维持有机体的生命、延续种族具有重要意义，但它只能适应比较固定的生活环境，不能适应多变的环境，因此，有机体必须要有新的反射形式。

条件反射的出现使个体获得了维持生命、适应新生活所需的新机制。条件反射既是生理活动，又是心理活动。条件反射的出现，可以说是心理活动发生的标志。

新生儿在出生后不久，就能够建立起条件反射。新生儿所获得的一切知识和能力，都是条件反射活动。例如，母亲每次给新生儿喂奶时，都是把他抱在怀里。经过多次强化，新生儿就会将被抱起来喂奶时的姿势这个外在刺激，与吃奶这个行为的无条件反射相结合，形成对吃奶姿势的条件反射，即一被抱起就想吃奶。

出生后的第一个月内，婴儿逐渐从妊娠末期子宫内形成的蜷缩体位伸展开来，身长平均值为 50cm。他开始不时地伸展上、下肢和后背，他的腿和脚可持续向内旋转，呈现弓形腿外观，这种情况通常可以在随后的 5～6 个月期间自动矫正。

在出生的第 2～3 个月，婴儿身体的许多运动仍然是反射性的，他可能已经可以挣扎着抬起头并向四周张望，尽管他的头只能抬起 1～2 秒钟，但至少可以使他以稍微不同的视野看这个世界，将鼻子和嘴巴离开阻碍他的枕头和毯子。婴儿的腿也逐渐变得更加有力而主动，他的腿会改变刚出生时的屈曲状态，开始伸直。虽然他时而的踢腿仍然以反射性为主，但力量增加很快。他的手部运动将出现许多变化，孩子的手突然间就会放松，手臂外展。

婴儿到第 4 个月末时，后囟门将闭合；头看起来仍然较大，这是因为头部的生长速度比身体其他部位快，这十分正常；他的身体很快就可以赶上。这个时期宝宝的增长速度开始稍缓于前 3 个月。满 4 个月时：男婴体重 4.7～8.5kg，身长 58.3～69.1cm；女婴体重 4.5～7.7kg，身长 56.9～67.1cm。

6～9 个月的婴儿，体格进一步发育，神经系统日趋成熟。此时的婴儿差不多已经开始长乳牙了，常是最先长出两颗下中切牙（下门牙），然后长出上中切牙（上门牙），再长出上侧切牙。

9～12 个月的婴儿，男婴体重将达 7.2～11.3kg，身长 67.0～77.6cm；女婴体重达 6.6～10.5kg，身长 65.0～75.9cm。此时宝宝长出 2～4 颗牙齿。

1～1.5 岁的幼儿，前囟门已逐渐闭合，有的幼儿在 1 岁时前囟门就已经闭合，有的幼儿前囟门要到1岁半才闭合，这都是正常的。前囟门闭合的早晚反映了颅脑的发育情况，也反映了骨骼系统的发育情况。幼儿前囟门闭合的正常时间一般为1岁～1岁半，闭合过早或过晚都要引起重视，应到医疗保健部门去检查一下，以确定是否异常。前囟门闭合过早要考虑有无小头畸形等，前囟门闭合过晚要考虑有无小儿“缺钙”、甲状腺功能减退、脑积水等。

1.5～2岁的幼儿，大部分都能独立走稳，能蹲下捡东西，体格进一步发展，四肢的生理机能发育迅速。

2.5～3岁的幼儿出牙约为20颗，脑重1kg左右，大脑皮层基本分化，呼吸频率为每分钟24次，睡眠时间为每天13小时左右。此阶段的幼儿动作有了较大的发展，从平衡行走到倒退着走、踢着球走和跨越障碍走等，手的大肌肉动作有了很大发展，能投掷物品，会翻书。

从胎儿期到婴幼儿期，生理发展在外形上除体重/身高的不断增加外，还有一个突出特点是头-身比例的不断变化，从胎中2月龄的头-身等长，到成人后基本达到7头身，具体头-身比例发展过程如图3-1所示。

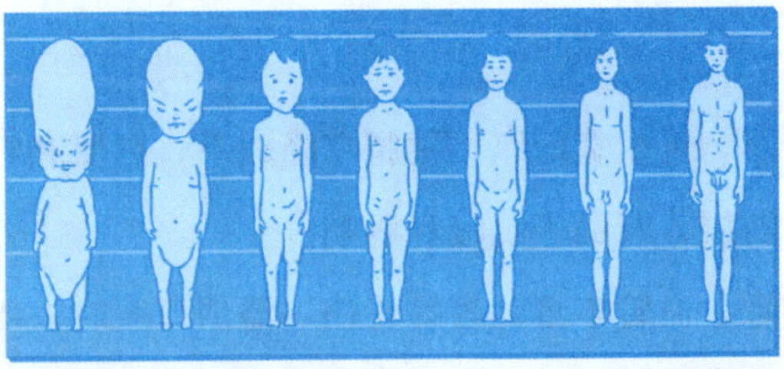

图3-1 人的头-身比例发展过程

二、各器官系统发育特点

（一）呼吸系统

（1）鼻。短小而狭窄，黏膜柔嫩，无鼻毛，容易发炎，充血肿胀。

（2）泪管和咽鼓管较短，开于眼内，瓣膜发育不全，因此如果上呼吸道感染，病菌可以通过鼻泪管侵及眼结膜，引起眼结膜炎症。咽鼓管直而且短，呈水平位，所以鼻咽部炎症容易侵入中耳，引发中耳炎。

（3）喉。喉部软骨柔软，喉部的黏膜皮下组织疏松，血管及淋巴组织丰富，又由于喉咽声门较狭小，轻度炎症也容易引起喉部肿胀，甚至呼吸困难、声音沙哑、窒息。

（4）气管支气管。婴幼儿右侧支气管比较垂直，因此异物容易进入右侧支气管。婴幼儿气管支气管较狭窄，管壁柔软，缺乏弹性，纤毛运动较差，不能很好地清除微生物及黏液，若发生感染易造成呼吸困难。

（5）肺脏。弹力组织比较差，肺泡比成人少，胸廓比较窄小，肺容量较小，呼吸肌力量较弱，所以肺的收缩和扩张易受到限制，孩子年龄越小，每分钟换气呼吸次数越多。

（二）心血管系统

（1）心脏。婴幼儿的心脏体积比例相对较成人大，但由于婴幼儿心排血量少，而新陈代谢旺盛，为满足需要，只有加快心率来补偿。年龄越小，心率越快，当婴幼儿每分钟的平均心率在130～160时，表明活动量比较合适。

（2）大血管。弹力纤维少，故弹力不足，以后血管壁逐渐加厚，弹力纤维增多。

（3）血液循环。婴幼儿生长发育迅速，血液循环量增加很快，喂养不当易引起贫血。婴幼儿血液中血小板数目与成人相近，但血浆中的凝血物质较少，因此一旦出血，凝血较慢。白细胞吞噬病菌能力较差，发生感染容易扩散。

（三）消化系统

（1）口腔。容量较小，舌短宽而厚，硬腭穹隆较平，唇肌和咀嚼肌发育良好，且牙床宽大，颊部有坚厚的脂肪层，有助于吮吸和吞咽。

（2）口腔黏膜。细嫩，血管丰富，容易受伤，清洁口腔时，要谨慎擦洗。

（3）新生儿唾液腺发育不完善，分泌量少，口腔比较干燥。6～7个月时婴儿的唾液分泌逐渐增多，而吞咽功能尚不协调，故常出现生理性流涎。

（4）乳牙从出生后6～9个月时开始萌出，两岁半左右乳牙出齐，共20颗。要重视对乳牙的保护，乳牙的牙釉质薄、软，发生龋齿等损坏后不会自行修复，因此从婴儿长出第一颗乳牙时就应注意漱口、刷牙。

（5）食管呈漏斗状，黏膜纤弱，弹力组织以及肌层尚不发达，婴幼儿胃呈水平位，贲门括约肌发育差，幽门括约肌发育良好，婴幼儿常发生胃肠逆向蠕动，易在哺乳时吸入空气，易发生溢奶和呕吐。

（6）胃壁肌肉薄，伸展性差，胃的容量小，且消化能力弱，新生儿胃容量为30～35ml，3个月时可达120ml，因此每日喂食次数较年长幼儿要多。

（7）从肠道长度与身高比例来看，婴幼儿的肠道相对比成人长，肠壁肌层薄，管壁宽，肠黏膜富含血管和淋巴管，肠壁绒毛数量与成人基本相等，因此，肠壁吸收能力强。

但婴幼儿肠壁肌肉及弹性纤维发育不完善，肠蠕动差，易发生肠道功能紊乱和便秘。升结肠借结缔组织贴附于腹后壁，活动性小，由于婴幼儿结肠壁薄，升结肠、直肠与腹后壁的固定性较差，因此发生肠套叠、肠扭转的概率比成人高。

（四）泌尿系统

（1）肾。功能较成人差，浓缩尿及排泄毒物的功能较差。

（2）输尿管。长而弯曲，管壁肌肉以及弹力纤维发育不良，容易扩张并易受压扭曲，从而导致梗阻，造成尿潴留，诱发感染。

（3）婴幼儿膀胱小，贮尿机能差，新陈代谢旺盛，故排尿次数多。1 岁时婴幼儿每日排尿 15～16 次。3 岁时，幼儿可控制排尿。

（4）女性尿道短而直，易发生上行性泌尿道感染，感染后细菌沿尿道上行，达膀胱、输尿管及肾脏，可引起膀胱炎和肾盂肾炎。

（五）内分泌系统

内分泌系统的主要功能是促进和调节人体生长、发育、性成熟和生殖等生命过程。睡眠中分泌的生长素是清醒时的三倍。

（六）运动系统

运动系统包括骨骼、骨连接和骨骼肌，有维持形体、支撑体重、执行动作和保护内脏器官等作用。

（1）骨骼。胎儿在胚胎时期全部骨骼都是软骨，以后骨骼不断骨化。婴幼儿的骨骼弹性大而硬度小，容易因不当的姿势等而发生骨骼变形。但是，婴幼儿的骨膜较厚，骨的再生能力较强，一旦发生骨折，容易出现折而不断的“青枝骨折”现象。骨骼的生长需要钙、磷等元素，同时还需要维生素 D，以促进钙、磷的吸收和利用。阳光照射皮肤可以产生维生素 D，故婴幼儿生长发育过程中，需要光照及补充适量维生素 D 和钙，以预防佝偻病。婴幼儿骨骼数量多于成人，因为骨骼尚未连接成一个整体，到 25 岁左右时，髋骨、坐骨、耻骨经骨化才成为一整块髋骨。婴幼儿的骨骼柔软易弯曲，头部骨骼未发育好，较软。婴儿时期，脊柱生理弯曲正在逐渐形成，还未完全定型，新生儿的脊柱由软骨组成，几乎是直的，随着婴幼儿的动作发育而逐渐形成。婴幼儿刚生下来就有骶曲，颈曲、胸曲在 7 岁时才固定下来，腰曲在性成熟期才完全固定，脊柱的骨化在 20～21 岁才完成。人体脊柱生理弯曲如图 3－2 所示。

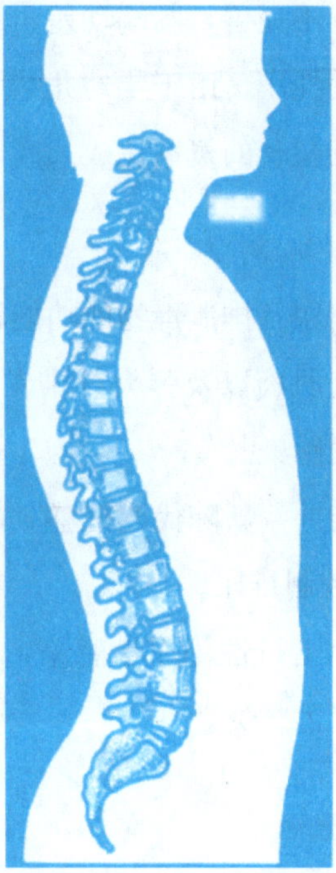

图 3－2　人体脊柱生理弯曲

（2）骨连接。骨与骨之间的连接装置称为骨连接。骨与骨之间借助纤维结缔组织、软骨或骨相连，形成骨连接。关节是骨连接的主要方式。婴幼儿关节运动幅度大，关节窝浅，关节囊、韧带较松弛，关节牢固性差，易发生脱臼。婴幼儿足弓骨化尚未完成，足底肌肉、肌腱和韧带发育不完善，韧带缺乏主动收缩力，运动不当会导致足弓塌陷，形成扁平足。

（3）骨骼肌。婴幼儿的肌纤维较细，肌肉中所含水分较多，蛋白质、脂肪及无机盐较少，肌肉力量和能量储备较差，易出现疲劳。

（七）神经系统

（1）脑的发育。新生儿大脑约 370g，占体重的 1/9～1/8，耗氧量是 50%，而成人则是 20%。

（2）大脑功能发育不全。婴儿的大脑尚未建立起各种神经反射，但有觅食的反射、握持反射、拥抱的反射，在 3～4 月消失，颈肢反射 5～6 个月消失，吮吸反射在 1 岁左右完全消失。永不消失的反射有：角膜反射、瞳孔对光反射、咽反射、吞咽反射。

（3）大脑容易兴奋，也容易疲倦。婴幼儿大脑皮层发育不完善，兴奋占优势，抑制过程形成较慢。

（4）小脑发育晚。小脑 3 岁左右才能逐渐发育完善，1～3 岁幼儿平衡能力差，走路不稳，容易摔跤。

（5）自主神经发育不全。表现为肠胃消化功能容易受情绪的影响。

（八）感觉系统

（1）婴幼儿皮肤发育不完善，皮肤防御功能差，对外界刺激抵抗力弱，易感染和受伤。婴幼儿皮肤角质层薄，血管丰富，血液循环旺盛，故婴幼儿单位面积的血流量较大，易于散热。婴幼儿汗腺发育不完善，神经调节功能不健全，体温调节功能较差，因此，当婴幼儿处于过冷或过热的环境中时，易着凉或受热。婴幼儿皮肤代谢活跃，新陈代谢快，分泌物多，要常清洁。同时，婴幼儿皮肤角质层薄，血管丰富，对于皮肤表面的物质有较强的吸收和透过能力，皮肤渗透作用强。

（2）眼球前后径短，眼球晶状体弹性大，晶状体调节能力较强，容易发生调节性近视，属于假性近视。

（3）外耳道比较狭窄。外耳道壁尚未完全骨化，因此，外耳道壁损伤的炎性肿胀往往会导致幼儿的剧烈疼痛。

（4）咽鼓管较成人短，易引起中耳炎。

（5）鼓膜内神经纤维感受力比成人强，因此婴幼儿的听力比成人的敏锐，对噪声也很敏感。

主题二　婴幼儿心理发展特点

婴幼儿生理的发展会促进动作与大脑的发展，从而为个体早期心理的发展奠定良好的基础。婴幼儿期的心理发展主要包括动作、认知、语言、社会性、情绪、思维等的发展。

一、婴幼儿的动作发展

随着大脑皮质功能逐渐发育以及神经髓鞘的形成，婴幼儿动作发展渐趋完善。动作发育的规律是：由上而下，由近及远，由不协调到协调，由粗糙到精细。动作的发展可分为粗大动作发展和精细动作发展。

（一）粗大动作发展的特点

1个月内的婴儿俯卧时不能抬起头，以后俯卧时逐渐可以将头抬起，到3个月时，婴儿俯卧时不仅头可抬起，胸部也可离开床面，用双上肢支起头胸部，和床面约成90°。

3～4个月时婴儿开始翻身，先是由仰卧翻到侧卧，约5个月时婴儿可从仰卧翻到俯卧，约6个月时婴儿可以独坐，7～8个月时婴儿开始学爬行。爬行在婴幼儿动作发展中很重要，不仅可以促进全身动作发展，锻炼肌力，为直立行走打下基础，而且可使婴幼儿较早地探索世界，增强空间搜寻的能力，主动接受和认识事物，从而促进婴幼儿认识能力的发展。10个月的婴儿可扶着站立，扶着迈步行走。

12～15个月时，幼儿渐渐行走自如，不再左右摇摆；15～18个月时，幼儿能够向后退两步或者更多步；18～24个月时，幼儿会扶着墙或栏杆上楼梯，不扶着任何物体就能将球向前踢出。

2～2.5岁时，幼儿能举手过肩抛球，会双足同时离地向前跳，能不扶物体独脚站立1秒钟或者更长的时间；2.5～3岁时，幼儿会骑幼儿三轮车，能够单足跳21cm的宽度。婴幼儿粗大动作的发展进程如表3-1所示。

表3-1 婴幼儿粗大动作的发展进程

动作项目	月龄	粗大动作发展
抬头	新生儿	俯卧位能抬头1～2秒
	3月	抬头较稳
	4月	抬头很稳并能自由转动
翻身	5月	从仰卧翻到俯卧
	6月	从俯卧翻到仰卧
坐	5月	靠背坐时腰能伸直
	6月	两手向前撑住后能坐
	7月	独坐时身体略向前倾
	8月	独坐稳，并能左右转身
爬	7～9月	手支撑胸腹，使身体离开床面并能原地转动
	8～9月	用上肢向前爬
	10～12月	爬时手膝并用
立	8月	搀扶时能站立片刻
	11月	独立站片刻
走	10月	扶着两手向前
	15月	独走很稳
	18月	跑、倒退走、爬楼梯
跳	24月	并足跳，单足独立1～2秒
	30月	单足跳1～2秒

（二）精细动作发展的特点

1 个月的婴儿腿、肩双侧动作对称等同，视线能够随着目标移动 90°；4 个月时婴儿视线能够随着目标移动 180°，手指能够握住摇铃；婴儿在 7 个月左右，五指分工动作已经逐渐灵活，7 个月时婴儿两只手能同时各握住一块积木；8 个月时婴儿能把手中的木块递到另一只手中；10 个月婴儿能拿取放在桌子上的小方块相互敲击；1 岁的婴幼儿会用拇指和食指抓握物体，手掌不接触桌面。婴儿手指分化进程如图 3－3 所示。

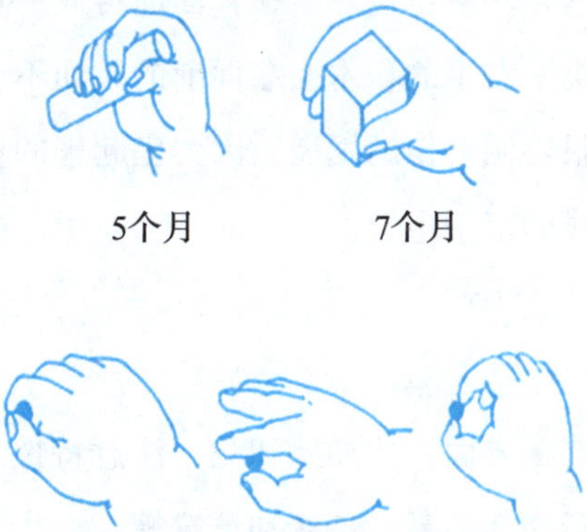

图 3－3　婴儿手指分化进程

15～18 个月时，幼儿能够叠稳两块方木，会在纸上有目的地画线，经示范能把小瓶（口径 1.5cm）内的物体倒出；18～24 个月时幼儿能够叠稳四块方木而且不倒，不经示范能将物体倒出小瓶。

2～2.5 岁时，幼儿能够模仿画长于 2.5cm、歪斜不超过 30°的直线；2.5～3 岁时，幼儿能叠放 8 块方木而不倒，能模仿成人用积木简单地搭桥等。

（三）手眼协调动作的发展

手眼协调动作是指眼睛和手的动作能够配合，手的运动和眼球的运动协调一致，即能够抓取看见的东西。手眼协调动作的发生，对于婴儿的心理发生发展具有重要意义，它是婴儿用手的动作有目的地认识世界和摆弄物体的萌芽，是婴儿的手成为认识器官和劳动器官的开端。

婴儿的手眼协调动作会经历动作混乱阶段（0～2 个月）、无意抚摸阶段（2～3 个月）、无意抓握阶段（3～4 个月）、手眼不协调的抓握（4～5 个月）、手眼协调的抓握（4～5 个月以后）这几个阶段。

手眼协调动作发生后，手的动作表现为：

（1）能顺着视线去抓住东西。

（2）动作有了简单的目的和方向，并能作出一些简单却行之有效的动作。如把奶瓶的奶嘴送到嘴里。

（3）动作虽然是有目标的，但又有很多多余的动作。如拿皮球的时候，不但手动起来了，而且整个胳膊也动起来了。

（4）手里有东西，但如果看见其他东西，就会扔掉手里的东西去拿别的东西。如，5个月的婴儿右手拿着一块积木，左手空空，若在其面前再放一块积木，他会用右手里的积木去敲打面前的积木，或者扔了右手的积木去拿面前的，而不会用左手去拿。

坐起来的姿势有助于手眼协调动作的发展。因为坐起来的姿势使视线容易落在自己的手上，使手的活动范围和视线的范围重合。

二、婴幼儿的认知发展

婴幼儿的认知发展包含许多方面，比如感知觉、注意特性、记忆能力、想象能力、思维能力、自我意识水平、人际交往关系、情绪和情感等。

（一）感知觉能力的发展

感觉能力和知觉能力是两种不同的能力，但又密切相关。感觉是反映当前客观事物的个别属性的认识过程，例如物体的声、色、冷、热、软、硬等。知觉是反映当前客观事物整体特征的认识过程，它是在感觉的基础上形成的。任何客观事物都包含了多方面的属性，单纯靠某种感觉是不能全面把握的。

1. 感觉能力的发展

新生儿凭借完好的感觉器官最先发展起各种感觉。最早出现的是皮肤感觉（触觉、痛觉、温度感觉），然后逐步表现出敏锐的视觉、听觉、触觉和嗅觉。

2. 知觉能力的发展

婴幼儿在半岁左右时能坐起来，这时候婴幼儿可以较好地完成眼手协调的活动。在视觉的调节下，手在视野范围内完成操纵、摆弄物品的活动，这是利用知觉能力综合认识物品的特性。半岁左右知觉开始萌芽，1岁认识物体永存，2岁掌握物体名称，3岁开始辨别上下、大小。半岁到3岁，是各种知觉能力快速发展的时期。

（二）注意特性的发展

注意是一种心理特性，而非独立的心理过程。注意通常伴随着感知觉、记忆、思维、想象等活动表现出来，例如注意听、看，全神贯注地想或记等。注意可分为无意注意和有意注意两种。无意注意是一种事先没有预定的目的，也不需要意志努力的注意；有意注意是一种主动服从于一定活动任务的注意，为了保持这种注意，需要一定的意志努力。

3个月左右的婴儿可以将注意力集中在某个感兴趣的新鲜事物上，5～6个月时能够比较稳定地注视某一物体，但持续的时间很短。

1～3岁时，随着活动能力的发展、活动范围的扩大，婴幼儿接触的事物及感兴趣的东西越来越多，无意注意迅速发展。如幼儿2岁多时对周围的事物及其变化、对别人的谈话都会表现出浓厚的兴趣。据天津和平保育院的调查，对有兴趣的事物，1岁半的婴幼儿能集中注意5～8分钟，1岁9个月时能集中注意8～10分钟，2岁时能集中注意10～12分钟，2岁半时能集中注意10～20分钟。

3岁前婴幼儿的有意注意刚刚开始发展，但水平较差。由于言语有了发展，加上成人的引导，他们开始把注意集中于某些活动目标。例如，看少儿电视节目时，如果对节目不感兴趣，他们的注意便会转移。在整个0～3岁阶段，无意注意占主导地位，有意注意还处于萌芽状态。

（三）记忆能力的发展

婴儿的记忆力比较差，只有再认而无重现。婴儿5～6个月时仅能再认妈妈，且记忆保持的时间很短。在反复出现的情况下，可以逐步认识周围熟悉的事物，保持对事物的记忆。1岁时能再认相隔几天或十几天的人与物。

1岁以后，随着年龄的增长，活动范围扩大，认识的事物增多，幼儿会记住越来越多的东西。但是，这时的记忆具有很强的无意性，主要凭借兴趣认识并记住自己喜欢的事物，记忆过程缺乏明确的目的。随着言语的发展、对事物表象的积累及稳定性的增强，幼儿开始形成主动提取眼前不存在的客体的意向，即重现。

2岁左右的幼儿可以有意识地回忆起数天前的事件（重现），不过这种能力还很弱。这种能力的出现和发展与言语的发展密切相关。

3岁的幼儿能再认3个月前的人与物，但重现的事仅限于几星期前发生的。

（四）想象能力的发展

想象是对已有的表象进行加工改造，建立新形象的心理过程。人类的想象活动总是借助词汇实现的，是对已有的表象进行的带有一定创造性的分析综合活动。新生儿没有想象能力，1周岁之前的婴儿尚无想象活动。

1～2岁时，由于个体生活经验不足，幼儿头脑中积累的表象有限，表象的联想活动也比较差，再加上言语发展程度较低，所以只有萌芽状态的想象活动。他们能够把日常生活中某些简单的行动反映在自己的游戏中。

3 岁左右，随着幼儿经验和言语的发展，可以参加有简单主题和角色的游戏，能够进行模仿成人社会生活情节的想象活动。3 岁以下的婴幼儿想象的内容也比较简单，一般是他所看到成人或其他婴幼儿的某个简单行为的重复，属于再造想象的范围，缺乏创造性。这个年龄阶段的想象经常缺乏自觉的、确定的目的，只是零散的、片段的。

（五）思维能力的发展

人的思维有几种不同的方式，在成人头脑中是并存的。但是，从发生、发展的程序看，它们有先后的顺序，并不是同时发生的。它们从产生到发展、成熟，要经历 18～20 年的时间，要经历直觉行动思维（3 岁前）、具体形象思维（3～6 岁）、抽象逻辑思维（6 岁以后）几个阶段。婴幼儿的思维发生在感知、记忆等过程之后，与言语真正发生时间相近。

0～2 岁是婴幼儿思维方式的准备时期。在这一时期，婴幼儿凭借手摸、体触、口尝、鼻闻、耳听、眼看发展其感觉、知觉能力，并在复杂的综合知觉的基础上，产生了萌芽状态的表象。表象的产生，加上语言的参与，开始产生萌芽状态的思维现象。可以说，婴幼儿初次使用语词概括的出现，是婴幼儿思维发生的标志。在这之前，婴幼儿最初对客观事物的概括与间接反映是依靠动作进行的。解决问题的方案也是用动作来“尝试”的。

3 岁前婴幼儿产生的思维主要是直觉行动思维，是个体依靠对事物的感知、动作进行的思维，又称感知动作思维，是最低水平的思维。只有在听、看、玩弄与操纵等行动中，婴幼儿才能进行思维，一旦动作停止，其思维活动也随之停止或者转移。3 岁时幼儿在直觉行动思维的基础上，逐步发展起具体形象思维。

（六）自我意识水平的发展

自我意识是意识的一个方面，包括自我感觉、自我评价、自我监督、自尊心、自信心、自制力、独立性等。它的发展是人的个性特征的重要标志之一。幼儿 1 岁左右时，在活动过程中，通过自我感觉逐步认识作为生物实体的自我。在 2 岁左右时，幼儿掌握了代名词“我”，这是自我意识形成过程中的重要阶段，标志着自我意识萌芽。2～3 岁时，幼儿在不断扩大生活范围、不断增长社会经验和能力、不断发展言语的帮助下，逐步把握作为一个社会人的自我意识。

（七）人际交往关系的发展

婴幼儿的人际交往关系有一个发生、发展和变化的过程。首先发生的是亲子关系，其次是玩伴关系，最后逐渐发展起来的是群体关系。0～3 岁阶段主要发生的是前两种交往关系。0～1岁阶段主要建立的是亲子关系，即婴儿和父母的交往关系。父母是婴儿最亲近的人，也是接触最多的人。在关怀、照顾的过程中，父母与婴儿有充分的体肤接触、感情展示、行为表现和语言刺激，这些都会对婴儿的成长产生深刻的影响。

1岁以后，随着动作能力、言语能力的发展，以及活动范围的扩大，幼儿开始表现出强烈的寻求小玩伴的愿望，于是出现玩伴交往关系。玩伴交往关系在人一生的发展中起着至关重要的作用。它不排斥亲子关系，也不能由亲子关系所代替。一个人没有玩伴或朋友，就很难有健康的心理。

3岁前建立的常常是一对一的玩伴关系，对这个年龄段的婴幼儿来说，建立群体的玩伴交往关系还有一定的困难。

（八）情绪和情感的发展

婴幼儿的情绪和情感对其生存与发展起着至关重要的作用。情绪和情感也是心理活动和行为的驱动力。良好的情绪和情感体验会激发婴幼儿积极的探求欲望，并促使其采取积极行动，从而寻求更多的刺激，获得更多的经验。

人类在进化过程中所获得的基本情绪有8～10种，它们不是同时出现的，而是随着个体的成熟、生长而逐步出现的，其诱发因素也各不相同。婴幼儿情绪和情感的最大特点是：冲动、易变、外露，年龄越小特点越突出，婴幼儿的情绪易受外界环境的影响。

三、婴幼儿的语言发展

3岁前婴幼儿语言的发展，是一个连续、有次序、有规律的过程，也是不断地由量变到质变的过程。一般来说，人的语言发展要经历发音、理解和表述三个过程。这里婴幼儿语言的发展主要是指婴幼儿对母语的理解和表述能力的发展。母语往往是人们掌握的第一语言。在婴儿期，除有严重的学习语言障碍者外，一般婴幼儿均能成功学会母语口语。

婴幼儿语言是一个动态的概念，有一个发生和发展的过程。根据语言系统的发展和语言运用能力的发展相结合的标准，婴幼儿语言的发展可以相对划分为既有质的差异又相互关联，且时有交叉的三个阶段：0～1岁是婴幼儿言语发生的准备阶段，又称前言语阶段；1～2岁时幼儿开始进入正式的学说话阶段，当婴幼儿讲出第一批有真正意义的、具有概括性的词时，意味着婴幼儿进入言语发生阶段；2～3岁是幼儿基本掌握口语阶段，这一阶段将持续到入学前。

3岁前婴幼儿语言的发展阶段的划分并不是绝对的，但每个阶段又都可以根据它新的特点划分出若干子阶段，并与其他阶段相区分。对不同的幼儿来说，每个阶段发展的早晚既有普遍性又有差异性。

（一）0～1岁婴儿语言发展

婴儿自呱呱坠地便开始学习语言。从出生到1岁左右的语言学习，为婴幼儿正式的语言运用做好了准备，可以说出生后的第一年是婴幼儿言语发生的准备阶段，我们称这一阶段为前言语阶段。

在前言语阶段，婴幼儿通过感知语音为他们获得语言能力打下基础。应当说，正常婴幼儿在这段时间内不仅能够听到声音，还会以某种能够帮助自己学习语言的方式去感知语言。除了大量地获得感知语言的经验以外，在出生之后的一年时间里，婴儿语言学习的另一种主要方法是前言语发音。婴儿尝试掌握本民族语言的发音能力，是他们为正式使用语言与人交往所做的另一番准备。前言语发音是指婴幼儿正式说话之前的各种语音发声，类似于说话之前的语音操练。许多研究结果表明，在0～1岁的前言语阶段，婴儿自第一声啼哭到咿呀学语做好说话的准备，经过了大量的发音练习，这个过程大致可以分为以下三个阶段。

1. 简单音节阶段（0～3个月）

新生儿因呼吸而发声，哭是婴儿出生后第一个月主要的发音。在这个月内，婴儿学会了调节哭叫声的音长、音量和音高，能通过不同的哭叫声表达他们的需求，特别是当哭声停止的时候，可以听到类似ei、ou的发音。

2个月以后，婴儿不哭时也能开始发音，当成人引逗他时，发音现象更明显，已能发出ai、a、ei等音。这些音不需要较多的唇舌运动，只要一张口，气流就会自口腔冲出而自然发音，这与婴儿的发音器官发育不完善有关。此阶段的发音是一种本能行为，天生聋哑的婴儿也能发出这些声音。

2. 连续音节阶段（4～8个月）

这一阶段，婴儿在吃饱、睡醒、感到舒适时，常常会自动发音。在其发出的声音中，不仅韵母增多、声母出现，而且能重复同一音节。6个月后，婴儿独自玩的时候，或对成人的逗弄作出反应的时候，会发出“ma-ma”“ba-ba”或“pa-pa”的声音。其实，此年龄段的婴儿并不会叫“妈妈”“爸爸”，这种发音只是前言语阶段的发音现象，但如果成人能将这些发音与具体事物相联系，就可以使婴儿形成条件反射，使其发出的音节具有意义。

3. 模仿发音阶段（9～12个月）

在此阶段，婴儿所发的音中明显增加了不同音节的连续发音，音调也开始变得丰富起来，经过音节发声阶段后，婴儿咿呀学语的发音进入一个更为复杂的时期，他们能够发出一连串变化不同的辅音加元音的音节，并且还能模仿一些非语言的声音或成人发出的新语音。出现四声，听起来很像在说话，这些“话”虽然没有意义，但却为幼儿学说话做了发音上的准备，这标志着婴儿学说话的萌芽。

此阶段婴儿也能真正理解成人的语言，研究表明，婴儿大约从9个月开始才真正理解成人的语言。怎样来判定婴儿是否理解了成人的话语呢？可以采用话语反应判定法，即在自然语境中如果婴儿对语言刺激能作出合适而又恰当的反应，即可判定婴儿已经理解了这些话。如“妈妈在哪里？”婴儿能把目光或头转向妈妈或用手指向妈妈，这就是合适的反应。婴幼儿言语发展的基本规律是：先听懂，后说话。

（二）1～2岁幼儿语言发展

经历了前面近一年的言语准备阶段，婴儿开始进入学习口语的全盛时期，因此1～2岁被称为言语发生阶段。根据幼儿语言发展的基本情况，它又可以分为以下两个阶段。

1. 单词句阶段（1～1.5岁）

在这一阶段，幼儿往往能够主动说出有一定意义的词，用一个单词表示一个句子，我们称之为单词句。如孩子说“妈妈”这个词常常包含多种意思，有可能是让妈妈抱，也可能是要吃东西，还可能是想要一个玩具等。这时候孩子说出的词，并不单独地和词所代表的对象发生联系，而是要与包括这个对象在内的一种情境相联系，所以单词句阶段的词所表达的意思是不精确的，照料者常常需要把孩子说话时的手势、表情、体态等作为参考的因素，以确定孩子表达的真实意图。

在词汇能力方面，以声音代物是1.5岁以前的幼儿说话的一个明显的特点。例如把“狗”称作“汪汪”，把“猫”称作“喵喵”或“喵呜”，或者用某种声音来代表人的某种活动，如用“嘘嘘”声代表小便。这种声音固然与成人在与婴幼儿的对话中常以声代物有关，同时也和幼儿生活范围的扩大、生活内容不断丰富、认知能力逐渐提高有关。幼儿之所以会用声响来给日常生活中常见的物体命名，这是因为声音是物体或活动的鲜明特征，容易记住。但是幼儿在命名和使用新词时常常会出现种词义“泛化”“窄化”和“特化”现象，这一阶段以及随后的几个阶段，幼儿学习语言的主要任务是学习新词，增加词汇量，大人应多跟幼儿交谈，鼓励幼儿多开口。

2. 简单句阶段（1.5～2岁）

这一阶段，幼儿似乎突然开口，说话的积极性很高，语词大量增加。如18个月的幼儿经常挂在嘴边的单词有20个左右，到21个月时则能说出100个左右单词，到24个月时能说出300多个单词。近70%的词仍然是名词，其他如动词、形容词、数词、代词、副词、感叹词等，虽占比较小，但都开始出现在幼儿的话语当中，这是一个令人欣喜的现象。词汇量的迅速增长，使幼儿具备了进一步发展口语的能力。从1岁半开始，幼儿词句的掌握也迅速发展，沿着“单词句—双词句—完整句”的方向发展，此时发音已与发出的词和句子整合在一起，开始用简单句表达自己的思想。其语言表达能力开始迅速发展，此时幼儿开口说话的积极性高涨，除去熟睡的时间，其余时间几乎都能够听到幼儿的声音。此阶段的幼儿还不能完全正确地发音及正确运用语法，在表达时会出现语序混乱的现象，如“睡不能着”“苹果削”。

（三）2～3岁幼儿语言发展

2岁以后一直到入学前，是幼儿基本掌握口语阶段，幼儿开始学习运用合乎语法规则的完整句更为准确地表达自己的思想。随着幼儿生活经验的增多，其对陌生事物的兴趣也越来越浓厚，此阶段幼儿的语言表达较前一阶段有明显的进步。他们开始逐渐用语言来表达自己的需要和情感，用语言来调节自己的动作和行为，基本上能够用语言与成人交流，语言成为这一阶段幼儿社会交往的有效工具。研究表明，如果此阶段的幼儿能拥有良好的语言环境，那么这一时期将成为其言语发展最为迅速的关键时期。此阶段也可以相对划分为以下两个阶段。

1. 初步掌握口语阶段（2～2.5岁）

在这一阶段，幼儿在运用语言和词汇方面有显著进步，能用3～5个单词组成的句子来与人交谈。他们和人们的对话变得更加自由和顺畅，同时他们也开始能用比较完整的句子与人交流，并学会倾听别人讲话，表达自己的要求和愿望。但幼儿在与人交流时常常使用接尾策略，比如问幼儿“你喜欢吃苹果还是梨？”他会回答“梨”，而如果问“你是要吃梨还是苹果？”，他会回答说“苹果”。

2. 目标口语初步发展阶段（2.5～3岁）

这一阶段，幼儿的单词句、双词句这一类特殊语言成分已经大大减少，语言已经纳入目标语言的轨道。幼儿已经掌握了基本的语法规则，积累了一定的词汇量，掌握了一定的语言运用技能，可以初步用词语来解释词语。语感开始形成，并能运用语言进行一般日常语言交际。到了3岁左右，随着幼儿好奇心和求知欲的发展，他们会变得好问，对新词句表现出较大的兴趣。他们总喜欢问“这是什么？”或者“为什么？”之类的问题，并会从成人的答案中学到很多新词。

四、婴幼儿的社会性发展

个体从出生就开始了由自然人向社会人转化的过程。当婴儿开始回应母亲的爱抚，会对母亲微笑时，就开始了人际交往，他的社会性行为也会逐渐表现出来。

婴幼儿社会性发展是婴幼儿心理发展的一个十分重要的方面，也是成长中出现问题较多的方面，因此日益受到人们的广泛重视。婴幼儿的社会性发展有时也称作婴幼儿的社会化，它是每个孩子成为负责任的、有独立行为能力的社会成员的必经途径。婴幼儿通过与社会群体、集体、个人的相互作用、相互影响，以及个体主动积极地掌握社会经验和维护社会关系来丰富自己的社会经验。婴幼儿社会化是在一定社会环境影响下，朝着社会要求的方向不断发展并逐渐达到要求的过程。

随着年龄的增长，幼儿生活范围逐渐扩大，社会经验也日益增多。他们要学会与父母、同伴以及其他人进行交往、接触，并逐步建立起与父母、同伴的比较稳定的关系；同时，作为道德发展主要内容的亲社会行为和攻击性行为也表现出较明显的个别差异，并成为社会性发展的基础。婴幼儿时期是人一生中社会性发展的关键时期，幼儿在这个时期的社会性发展直接影响到他们以后的发展。

（一）婴幼儿自我意识的发展特点

自我意识是对自己以及自己与客观世界的关系的一种认识，由知、情、意三方面构成，包括自我理解、自我感觉、自尊、自爱、自我控制等。出生的前几个月，婴幼儿的身体在快速发育，他们会通过一些动作来接触和了解这个世界，如吃手、看到妈妈会笑、玩小玩具等。等到 8 个多月时，婴儿已经能区分自己的动作和玩具之间的关系，会出现愤怒的情绪，这种情绪能增加婴儿的自我感受和体验。10 个月后婴儿的自主意识开始发展，主要表现为想自己做事，拒绝别人的帮助。11 个月婴儿会对镜子里的自己感兴趣。1 岁后幼儿喜欢向别人展示自己。13 个月左右的幼儿已经能区分自己和别人，能够通过照片辨认出自己。15 个月时幼儿能够把自己作为客体区分，自我意识开始发展，通过言语、姿态、表情等展示自己，渴望他人关注、接纳。1 岁半后，幼儿能意识到自己努力可以完成一些事。2 岁左右的幼儿能用语言来表达自己，渐渐学会使用第一人称“我”，这是自我意识萌芽的标志。2～3 岁的幼儿约束行为开始发展，开始懂得遵从别人，调整自己的行为。

想一想

3 岁的欣欣近来常常表现出各种反抗或执拗行为，不让他摸的他偏去摸，不让他做的他偏去做。如果受到父母的限制或被强行制止，他就会烦躁甚至反抗。

问题：欣欣为什么会有这样的行为？如何对欣欣的行为给予指导？

（二）婴幼儿依恋情感的发展特点

依恋是指婴幼儿和照看人之间亲密的、持久的情绪关系，主要体现在母亲与婴幼儿之间。亲子依恋分为前依恋期、依恋建立期、依恋关系明确期、目的协调的伙伴关系阶段。婴儿期主要是前两个阶段，从出生起到2个月时，婴儿会对所有人都作出反应，不能将他们进行区分，这时的婴幼儿对于前去接触他的人没有特殊的反应，所以此阶段又称无区别的依恋阶段。2～12个月后婴儿能从周围的人中区分出最亲的人，并愿意接近，能忍耐同父母的暂时分离，但会带有伤感的情绪。

想一想

一次，小茹去朋友家，和朋友家3个月大的婴儿玩得很开心。过了两个月，当小茹再去朋友家并抱起已经5个月的婴儿时，婴儿大哭起来，挣扎着要找妈妈。小茹很奇怪，这个小孩子之前不是很“喜欢”自己吗？

问题：这个5个月大的婴儿为什么不“喜欢”小茹了呢？

（三）婴幼儿道德情感的发展特点

道德感是人类用一定的道德标准评价自己或他人的思想和言行时产生的情感体验。对于婴幼儿来说，掌握道德标准不是一件容易的事，形成道德感更是复杂的过程。热爱父母、老师，憎恨坏人，遵守纪律等都属于道德感的范畴。婴幼儿的道德感是在成人的道德评价和潜移默化的榜样作用影响下形成的，从初步认识到好与坏的标准开始。

3岁前的婴幼儿只有同情、怕羞等道德感的萌芽。集体生活中，通过对婴幼儿进行集体生活的教育，随着婴幼儿对各种行为规则的掌握，到婴幼儿中晚期，其道德感才会逐渐发展起来。

一开始，婴幼儿的道德感主要指向个别的外部行为，并且往往由成人的评价直接引起。比如，得到父母或老师的夸奖时，婴幼儿便产生满足、高兴的情感体验；受到批评时，就会产生害羞、难受的情感体验。以后，婴幼儿的道德感逐渐与一些概括化的道德标准相联系。比如，帮小朋友叠被子、完成了老师所布置的任务时心理产生快感，感到美滋滋的；相反，违反了游戏规则或做了错事时则羞愧不安。（婴幼儿对他人和自己的行为是否符合道德标准已有了最初的体验）

（四）婴幼儿人际交往的发展特点

人际交往主要是亲子关系和同伴关系。亲子关系即父母与子女的关系，是孩子最早接触到的人际关系。在婴儿期，母亲是婴儿的主要抚育者，是婴儿生存发展的第一重要人物。婴儿此时期出现了明显的依恋，形成了与母亲的情感联结，而父亲与婴儿的接触时间明显少于母亲，但父亲是婴儿重要的游戏伙伴，是婴儿积极情感满足、社会性人格发展和性别角色正常发展及社交技能提高的重要源泉。婴幼儿的同伴关系是通过相互作用的过程表现出来的，是一个从简单到复杂、从低级到高级、从不熟练到熟练的过程。不同年龄段的同伴关系表现出不同的发展特征。

（五）婴幼儿社会行为、环境、规范认知的发展特点

1 岁以内的婴儿就有了亲社会行为，满 1 周岁之前婴儿就学习通过肢体语言来与他人“分享”有趣的物体和事情，1 岁半的幼儿会提供特殊的帮助给有困难的人，1 岁半到 2 岁的幼儿会安慰人，3 岁的幼儿已经能对别人受到的伤害表现出同情和支持，出现打抱不平的行为，能更好地关心和帮助他人。婴幼儿对社会环境的认知特点表现为：由简单到复杂，由近及远，渐渐地扩展和深化。

1～3 个月大的婴儿在与人交流时，会对亲近的人和声音产生反应，从微笑发展到大声笑，情绪愉快。4～6 个月大的婴儿能注视和学习辨认周围生活环境中的人、物和事。7～12 个月大的婴儿能够用表情、动作、语音等回应他人。13～18 个月大的幼儿能尝试用喜、怒、哀、乐来表达自己的情感，能感知周围生活环境中的花草、树木、人和物，会指认。19～24 个月大的幼儿能辨别周围生活环境中的常见物，对物体形状、冷热、大小、颜色、软硬等明显的特征有初步的认知；经提醒会与人打招呼，学着与同伴玩耍、游戏；能懂得简单的是非，学着遵守规则。2～3 岁的幼儿在生活中能感知常见的动植物和简单的数，觉察颜色、形状、时间（昼夜）、空间（上下、内外）等明显的不同，开始了解人、物、事之间的简单关系，逐渐适应集体生活，愿意亲近老师和同伴，有初步的自我保护意识，学习对人有礼貌及不影响别人的活动。

五、婴幼儿的情绪发展

情绪是指人们对客观事物是否符合自己的需要、愿望和观点而产生的内心体验，是人们对现实世界的一种特殊反应形式。人们之所以会对客观世界产生不同的情绪情感体验，与客观世界是否满足了人们的需求有很大的关联。如果外界事物符合并满足个体的需要，人就会产生满意、愉快、高兴的情绪和情感体验；反之，就会产生不满、愤怒、痛苦、仇视等消极的情绪体验。

达尔文指出，原始情绪反应是婴儿的本能，是人类对环境的适应和进化的产物。例

如，婴儿啼哭时嘴角向下的表情是人类祖先在遇到困难时求援的表现，愤怒时咬牙切齿是人类祖先在进行搏斗前的适应性动作。

近代研究表明，情绪的发生最初与生理需要是否得到满足有直接关系。身体内部或外部不适应的刺激都会使婴儿产生情绪，如饥饿或疼痛会引起他们哭闹。当直接引起情绪反应的刺激消失后，这种情绪反应也随之停止，被其他情绪反应所取代。例如，当婴儿因为饥饿而哭闹时，只要喂他食物，他就会由原来的哭闹转为愉悦。

随着婴儿与外界环境的接触逐渐增多，他们的情绪逐渐开始分化，形成三种基本情绪表现，即哭、笑和恐惧。

（一）哭

哭是婴儿最早的情绪反应，是在他们出生时就有的，是新生儿与外界沟通的第一种方式。哭既是生理现象，也是一种心理现象。新生儿的哭主要是生理性的，是因为婴儿的生理需求没有得到满足而引起的。他们的啼哭最早是因为饥饿、寒冷、疼痛或睡眠被打扰，后来又增加了饮食中断、烦躁等原因。

随着婴儿年龄的增长，他们啼哭的次数会逐渐减少，并且逐渐表现出一定的社会性，如为了引起别人的注意和父母的关心而哭泣等。婴儿啼哭的次数逐渐减少，一方面是婴儿对环境的适应能力逐渐增强，周围成人对婴儿的适应性也逐渐改善，从而减少了婴儿的不愉快情绪；另一方面是婴儿逐渐学会了用动作和语言来表示自己不愉快的情绪和需求，以此取代了哭的表达。

（二）笑

笑是情绪愉悦的表现。有学者通过观察研究指出，爱笑的孩子一般会比不爱笑的孩子更早地与外界环境进行互动。哭是婴儿出生时就有的一种情绪体验，而笑则是后来逐渐发展起来的。心理学家研究发现，婴儿的笑要经过以下两个阶段的发展历程。

1. 反射性微笑（0～5 周）

反射性微笑又称内源性微笑，是一种生理表现，与婴儿中枢神经系统活动的不稳定有关。这个阶段的婴儿在笑的时候，眼睛周围的肌肉和脸的其他部位并未收缩，仍保持着松弛的状态，这种笑被称为“嘴的微笑”，常见于婴儿进入睡眠状态时。这种早期的笑在婴儿 3 个月大后逐渐减少。

2. 社会性微笑（5 周起）

婴儿到 3 周左右时已经能对外源刺激作出反应，眼睛周围的皮肤也会随着婴儿发笑而皱起，这时如果成人轻轻触摸婴儿的皮肤敏感区就能使他们微笑。婴儿到第 5 周时已经可以对着人脸微笑，如果这时妈妈对着正在吃奶的婴儿微笑，他们就会停止吃奶并且咧开嘴微笑，这意味着婴儿开始与社会群体产生交流，出现了“社会性微笑”。

社会性微笑在最初的三四个月里是无差别的，这种微笑往往不分对象。研究发现，3 个月大婴儿面对人脸都会报以微笑，无论人脸的表情是生气还是微笑。4 个月左右时，婴儿的微笑开始出现差别，他们对父母或者抚养者微笑的次数最多，其次是家庭里的其他成员，对陌生人微笑的次数最少。

（三）恐惧

恐惧也是婴儿出生时就有的一种体验，可以说是本能反应。婴儿最初的恐惧不是由视觉刺激引起的，而是由听觉、肤觉和机体觉等刺激引起的。婴儿 4 个月左右时开始出现与知觉发展相联系的恐惧，使他们产生不愉快体验的刺激也会激起恐惧，也是从这个时候开始，视觉对恐惧的产生逐渐开始起主要作用。

婴儿在 6 个月左右时开始对陌生刺激物产生恐惧反应，即所谓的“怕生”。这时婴儿已经能对亲人和陌生人加以区分，对不熟悉的人会表现出不安和恐惧。随着想象和活动能力的增加，2 岁左右的幼儿已经开始出现预测性恐惧，他们开始有怕黑、不愿意一个人单独睡觉等表现。

幼儿到 2 岁时已经可以随意行走，他们这时不愿再受大人的束缚，更希望通过自己去探索外部世界。但由于他们还缺乏经验，对周围未知的环境还抱有一定的恐惧和不安，因此，成人应该积极鼓励幼儿去探索世界，使他们克服对未知事物的恐惧。

婴幼儿最初的情绪是与他们的生理需要密切相关的，随着年龄的增长，他们的情绪逐渐社会化，更多地表现为与社会性需要相关。婴幼儿情绪社会化的趋势主要表现在以下两个方面。

1. 诱发情绪反应的社会性因素增加

婴儿最初的情绪反应都是和他们的基本生活需求是否得到满足相联系的。在 3 岁之前，舒适的环境、吃饱喝足和干净的尿布等都是令婴幼儿心情愉悦的因素，但除了这些与满足生理需要有关的因素外，还有大量与社会性需要相关的因素能够诱发他们的情绪变化。例如，1～3 岁幼儿的非社会性微笑（自娱自乐时的微笑）的比例逐渐降低，社会性微笑（与他人交流时的微笑）的比例不断攀升。但总的来说，婴幼儿在 3 岁之前的情绪诱因还是以生理需要为主。3～4 岁是幼儿的情绪动因从主要为满足生理需要向为满足社会性需要过渡的阶段，这个时期的幼儿非常希望被人注意。例如，刚进入幼儿园的幼儿很喜欢和教师牵手，还喜欢与教师有更进一步的身体接触，如搂抱等。随着幼儿社会性需求的进一步扩大，到学前末期时，他们的社会性情绪表现得更为明显。例如，家长和教师的忽视、同学的不理睬都会引起他们情绪的变化。这时幼儿的社会交往和人际关系在他们的情绪因素中的比重逐渐增大。

2. 情绪表达日渐社会化

表情是情绪的外部表现，婴幼儿在成长过程中逐渐能识别出周围人们的表情，他们的表情也日益社会化。婴幼儿表情的社会化主要包括两个方面：一是理解（辨别）面部表情的能力；二是运用社会化表情的能力。

（1）理解（辨别）面部表情的能力。表情所提供的信息，对幼儿与成人交往的发展与社会性行为的发展起着特别重要的作用。1 岁左右的婴幼儿已经能够笼统地辨别成人的表情。例如，成人对婴儿微笑时，婴儿也会回以微笑，如果成人紧接着立即对他板着脸，作出严厉的表情，婴儿马上就会哭起来。有研究表明，3 岁的幼儿已经能够辨认高兴的表情，4 岁开始学会识别愤怒的表情。

（2）运用社会化表情的能力。富切尔曾对 5～20 岁先天盲人和正常人的面部表情进行研究，结果发现，最年幼的盲童和正常幼儿相比，无论是运用面部表情的数量，还是表达表情的适当程度，都没有明显的差别，但是，随着年龄的不断增长，正常幼儿的表情动作数量和表达表情的准确性有所进步，而盲童则相反。这说明人类先天有运用表情的能力，但如果缺乏后天的学习，运用表情的能力就会下降。盲童由于缺乏对表情的人际知觉条件，从而影响了其表情的社会化。

婴幼儿的情绪发展趋势除上述特点外，还表现为情绪的日益丰富化，除了哭、笑和恐惧外，他们还会体验到更多的社会情感，如怜爱、同情等；从情绪的变化过程来看，其发展趋势逐渐受到婴幼儿自我意识的支配，婴幼儿对情绪的自我调节能力会慢慢提高。婴幼儿基本情绪的发生发展具有一定的规律，其最早出现时间与诱因、经常显露时间与诱因如表 3-2 所示。

表 3-2　婴幼儿基本情绪发生时间

情绪类别	最早出现时间	诱因	经常显露时间	诱因
痛苦	出生后	身体痛刺激	出生后	身体痛刺激
厌恶	出生后	味刺激	出生后	味刺激
微笑	出生后	睡眠内部过程节律反应	出生后	睡眠内部过程节律反应
兴趣	出生后	新异光、声和运动物体	3 个月	新异光、声和运动物体

续表

情绪类别	最早出现时间	诱因	经常显露时间	诱因
社会性微笑	3～6 周	高频人语声（女声），人的面孔出现	3 个月	熟人面孔出现，面对面玩
愤怒	2 个月	药物注射痛刺激	7～8 个月	身体活动受限制
悲伤	3～4 个月	治疗痛刺激	7 个月	与熟人分离
惧怕	7 个月	从高处坠落	9 个月	陌生人或新异性较强的物体出现，如带声音的运动玩具出现
惊奇	1 岁	新异物突然出现	2 岁	新异物突然出现
害羞	1～1.5 岁	熟悉的环境中出现陌生人	2 岁	熟悉的环境中出现陌生人
轻蔑	1～1.5 岁	欢乐情况下显示自己的成功	3 岁	欢乐情况下显示自己的成功
内疚感	1～1.5 岁	抢夺别人的玩具	3 岁	做错事，如打碎杯子

六、婴幼儿的思维发展

思维是人脑对客观现实概括的和间接的反映，它反映的是客观事物的本质及其规律性联系。人们常说的“考虑”“设想”“预计”“沉思”“深思熟虑”等都是思维活动的表现形式。例如，人们通过对云图的观察分析总结出“天气预报”，并用它来为人们的出行提供参考。一般认为，幼儿的思维发生在感知觉、注意和记忆等认知过程之后，与语言真正发生的时间相近，即 2 岁左右，最初能用语词概括的现象是幼儿思维发生的标志。0～3 岁婴幼儿概括的发生发展经历了直观的概括、动作的概括和词语的概括三个阶段。

（一）直观的概括

婴幼儿最初是对物体鲜明的和突出的外部特征（主要是颜色）进行概括。在一个实验中，让婴幼儿长期玩一个红色的皮球，当他能辨认出皮球时，把红色皮球混入一堆五颜六色的玩具中，这时婴幼儿不仅能轻易地找出红色的皮球，还能指出红色的帽子。这说明婴幼儿在认得一种颜色后，能够把这一颜色的物体推广到同一颜色的其他物体上。

（二）动作的概括

这个阶段的婴幼儿逐渐学会各种物体的操作方法，并且掌握了它们的用途。例如，看到杯子就知道是用来喝水的，看到勺子就知道是用来盛饭的。这是婴幼儿初步概括的表现，但是这时的婴幼儿还只能对单个物体进行概括，并且概括的是物体的外部特征，还不能区分物体的主要和次要特征。

（三）词语的概括

词语的概括能力出现在幼儿 2 岁左右时，这时他们逐渐学会对物体的主要特征进行概括。例如，抛开灯的颜色和外形等次要特征，知道灯的主要功能是照明，当他们感到屋子里比较暗时，就会要求成人将灯打开。这个阶段的幼儿还将“试误”作为他们解决问题的方法。例如，幼儿想要拿桌上的玩具，试了几次都没有成功，踩到桌边的小凳子上手也只是刚刚能碰到玩具，这时他会去找一个更高的凳子来，这样很快就能把玩具拿到手了。

拓展知识

儿童心理发展的几个“最佳时期”：

0～2 岁：亲子依恋关键期。

2 岁之前：训练身体灵活性的最佳时期。

2～3 岁：学习口语的最佳时期。

3 岁：培养动手能力的最佳时期。

3～5 岁：开发音乐能力的最佳时期。

3～6 岁：想象力发展的最佳时期。

4～5 岁：学习书面语言的最佳时期。

5 岁：培养数学能力的最佳时期。

7～10 岁：发展体育能力的最佳时期。

项目小结

婴幼儿生理的发展促进动作与大脑的发展，从而为个体早期心理的发展奠定良好的基础。婴幼儿期心理发展主要包含动作、认知、语言、社会性、情绪等的发展。

0～3 岁婴幼儿在各个年龄阶段形成了一般的、典型的、本质的身心发展特征，包括生理的年龄特征和心理的年龄特征，但要注意，各年龄阶段的特征不能代表某年龄阶段每个婴幼儿所有的心理特征。各年龄阶段特征代表该年龄阶段婴幼儿一般的、本质的特征，反映的是婴幼儿在某一阶段发展的典型性和趋势，既不能代表某一年龄阶段中每一个婴幼儿的所有的心理特征，也不能说明某一年龄阶段的所有婴幼儿都一定具有该年龄阶段的年龄特征。

此外，婴幼儿心理年龄特征有别于生理年龄特征。一方面，婴幼儿生理年龄特征是心理年龄特征形成的自然前提。一般来说，婴幼儿年龄越小，其生理年龄特征对心理发展的制约性表现就越大；反之就相对越小。另一方面，婴幼儿的心理发展是在成人的教育影响及自己的活动中，通过掌握社会知识经验、技能技巧进行发展的，社会条件、教育条件等的不同，会导致个体心理年龄和生理年龄发展的不一致，实际年龄本身不能决定个体心理发展的特征，不能把心理年龄特征和实际年龄完全对应起来。

同步练习

一、选择题

1. 大多数婴儿在出生后的 5 天内会失去出生时体重的（　　），在随后的 5 天内恢复，因此 10 天内孩子可恢复到出生时的体重。

A. 5%　　B. 15%　　C. 10%　　D. 20%

2. 6～12 个月婴儿随着生长发育会长出乳牙，最先长出的是两颗（　　）。

A. 下中切牙　　B. 上中切牙　　C. 上门牙　　D. 侧切牙

3. 幼儿先是用整只手臂和手同时去够物体，以后才会用手指拿东西。这是服从了（　　）。

A. 高低规律　　B. 从整体到局部的规律

C. 大小规律　　D. 首尾规律

4. 随着婴儿出生后与外界环境接触的逐渐增多，他们的情绪逐渐开始分化，形成三种基本情绪，即哭、笑和（　　）。

A. 害怕　　B. 痛苦　　C. 恐惧　　D. 自我

5. 在整个 0～3 岁阶段，婴幼儿（　　）注意占主导地位，（　　）注意还处于萌芽状态。

A. 有意　无意　　B. 机械　无意　　C. 特别　无意　　D. 无意　有意

二、判断题

1. 本能表现为条件反射，是个体不学而能的。（　　）

2. 大约在 2 岁时，幼儿开始出现自我意识的萌芽。（ ）

3. 5～6 个月的幼儿开始认生，对交往的人开始有所选择。（ ）

4. 婴儿手眼协调动作发生在 4～5 个月以后。（ ）

5. 对不同幼儿语言的发展，每个阶段发展的特点基本一致。（ ）

三、简答题

1. 简述婴幼儿心理发展的特点。

2. 婴幼儿动作发展有哪些规律？

四、案例分析题

3 岁的童童最近都是坐爸爸的车去公园，每逢堵车或有人超车时，爸爸总是不耐烦，不是骂警察就是骂别的司机。一天，童童妈妈去幼儿园接他时，看见童童正在威胁另一个小朋友："敢拿老子的玩具，等我……"妈妈很吃惊，自己的孩子怎么会说出这样的话？

问题：请运用所学的心理学理论来分析为什么童童会出现这样的言行，并提出你的建议。

项目四　婴幼儿活动设计环境创设及资源利用

学习目标

知识目标：明确婴幼儿活动设计的原则；掌握婴幼儿教育活动环境创设的要求；熟悉婴幼儿活动设计资源的类型，明确婴幼儿活动设计资源选择与利用的要求。

能力目标：能够具体规划婴幼儿教育活动的环境；能够设计与开发婴幼儿活动设计资源。

素养目标：挖掘本民族优秀的婴幼儿环境创设案例与婴幼儿活动资源，树立民族自信与文化自信。

思维导图

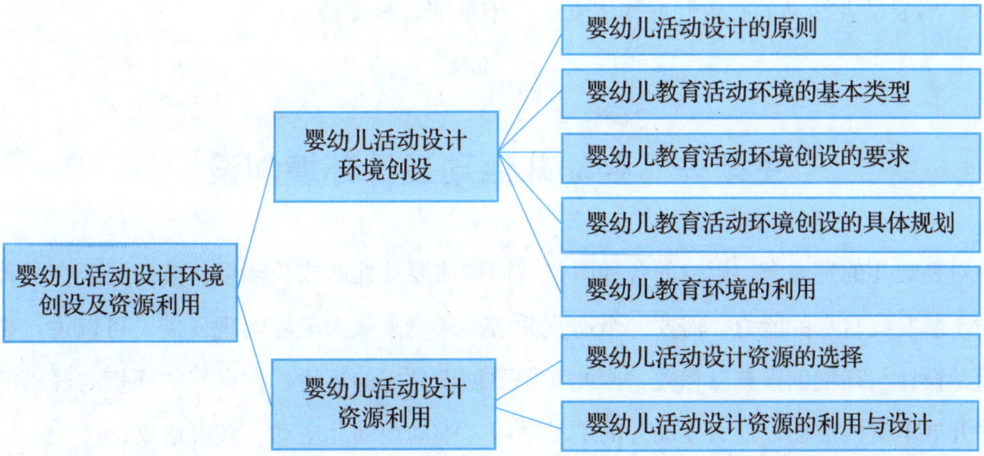

工作情境

个体的发展是与环境息息相关，婴幼儿如同一张空白的纸，他们的生长发育会受到环境的影响。在环境的刺激下，婴幼儿的全身关节肌肉和感觉器官都会活跃起来，视觉、听觉、触觉等感知觉把外部环境中各种事物的特征传递到婴幼儿的大脑，大脑处理后作出动作反应，这种知觉行动的体验不断积累叠加，又促进婴幼儿语言、情感、认知、社会性等的发展。

工作任务

1. 唤起托育教师和家长对婴幼儿活动环境创设的重视，明确环境对婴幼儿发展的意义。

2. 树立科学的婴幼儿活动材料利用观念，能够开创性地开发与设计活动材料。

3. 确定家长在婴幼儿环境创设及材料提供中的定位，加强亲子互动。

工作要点

1. 构建家庭和托育机构合作互信的伙伴关系。

2. 吸纳家长、托育机构和社区共同作为活动环境创设及材料提供的主体。

3. 为婴幼儿活动的有效开展提供安全、丰富的材料支持。

主题一　婴幼儿活动设计环境创设

对婴幼儿的发展产生影响的各种因素共同构成婴幼儿的成长环境。婴幼儿要在各种活动中不断发展自身的能力，需要一个适宜的活动环境来最大限度实现发展。可以说，婴幼儿活动设计与环境创设息息相关，因此我们要创设良好的环境，在良好的环境与轻松的氛围中开展丰富的活动，助力婴幼儿的主动学习，推动婴幼儿主动、健康地成长。

一、婴幼儿活动设计的原则

蒙台梭利曾说过：“儿童出生后头 3 年的发展，在其程度和重要性上，超过儿童一生中的任何阶段。”婴幼儿活动设计需要遵循其身心发展规律，秉持促进婴幼儿全面发展的育人目标，在婴幼儿教育活动、亲子活动、家庭教育活动、社区教育活动中引领其健康成长、全面发展。婴幼儿活动设计需要遵循以下原则。

（一）个体全面发展性原则

个体全面发展性原则包含两层含义。首先婴幼儿活动设计要遵循发展性的原则，其次婴幼儿活动设计要遵循全面性的原则，将发展性与全面性结合起来，最终促进婴幼儿的全面发展。发展性原则是指婴幼儿活动设计要有效促进婴幼儿的发展，以婴幼儿的发展为指向设计与开展活动。发展性原则要求活动设计要基于婴幼儿的年龄特点和发展水平，确定符合婴幼儿发展需要的活动目标。适宜的目标应是稍高于婴幼儿现实发展水平，但又是经过努力能够达到的水平，即处于“最近发展区”内的目标。婴幼儿活动设计应该有助于婴幼儿实现丰富而全面的发展，应结合婴幼儿不同年龄段的特征开展丰富多彩的活动，做到不侧重不忽略，以保证婴幼儿的身心健康成长，不特意强调婴幼儿在某一方面的发展而忽略其他潜质的挖掘。

（二）参与主体多元化原则

婴幼儿的身心发展水平处于不成熟的发展阶段，婴幼儿活动中的参与主体是多元的，包括婴幼儿、教师和家长。针对这一特性，婴幼儿活动设计要坚持参与主体多元化原则。参与主体多元化原则的第一要义是要以婴幼儿为主体，教师在进行活动设计时，在活动内容和方法的选择上要注重激发婴幼儿的能动性、自主性和创造性，通过为婴幼儿创设良好的环境，提供适宜的操作材料，让婴幼儿在自主探索中得到发展。在遵循以婴幼儿为主体的基础上，还应该适当发挥教师的主体性，教师应该找准自己的角色定位，以饱满的热情设计、参与婴幼儿的活动，为婴幼儿顺利完成活动任务提供隐性的支持和帮助。家长的主体参与也不可忽视，婴幼儿活动设计的目标之一应该是指导家长育儿，让家长能够参与到婴幼儿的活动中，使家长在参与、观察婴幼儿过程中了解婴幼儿发展的特点、主动参与与促进婴幼儿的成长。教师选择的活动内容要能供家长借鉴，这样，他们还可以在家里开展类似的活动。

（三）形式互动游戏化原则

游戏是根植于人类原始基因中的活动形式，婴幼儿的认知与语言等的发展处于非常不成熟的状态，他们对游戏的需求是非常强烈的，只有在操作的、灵活的游戏活动中，婴幼儿才能够汲取发展的养分。婴幼儿活动设计和组织的基本形式应该是游戏活动，婴幼儿活动互动的基本形式应该是游戏化。婴幼儿的发展是婴幼儿自身主动获得相关经验的过程，而经验的获得需要实践的积累。游戏化的活动与游戏化的互动形式，能激发婴幼儿对活动的兴趣，使婴幼儿积极主动参与活动，在活动中获得经验。

（四）个体差异兼顾化原则

婴幼儿的个体差异是客观存在的，是婴幼儿发展的绝对规律。教育就是尊重每个婴幼儿个体全面发展的差异，设计能够促进婴幼儿个体全面发展的教学计划。对婴幼儿个体来讲，自身各领域的发展有优势也有劣势，在编制个性化教学方案时，要利用各个领域活动的相互渗透和交互作用，以优势带劣势。

（五）时间空间延续化原则

家庭是婴幼儿接触的第一个教育场域，家庭中的养育者是婴幼儿的第一任老师。婴幼儿教育活动不可能解决婴幼儿所有的发展问题，也不可能替代家庭教育。因此，活动设计与组织者不仅要在有限的时间里，对家长进行必要的示范和讲解，同时也要考虑活动的指导要向家庭延伸，使婴幼儿活动设计在时间与空间上具有延续性。婴幼儿活动的方式应该是开放的，不受时间和地点的限制，可以根据季节适当选择在室内或室外，根据婴幼儿年龄确定活动时间的长短，指导者可以是专业人员，也可以是社区有经验的志愿者，还可以是有经验的父母。

二、婴幼儿教育环境的基本类型

苏联心理学家维果茨基的认知发展论对当今的学前教育有着较为广泛的影响，他对0～3岁婴幼儿的学习行为进行了这样的阐述："这一年龄的儿童是按其自身大纲来学习的，他们所经历的阶段的顺序性，是由儿童从周围环境中攫取什么来决定的。"环境是婴幼儿自我发展的首要条件，应创设能满足婴幼儿自身需要的环境，促进婴幼儿自发生成各种活动的愿望、兴趣及内容。

一般情况下，婴幼儿常用的教育环境包括以下几类。

（一）生活类

用于进餐、睡眠、盥洗等，区域要相对固定，生活活动环境强调"软、圆、矮、趣、变"。

（二）游戏类

用于阅读、玩积木、做手工等，这些活动通常可以集游戏活动与智力学习为一体。这个区域可以设在婴幼儿喜欢的地方。

（三）情感满足、自我发展类

用来开展婴幼儿的模仿和扮演活动。这类活动能够满足婴幼儿情感上的需求与发展，学习社会性行为。在这个区域里可以摆放一个娃娃玩具，还可以放妈妈的照片，从而安抚他们的情绪。

（四）运动类

用于进行粗大动作训练的场地。最好有独立的户外活动地点，也可以用居住区的花园、附近的公园等场所替代。

三、婴幼儿教育活动环境创设的要求

环境作为第三位老师，对婴幼儿的成长具有重要作用。婴幼儿的兴趣是随机多变的，婴幼儿的个体差异性很大，婴幼儿教育活动环境创设需要满足以下要求。

（一）安全、环保、温馨的物质环境

为了保障婴幼儿身心的健康和谐发展，保育与教育机构及家庭都应努力为婴幼儿的成长营造安全、环保、温馨的物质环境。物质环境的创设始终要坚持安全第一原则。墙壁80cm以下的区域最好采用无污染的软质材料铺设，地上铺设弹性软垫；提供的各类玩具、器械等应是以棱角圆钝为主的轻质材料，如无毒塑料、软木、棉织品等，从而避免锐角器具对婴幼儿造成的不必要伤害；电器设备等也要妥善放置到有一定高度的区域，避免婴幼儿碰触；为婴幼儿的发展提供便利、柔和、容易消毒的生活设施，并时刻注意创设温度适宜、空气新鲜、光线柔和、安静舒爽的睡眠环境，保证婴幼儿的充足睡眠，以利于其身体和大脑的良好发育。

（二）丰富、充足、适量的玩具和材料

丰富的玩具能刺激婴幼儿参与活动的愿望和兴趣，玩具是婴幼儿的立体“教科书”，它对婴幼儿的发展起着至关重要的作用。在为婴幼儿提供玩具和材料时，要根据各个年龄段的婴幼儿对玩具和材料的不同需求，提供数量充足的、安全的、能满足多种感知需要的玩具和材料，并充分利用现实生活中的物品，挖掘其蕴含的教育价值，激发婴幼儿探索周围世界的兴趣，帮助婴幼儿积累多种感知经验，让他们在与玩具和材料的互动中动脑、动手、开心、开窍。

（三）安全、自然、广阔的室外活动空间

要充分利用阳光、空气、水等自然因素，为婴幼儿提供较大的、方便活动的、安全的

室外活动场所。一般要选择空气新鲜的地带，可以在室外开展符合婴幼儿身心特点的户外游戏，增进亲子感情，也可以进行体格锻炼，尤其是要保证冬季出生的婴幼儿接受日光浴，提高其对自然环境的适应能力。

（四）丰富、清晰、生动的语言环境

2 岁左右是婴幼儿学习语言的关键期，在日常生活中要为婴幼儿创设丰富的语言环境。例如：不受时间和空间的限制，随时随地用简明清晰、生动形象的语言与婴幼儿交流；注重创设多彩的艺术环境，让婴幼儿感受美、体验美，鼓励婴幼儿在音乐伴奏中想象并能够表达对美的体会；多多营造和谐的人际环境，尊重并满足婴幼儿的情感需求，爱抚、搂抱、亲近，悉心关爱他们。

（五）建立规范、稳定的日常生活制度

为了促进婴幼儿日常行为习惯的养成，保育与教育机构以及家庭都要重视为婴幼儿建立规范、稳定的生活制度，保证生活作息制度的合理性、生活保教常规的有序性、营养和膳食的均衡性、卫生保健指标检查的定期性等。

（六）温和、亲切、支持的心理环境

为婴幼儿提供的日常护理环境要充满爱，教师与婴幼儿、养育者与婴幼儿的相处都应该是温和而充满爱的，为婴幼儿创设温和、亲切、平等、支持的心理环境。

四、婴幼儿教育活动环境创设的具体规划

（一）区域相对固定

为了帮助婴幼儿形成良好的动力定型，便于在规定的区域参与固定的活动，保证教育活动能够持续、有效地进行，教育环境的区域设置应当相对固定。这样也有利于对区域进行管理，有利于婴幼儿养成好习惯。

（二）放置标志物

在固定的区域摆设色彩鲜艳的标志物，一方面能够让婴幼儿一目了然，明白应该在什么地方做什么活动，养成动力定型；另一方面，也能够让婴幼儿认识到归类的必要性，养成物归原位的好习惯。

（三）提供独处空间

婴幼儿尽管年龄比较小，但他们也需要有独立活动、独立思考的时间和空间，尤其是在活动时，更不想被干扰。所以，教育环境的规划要遵循婴幼儿发展的规律，要留给他们

独处的空间。可以开辟一个安全且富有探索性的角落，摆放他们喜欢的玩具，让他们能自由自在地活动。

（四）便于整理和调换

如果把所有的玩具杂乱堆放在婴幼儿面前，容易分散他们的注意力。所以，教育环境中的物品要归好类，整理好，这样可以培养婴幼儿的秩序感，也便于根据婴幼儿不同年龄身心发展需求，调换、增加、充实物品，提供有助于婴幼儿身心发展的有限且合理的玩具用品。

五、婴幼儿教育环境的利用

婴幼儿教育环境的创设只是一个方面，关键是如何利用创设的教育环境以及周围的环境促进婴幼儿的发展，这就需要教师和养育者多思考，适当变换设施，以满足婴幼儿的需求。例如，婴幼儿 6 个月以后，会通过连续翻滚、移动身体位置的方式去拿取远处的玩具或食物。此时，教师和养育者可以充分利用现有的条件，如床、地板、室外的平地，都可以成为满足婴幼儿动作发展的场所。可以在地面铺上毯子或席子，任由婴幼儿翻滚、爬行，还可以在毯子或席子的旁边放置沙发、小桌子，以便婴幼儿能够练习扶物站立和走动。另外，可以利用居住区的现有条件，利用台阶让婴幼儿练习爬楼梯；利用一些不太陡的坡道练习走斜坡。需要提醒的是，教师和养育者一定要紧盯婴幼儿的举动，保证他们的安全。

想一想

有个年轻的母亲带着孩子去请教大科学家达尔文，她问：“先生，我的孩子应该何时开始教育？”达尔文反问道：“你的孩子有多大？”那位母亲得意地说：“他才两岁半！”这时达尔文惋惜地回答：“夫人，你已经晚了两年半了。”

思考：

1. 达尔文为什么会这么回答？
2. 教育者需要给婴幼儿提供怎样的环境和活动，以促进他们的发展？

小案例

娃娃家的窗户

每家每户都有窗户，我们在创设娃娃家环境时很自然想到要有一扇窗户。于是，我们在墙面上画出窗框和窗帘，作为墙面布置，温馨、漂亮。本想孩子们会喜欢，但是在游戏中发现画出来的窗框和窗帘犹如一幅装饰画，静静地待在那里，根本无法引起孩子们的注意，更不能让孩子们产生互动的兴趣。

环境与材料应该能让婴幼儿参与互动，想到在生活中经常看到孩子们拉窗帘、在窗帘后面躲猫猫，我们顿时感悟，画出来的窗户与生活中的实物窗户相差太远，孩子们无法接受虚假的材料，于是，我们在活动区布置了生活中真实的物品——百叶窗、窗帘、垂直帘(迷你型的)。

新窗帘吸引了许多孩子的目光，大家争着拉，一扇小小的窗帘，每天不下几十人次光顾。孩子们通过操作，不仅发展了手的动作，还感知了各种窗帘不同的使用方式，逐渐了解了用不同方法拉开窗帘时应掌握的力度。在操作中，孩子们也碰到了不少困难，如站得离窗户太远或太偏，窗帘就很难卷起来；卷帘式窗帘如果选错拉绳，不仅拉不动窗帘，而且很容易卡住。孩子们在一次次的操作中积累了经验，获得了成就感。

案例评析：

婴幼儿对事物的认识，是通过他们自身的感知和活动来形成的，所以，提供的材料应能够让婴幼儿通过主动活动获得知识经验、提高能力、增强操作性，同时婴幼儿对材料的态度又应成为教养者调整材料的依据。材料的提供是一个动态的、循序渐进的过程。

资料来源：华爱华，黄琼．托幼机构0～3岁婴幼儿教养活动的实践与研究［M］．上海：上海科技教育出版社，2006：24.

拓展知识

0～1岁婴幼儿自我认知智能区的环境创设

一、0～1岁婴幼儿自我认知智能发展的特点

在出生后的第一年，婴幼儿自我的发展主要集中在自我认识方面，即把自身和物体分开，把自己和他人分开，从而产生了主体自我。哈特在总结前人成果的基础上，提出了一个婴幼儿主体自我与客体自我的发展体系，把婴幼儿自我认知的发展分为五个阶段，前三个阶段为主体自我的发展，后两个阶段为客体自我的发展。

0～1岁主要是婴幼儿主体自我的发展阶段，主要分为以下几个阶段：

(1) 0～6个月的婴儿会对自己的手感兴趣，例如他们会常常盯着自己的手看，每天会看好多次，并且会反复把手放到嘴里，表现出很满足的样子。

(2) 5～8个月时，婴儿会表现出对镜像的兴趣，此时的婴幼儿还没有萌生自我认知。

(3) 9～12个月时，婴儿显示出了对自己作为活动主体的认识，表现为他们认识到了

自己是镜像动作的发起者。

二、0~1 岁婴幼儿自我认知智能区的创设目标

（1）能初步感知自己的身体。

（2）能初步意识到镜子中的形象是自己。

（3）能初步感知动作与物体之间的关系。

三、0~1 岁婴幼儿自我认知智能区的创设

引导婴幼儿多看，多看指的是让婴幼儿多观察自己。成人可在环境中放置镜子，但要注意的是放的镜子应是不容易摔破的，是能保障婴幼儿安全的。在镜子的四周可以放一些饰品，如帽子、夹子等，以此帮助婴幼儿感知镜子中的形象就是自己。

此外，成人要引导婴幼儿多听、多动。成人可以经常与婴幼儿玩认识自己身体部位的游戏，帮助婴幼儿建立“感觉-动作-自己”的联结。当婴幼儿在动自己的身体时，动作本身会带给他们一些不一样的感觉，这将使婴幼儿知道自己感觉的变化是由动作造成的，而动作又是由自己做到的，从而意识到自己是一个有力量的主体。

四、0~1 岁婴幼儿自我认知智能区的材料选择和空间创设

材料选择创设重点是要选能给婴幼儿的动作带来明显反馈的材料。让婴幼儿知道自身动作不但会产生主观知觉的改变，甚至连外界的物体也因此有了客观的变化。

主题二　婴幼儿活动设计资源利用

一、婴幼儿活动设计资源的选择

（一）资源的类型

“巧妇难为无米之炊。”活动资源是支持活动设计、组织与发展的重要基础。资源的类型可以依据不同的维度来划分。

（1）按资源的来源可以分为：生活中可以利用的废旧材料、周围环境中可以利用的零星材料、按需要购置的材料如玩具等。

（2）按资源的材质可以分为：纸质类、布类、塑料橡胶类、木质类、金属类等。

（3）按资源的成型情况可以分为：原材料、半成品材料、成品材料等。

(4) 按资源的结构化水平可以分为：低结构材料、中结构材料、高结构材料。

(5) 按资源的来源可以分为：婴幼儿自己寻找的材料、家长帮助收集的材料、教师收集的材料等。

(二) 活动资源选择的要求

1. 安全洁净

安全洁净是婴幼儿活动资源选择的首要要求，也是最重要的要求之一。不论是生活中的废旧材料还是自然材料，或是购置的材料，均须轻巧、美观，容易保持清洁，可以清洗、消毒，符合卫生要求，以保证婴幼儿在与材料的接触和操作时的舒适感。

2. 种类繁多

丰富的材料刺激可以促进婴幼儿发展水平的不断提升，婴幼儿活动资源选择可以是纸质类的（如纸盒）、布类的（如口袋）、木质类的（如积木）、塑料类的（如插塑）、泡沫类的（如泡沫块）、贝类的（如螺蛳壳）等。

3. 质地不一

婴幼儿会通过手、口的触摸与吮吸去探索世界，不同质地的材料能带给婴幼儿不同的感受与刺激，婴幼儿活动资源选择可以是光滑的（如镜子）、毛糙的（如沙子）、硬的（如石子）、软的（如橡皮泥）。

4. 色彩丰富

颜色的刺激对婴幼儿辨别力、欣赏力、美的感受力，以及想象力、绘画能力的发展都是极有帮助的，通过色彩丰富的活动资源，可以让婴幼儿养成良好的观察能力和习惯。

5. 功能多样

配备的材料要便于婴幼儿操作，即多配备一些较低结构的材料资源。低结构的材料资源在操作过程中易于变化，在激发婴幼儿操作欲望的同时，还能激发婴幼儿的想象和创造，满足婴幼儿不同层次的操作活动需要。

安全洁净、种类繁多、质地不一、色彩丰富、功能多样的婴幼儿活动资源材料，为婴幼儿教育活动、亲子活动、家庭教育活动、社区教育活动提供了广阔的空间，可全方位促进婴幼儿的全面发展。

二、婴幼儿活动设计资源的利用与设计

(一) 婴幼儿活动资源利用的要求

1. 玩具为主

婴幼儿年龄越小越喜欢色彩鲜艳的玩具，他们对会发声音、会活动的玩具特别感兴

趣。游戏中，当婴幼儿的注意力受到其他事物干扰时，如果用一件有响声的玩具去吸引他们，他们的注意力会马上被吸引。因此，以玩具来吸引婴幼儿是最容易的，玩具是婴幼儿游戏的主要材料。

2. 人手一份

3 岁前的婴幼儿带有很强的自我中心倾向，喜欢独自游戏。3 岁前的婴幼儿在活动时，大部分时间都是自己玩，很少与同伴一起合作完成一件作品。但他们可以在大家都有相同的玩具时和同伴一起进行游戏。因此，提供给他们的玩具与学具应人手一份，避免婴幼儿为玩具发生争抢，影响游戏的开展。同时，也应引导婴幼儿从独自游戏向平行游戏和合作游戏的方向发展。

3. 数量适宜

材料过多会分散婴幼儿的注意力，影响婴幼儿活动的质量。材料数量适宜，才能保持婴幼儿对活动的兴趣。

4. 逐步分发

提供给婴幼儿的许多材料在结构和操作要求上是有差异的，教师不能一下子全部分发给幼儿，而应按以下几种思路逐步分发：

（1）根据材料操作的难易程度逐步投放，遵循先易后难的原则。

（2）根据婴幼儿对材料感兴趣的程度和探索程度投放材料，如果婴幼儿对某种材料的兴趣一直很浓厚，就意味着婴幼儿对该材料的探索还在持续，可以适当延长该材料的更新时间。

5. 先看后玩

当婴幼儿接触新材料的时候，要养成先看后玩的习惯，以避免婴幼儿一下子失去对材料的探索欲望和兴趣。这里的“看”，是指对材料的外形、构造、质地、玩法、功能等的了解。由于婴幼儿认知和经验水平有限，教师应及时介入，给婴幼儿提供适当的帮助。

6. 综合利用

在开展单项活动时，婴幼儿很快会感到厌倦，他们对综合性的活动内容更感兴趣。如在开展赤足锻炼时，教师会提供按摩材料让婴幼儿在上面行走，他们很快就不玩了，这就达不到强身健体的目的。而当老师播放音乐，并在活动中穿插一些故事情节，使活动更富情境性时，婴幼儿在按摩垫上做各种模仿动作及律动会表现得更积极、更活跃。通过开展按摩活动，他们的食欲明显增加，发病率减少。因此，综合地运用各种手段与材料，使活动变得更有趣，才能吸引婴幼儿积极参加游戏。

（二）婴幼儿活动资源的设计与开发

获取适宜婴幼儿活动的资源，是一个不断设计与开发的过程，需要教育者基于促进婴幼儿发展的根本目的，运用各种创新的方式去寻找、设计、开发活动资源。

1. 真实物品

在婴幼儿生活的区域，身边熟悉的、可反复操作的材料更容易激发婴幼儿操作的兴趣和欲望。如在农村，婴幼儿有更多机会看到、感受到具有乡土特色的材料，如稻草、竹子、树叶、泥土等，这些材料种类多，又贴近生活，婴幼儿熟悉且喜欢。在使用这些材料时，务必要注意材料的安全与卫生，废旧物品等都需要经消毒再使用。

以下婴幼儿的生活用品都可以作为婴幼儿活动的重要来源。

（1）食物：水果、豆类、米、饼干。

（2）餐具：锅、碗、瓢、盆、勺子。

（3）服装类：衣裤（包括成人的）、袜子、围巾。

（4）日用品：婴幼儿的饼干桶、奶粉桶、酸奶瓶、毛巾、发夹、橡皮筋、木梳、镜子等；饮料瓶、有特色的喷头瓶子、眼药水瓶、塑料盆、小石子、餐巾纸、卷筒纸、彩色纸等。

2. 以物代物

创造性是主体性的一种极其重要的表现，以物代物的材料，比许多现成的玩具更能激发婴幼儿对现实生活的想象，更有助于发挥婴幼儿的主动性、积极性和创造性。可以根据婴幼儿知识经验和活动的需要，为他们提供一些低结构的、生活中常见的物品，诸如饮料瓶（罐）、白纸、包装盒等，引导婴幼儿利用这些物品创造性地开展活动，在发挥婴幼儿的主体性、培养婴幼儿的想象力和动手能力的同时，又能节省教师或其他教养者花在活动资源搜集上的时间。

3. 创新材料

当婴幼儿已经掌握了材料的不同操作方法，不再对材料产生兴趣的时候，教师应考虑及时增添新材料，也可以投放一些辅助性材料，和之前的材料组成一套材料包，引导婴幼儿创造性地使用材料包，创新玩法，在综合性的活动中增强操作的趣味性。

4. 多方支持

婴幼儿的教育发展是多方的期待，也需要来自多方的资源支持，教师、家长、社区，甚至婴幼儿自身都是活动资源支持的重要来源。家长与教师作为婴幼儿主要的照料者与教育者，要承担起这个重大的责任，用心发现生活中可以作为婴幼儿活动的材料资源，不拘泥于材料固有的用法和功能，创新材料的玩法。家长和教师不仅要分头做好自己的分内之事，还要紧密配合，相互协作，共同为丰富婴幼儿活动的材料而努力。

想一想

摇摇瓶游戏

材料：透明瓶子、绿豆、蚕豆、大米、纽扣、钥匙、核桃等。

玩法：(1) 与宝宝把各类材料分类放在不同的瓶子中；(2) 给放入材料的瓶子盖上盖子，引导宝宝摇摇听；(3) 把瓶子放在身后，请宝宝分辨声音的差别。

问题：不同的物质材料能让婴幼儿的哪些方面得到发展？还可以增添哪些材料呢？

小案例

刷房子游戏

材料提供：多种颜色的颜料盆、滚筒，大的包装纸盒做的房子。

活动目的：通过粉刷房子，体会动作和色块之间的关系，体验涂色的乐趣。

活动方法：成人告诉婴幼儿："我们把房子刷得好看一点。"然后拿起滚筒蘸上颜料，给房子刷上各种颜色。慢慢让婴幼儿自己独立刷房子。

温馨提示：

(1) 在家中或在幼儿园提供一个特定的涂色区域，让婴幼儿自由涂画。

(2) 给婴幼儿一些白纸，以便于涂画。

(3) 提供适合婴幼儿涂鸦的材料和工具，如较粗的水彩笔、油画棒、粗铅笔等（笔杆应稍粗以便于婴幼儿使用，画出的线条流畅，痕迹醒目），还可提供其他材料，如印章、排刷、滚筒、纸团等。

(4) 鼓励婴幼儿自己选笔、涂色。

(5) 当婴幼儿画出各种不同的点和线条时，成人应对他进行鼓励。

(6) 成人用简单的线条画出家中可见的东西（如椅子、电视机），让婴幼儿涂色或让他画自己想画的东西并进行涂色。

(7) 鼓励婴幼儿用语言描述他画的"画"，以丰富他的想象力。

(8) 成人多带婴幼儿外出，引导婴幼儿看、听、闻、摸，认识事物，为日后绘画、语言积累经验。

案例评析：18 个月左右的婴幼儿会用蜡笔和铅笔随意地涂涂画画了，但由于他们手指的小肌肉群发育不完善，脑、眼、手不太协调，肌肉和关节控制能力不够，只会在纸上留下一些随机的点和杂乱、不规则的线条。刷房子游戏给幼儿提供了尽情涂鸦的机会，这个游戏中最关键的要素就是各种活动材料，各种颜色的颜料、滚筒、包装纸盒做的房子，还有后续锻炼幼儿涂鸦能力及促进手部小肌肉动作发展的支持措施与资源，特定的涂色区域、白纸、水彩笔、油画棒、粗铅笔、印章、排刷、纸团，以及成人的指导与支持，这些都是支持幼儿能力水平不断发展的关键。

资料来源：华爱华，黄琼．托幼机构 0～3 岁婴幼儿教养活动的实践与研究［M］．上海：上海科技教育出版社，2006：164.

拓展知识

澳门《托儿所活动指引及活动资源包》

为持续推进托育服务的优质发展，协助托儿所提升服务水平，澳门特别行政区政府社会工作局组织相关专家开展了托育机构优化计划，于 2008 年编制了一套针对 0～3 岁婴幼儿保育与教育活动的参考资料，即《托儿所活动指引及活动资源包》。该资源包是针对 0～3 岁不同发展阶段婴幼儿的需要，结合理论与当地实际情况而编写的，极具澳门本地特色，其中包含《托儿所活动指引》与《活动资源包》两部分内容。

《活动资源包》共有 12 册，包括婴幼儿发展与婴幼儿的保育（软件知识）、环境的创设（硬件知识）以及九大学习范畴的实践活动设计三大板块，以图文并茂的方式将婴幼儿的发展特征、活动环境的布置以及实践活动的实施过程等内容呈现给读者。

1. 婴幼儿发展与婴幼儿的保育

这部分内容详细介绍了 0～3 岁婴幼儿成长与发展的特征，作为托育机构教养人员及家长照料婴幼儿的生理知识基础。婴幼儿发展部分将 0～3 岁婴幼儿划分为 9 个阶段，分析了各年龄段婴幼儿身体发展的特征，并据此列出需要照顾的具体内容，包括视觉、听觉、触觉、语言、活动等多个方面。婴幼儿的保育部分包含爱的照顾、爱的关怀、爱的环境、爱的家庭教育四方面内容。爱的照顾包括婴幼儿的睡眠、饮食营养以及生活习惯等方面；爱的关怀从眼神、笑脸、声音、语言、怀抱、抚触六个方面阐释了关怀的方法及其益处；爱的环境包括安全的生活环境以及丰富的学习环境；爱的家庭教育也是婴幼儿保育的重要内容，家长应把握正确的教育方法，营造民主和谐的家庭气氛，为婴幼儿树立良好的榜样等。

2. 环境的创设

《活动资源包》中的环境创设包括托育机构的环境与理想的学习环境两大部分。托育机构的环境创设包括托育机构的设置、活动室设施、室内环境三个方面。理想的学习环境内容丰富多样，包括美感、肢体活动、音乐、视觉艺术、语言、培养群性及情意发展、培养健康习惯、数理逻辑、自然观察以及公用空间的环境创设十个方面。各托育机构可根据自身条件营造符合婴幼儿成长与发展的环境。

3. 九大学习范畴的实践活动设计

《活动资源包》中包含了九大学习范畴的528个实践活动教案设计。每一个学习范畴介绍了3个年龄阶段婴幼儿（3～12个月、13～24个月、25～36个月）在该学习范畴中的发展表现与特点，并按照年龄阶段提供活动建议。这里的活动建议是指各学习范畴实践活动的教案设计大纲，内容包括活动名称、学习重点、活动资料的准备、活动内容（引入动机、活动过程、总结）。难度较大的活动还会提供有针对性的提示。每个活动都有相应序列编号，附有该活动的婴幼儿表现评估表、活动设计与成效评估表以及活动配套资料。托育机构教养人员可以直接从九大学习范畴的资源包中进行选择，为0～3岁婴幼儿实施保教活动，并通过评估表记录评估婴幼儿的发展情况，作为实施下一阶段活动的经验基础。

资料来源：罗彦之，吴航．澳门《托儿所活动指引及活动资源包》概述及启示［J］．早期教育，2021（47）：2-6.

项目小结

本项目从婴幼儿活动设计的原则出发，明确了婴幼儿活动个体全面发展性、参与主体多元化、形式互动游戏化、个体差异兼顾化、时间空间延续化的原则，探究婴幼儿活动设计中的环境创设以及资源材料的运用两个方面的内容。我们致力于为婴幼儿提供安全、环保、温馨的物质环境，丰富、充足、适量的玩具和材料，安全、自然、广阔的室外活动空间，丰富、清晰、生动的语言环境，温和、亲切、支持的心理环境，建立规范的日常生活制度。活动资源是支持活动组织与发展的重要基础，贯彻最近发展区的理念，我们要遵循玩具为主、人手一份、数量适宜、逐步分发、先看后玩、综合利用的婴幼儿活动资源利用原则。婴幼儿活动资源的获取是不断开发的过程，可以采用真实物品、以物代物、创新材料等创新的方式去寻找、开发活动资源。

同步练习

一、选择题

1. 婴幼儿活动资源选择的首要要求是（　　）。

A. 安全洁净　　B. 种类繁多　　C. 质地不一　　D. 色彩丰富

2. 3 岁前的婴幼儿带有很强的自我中心倾向，游戏活动以独自游戏为主，因此，婴幼儿活动的材料利用需要遵循（　　）原则。

A. 数量适宜　　B. 逐步分发　　C. 人手一份　　D. 综合利用

3. 婴幼儿活动资源要便于婴幼儿的操作，能够激发婴幼儿的想象和创造，因此我们要给婴幼儿配备（　　）的活动材料。

A. 低结构、低功能　　B. 低结构、多功能

C. 高结构、多功能　　D. 高结构、低功能

4. 婴幼儿将积木放在耳边，嘴里咿咿呀呀地发出声音，玩起了打电话的游戏，这体现了婴幼儿活动资源设计与开发的方式是（　　）。

A. 以物代物　　B. 创新材料　　C. 多方支持　　D. 生活物品

二、判断题

1. 婴幼儿活动材料的数量越多越好。（　　）

2. 婴幼儿活动区域要保证相对的功能固定性。（　　）

3. 婴幼儿活动材料要遵循先难后易的原则逐步投放。（　　）

4. 婴幼儿活动材料可以通过多种途径获得，要集合教师、家长、社区、婴幼儿本身的力量。（　　）

三、简答题

1. 简述婴幼儿活动设计的参与主体多元化原则。

2. 简述婴幼儿活动设计的形式互动游戏化原则。

3. 结合实际，谈一谈婴幼儿教育活动环境创设的要求。

四、案例分析题

蒙台梭利在《有吸收力的心灵》一书中写道："成人是通过大脑学习知识的，而儿童则是通过心理能力直接吸收知识的……知识不仅仅进入了他们的大脑，而且促成了大脑的形成，成为大脑的一部分。儿童通过他们周围的环境建立了他们的精神世界。"

问题：你如何理解这段话？

项目五　婴幼儿园所教育活动设计与指导

学习目标

知识目标：了解婴幼儿的身体与心理的发展规律，把握各年龄段的园所教育活动设计与指导的要点。

能力目标：掌握婴幼儿园所教育活动设计与指导的方法，能自主地设计对应年龄段的教育活动。

素养目标：在学习婴幼儿园所教育活动设计与指导过程中，体会互动与学习的乐趣，培养对婴幼儿的感情。

思维导图

- 婴幼儿园所教育活动设计与指导
  - 0～6个月婴儿教育活动
    - 0～6个月婴儿发展概述
    - 0～6个月婴儿教育活动设计与指导
  - 7～12个月婴儿教育活动
    - 7～12个月婴儿发展概述
    - 7～12个月婴儿教育活动设计与指导
  - 13～24个月幼儿教育活动
    - 13～24个月幼儿发展概述
    - 13～24个月幼儿教育活动设计与指导
  - 25～36个月幼儿教育活动
    - 25～36个月幼儿发展概述
    - 25～36个月幼儿教育活动设计与指导

工作情境

思怡有一个2个多月的宝宝。最近，思怡与家人一直围绕要不要听音乐、要不要唱儿歌、要不要跟宝宝说话有分歧。婆婆想：宝宝这么小，他听不懂。思怡通过阅读育儿书籍了解到，3个月内给宝宝更多的声音刺激，有利于提高他们后续的发音水平。思怡坚持认为要给宝宝声音刺激，但婆婆觉得没必要。通过学习本项目的内容，你将找到解决该问题的答案，并能设计适宜的园所教育活动。

工作任务

1. 理解家长、婴幼儿、教师这三者是一起实施活动、参与活动、评价活动的主体。

2. 掌握婴幼儿身体与心理的发展程度与阶段，能设计对应月龄段婴幼儿的园所教育活动。

3. 尝试将设计的活动付诸实践，以促进婴幼儿身心的进一步发展。

工作要点

1. 需要掌握各月龄段婴幼儿的动作（大动作与精细动作）、感知觉能力（感觉与知觉）、语言能力、情绪情感与社会性等方面的发展程度。

2. 能依据婴幼儿身心发展特点，设计出符合婴幼儿身心发展规律的园所活动。

3. 能在实际生活与工作中尝试运用该活动方案，并尝试给家长提供指导。

主题一　0～6个月婴儿教育活动

一、0～6个月婴儿发展概述

婴儿的发展非常迅速：新生儿期的婴儿一天一个样，1～3个月时一周一个样，4～6

个月时一月一变样。下面主要围绕动作与心理这两方面的发展来论述 0～6 个月婴儿的发展。

（一）0～6 个月婴儿的动作发展

由于人类的动作主要受大脑神经系统的支配与控制，因此与其他动物相比，人类婴儿的动作发展相对较晚且发展缓慢。动作发展对于婴儿来说是一项非常重要的内容，动作是婴儿探索世界、适应环境的主要手段。

1. 新生儿的无条件反射动作

刚出生的新生儿几乎很难主动做动作，只能躺在床上，头能左右转动，四肢能够蜷缩和弯曲。另外，新生儿能做先天遗传的无条件反射的本能动作。重要的无条件反射主要包括以下几种：

（1）吸吮反射。任何物体接触到新生儿的嘴唇，他们都会作出吸吮动作。

（2）觅食反射。任何物体碰到新生儿的脸颊，他们都会将头转向它，并张开嘴巴作出吸吮动作。

（3）定向反射。出生两周左右，新生儿就能对周围强烈的刺激产生定向反射。

（4）眨眼反射。当新生儿的眼部周围感受到刺激时，就会作出眨眼动作。

无条件反射是遗传的一些固定的神经联系，它是条件反射建立的基础。新生儿出生两周之后就会慢慢产生条件反射。例如，家长每次在给新生儿喂奶前，会轻轻抚触新生儿的额头，以后只要抱起婴幼儿轻轻抚触他的额头，新生儿就会作出吸吮的动作并分泌唾液。

2. 婴儿大动作的发展

新生儿出生大约 4 周之后，就出现了有意识的颈部运动。2～3 个月大的婴儿仰卧能抬头 45°，能自主地左右转头。4～5 个月大的婴儿能够在俯卧状态将头抬至 90°。

婴儿对躯干部分的控制开始于两个月之后，此时的手臂支撑是一种下意识的动作；3 个月之后，婴儿学会翻身，能够抬起头和肩膀，同时伸展腿部；4 个月的婴儿能够使用手肘撑起上半身；5～6 个月的婴儿能够用自己的手支撑着坐在床上。

拓展知识

动作发展的文化差异

很长时间以来，人们都相信影响婴儿动作发展的重要因素是他们生理发育的成熟。不论经济条件、文化教育水平如何，全世界各民族的男女幼儿基本上都应该以同样的顺序获得各种动作。但跨文化研究的结果却对此提出了挑战。研究发现，婴儿的动作发展在很大程度上受父母教养活动的影响。例如，肯尼亚的吉普斯吉人通常努力促进婴儿动作技能的发展。婴儿 8 个星期大时，他们的父母就会双手夹着婴儿的腋窝，推着婴儿向前，让他们做行走练习。在出生后的头几个月，婴儿被放在一些浅洞里，这些浅洞的四壁可以支撑婴儿的后背，使他们保持一种向上的姿势。经过这些训练，吉普斯吉人的婴儿比大部分国家的婴儿早坐立大约 5 个星期，早行走大约 1 个月。有研究者比较了英格兰白人婴儿和从牙买加移民到英格兰的黑人婴儿的动作发展后发现，黑人婴儿更早表现出坐、爬和走等重要动作技能。为什么会出现这种情况呢？原来牙买加的母亲有一套传统的抚养方法。这些方法包括按摩婴儿、伸展他们的四肢，以及经常抓住他们的胳膊轻轻地上下摇动等。牙买加的母亲希望婴儿的动作发展能够更早一些，而她们的这些方法的确帮助婴儿实现了上述目标。

资料来源：刘俊升．天使之心：儿童心理的形成与发展［M］．北京：北京大学出版社，2007：43.

3. 婴儿精细动作的发展

婴儿的精细动作于出生后的 2～3 个月开始出现，此时婴儿开始无意识地触摸他的手能接触到的任何物体，但这是婴儿的无意识行为，是受抓握反射支配的，不能自主控制抓握；3～4 个月的婴儿能够主动去抓握放到他手中的东西，但由于手眼协调能力还尚未得到发展，手指不能灵活配合抓握；5～6 个月的婴儿能够准确地抓握物体，作出手眼协调的动作。

拓展知识

5～6 个月婴儿精细动作的发展特点

5～6 个月婴儿精细动作的特点主要表现在以下几个方面：一是观察物体，然后伸手去抓；二是有效动作和无效动作同时存在；三是动作有了一定的目的性且会简单地摆弄玩具；四是两手不会分工，不会两手取物；五是初步学会变换手的姿势，改变了五个手指同时取物的习惯。

（二）0～6 个月婴儿的心理发展

1. 0～6 个月婴儿感知能力的发展

感知是婴儿认识周围事物的最初的心理过程，也是婴儿认识世界和自我的一种重要手段。新生儿已具备多种感觉，但这些感觉基本上是为无条件反射服务的，具体包括以下几种：

（1）视觉。刚出生的新生儿视力较差且不能集中停留在一定对象上，因此妈妈的脸和陌生人的脸无区别；两三周大的婴儿对光线或移动的物体有反应；2 个月大的婴幼儿能集中注视 12cm 远的物体；3 个月大的婴儿可以长时间地将自己的目光停留在妈妈脸上，拥有了红、绿、蓝视觉；4～5 个月大的婴儿开始具备接近成人的视觉调节能力，能够注视远距离物体，如月亮、飞机等，能够在可见光谱中辨认各种颜色，并表现出对某种颜色的偏爱，视觉接近成人水平。

（2）听觉。婴儿对人类的语言非常敏感，新生儿生来就能对母亲的声音作出反应，婴儿还能根据听觉方向来进行视觉定向。0～4 个月大的婴儿对高频率的乐音显得比较敏感；4 个月大的婴儿会对音乐表现出更加积极的反应，听到节奏快的音乐会做一些动作。

（3）味觉、嗅觉。刚出生的婴儿味觉十分发达，能辨别不同的味道，他们尤其偏爱甜的味道，而对酸、咸、苦等味道不太喜欢。新生儿同样拥有很强的气味辨别能力，能对各种气味做出不同的反应。

（4）触觉。婴儿触觉发展主要表现在口腔触觉和手的触觉两方面。口腔触觉是婴儿最初获取信息的一个重要渠道，1 个月大的新生儿可借助口腔触觉辨别软硬不同的乳头；1～2 个月大的婴儿可由口腔触觉建立条件反射活动；3～5 个月大的婴儿能通过口腔辨别物体的形状及质地；4 个月大的婴儿能同时辨别不同形状和软硬程度不同的乳头。5 个月大的婴儿能够根据物体的距离远近调整手的动作。

2. 0～6 个月婴儿注意力的发展

新生儿就有了注意，外部环境的明显刺激会引起新生儿的全身性反应，是无意注意的原始形态。1～3 个月大的婴儿注意的主要规律与特点如下：

（1）喜欢注视复杂刺激物。

（2）喜欢注视曲线。

（3）喜欢注视不规则图形。

（4）喜欢注视轮廓密度大的图形。

（5）喜欢注视集中的刺激物。

（6）喜欢注视对称的刺激物。

（7）从只注意事物四周向注意事物内部发展。

3～6 个月的婴儿对某一事物的平均注视时间会有所缩短，外形粗大、奇特的事物能够吸引婴儿的注意。

3. 0～6 个月婴儿语言能力的发展

（1）发音能力的发展。0～3 个月的婴儿正处于简单发音阶段。从哭声来看，新生儿的啼哭是由自己的身体状态引起的，不是受到了外界的刺激；1 个月大的婴儿的哭声开始分化，哭声由不同的原因引起。在音节发音方面，新生儿有时会发出一些像［ei］［ou］的单音节；2 个月大的婴儿在成人的引导下会发出［a］［ai］［e］［ei］［ou］［ai-i］［hai-i］等音节，辅音在这个阶段较少出现；3～4 个月的婴儿能发出的语音种类迅速增加，开始逐渐发出辅音，如［ha］［kou］，并且能把元音和辅音结合起来。4 个月之后，婴儿进入连续发音阶段，发音明显增多。

（2）语音知觉能力的发展。新生儿会对人类的语音作出反应，而且能将语音和其他声音区别开来。同时，婴儿很早就能辨别不同人的语音，尤其偏爱自己母亲的声音，还能辨别语调和语气的变化。4 个月大的婴儿能分辨友好和发怒的声音；5～6 个月大的婴儿开始注意言语中的节奏及语调和语气的变化，并根据周围的言语环境修正、改造自己的语音体系。①

4. 0～6 个月婴儿情绪情感的发展

婴儿出生后即有情绪且已有所分化。新生儿至少拥有两种不同性质的情绪：积极、愉快的情绪和消极、不愉快的情绪。婴儿天生的情绪有三种：害怕、愤怒和爱，而其他情绪则是在这几种情绪的基础上经过学习形成的。

5. 0～6 个月婴儿社会性的发展

0～6 个月婴儿的社会性发展处于单纯的社会反应阶段。在婴儿单纯的社会反应阶段里，其通过哭、笑、肢体动作和一些表情对周围环境作出反应，这种交往及技巧主要是先天的条件反射。3 个月左右的婴儿就开始与人进行社会交往，能发出声音，能露出特殊的婴儿式的“迷人微笑”，从而让成人对他产生好感。

二、0～6 个月婴儿教育活动设计与指导

（一）0～6 个月婴儿动作能力的教育活动设计与指导

1. 大动作的活动设计与指导

（1）抬头活动。对于婴儿而言，虽其颈部力量非常弱，不足以支撑其头部，但对其进行抬头训练很有必要。良好的头部控制能力是其他大动作发展的基础。1 个月大的婴儿，可以试着让其在空腹时俯卧片刻，尝试抬头，但每次训练时间不要太长，一般在 30 秒钟左右。锻炼婴儿抬头的园所活动案例如表 5－1 所示。

① 文颐．婴儿心理与教育（0～3 岁）［M］．北京：北京师范大学出版社，2011：110.

表 5-1　锻炼婴儿抬头的园所活动案例

活动案例	颈部与四肢活动
活动目标	激发婴儿抬头和活动四肢的动力
活动准备	玩具等物品
适用年龄段	0～3 个月
活动过程	a. 教师导入。让婴儿俯卧，为了能够视物及探索，婴儿会自主抬头；让婴儿进行俯卧抬头练习；每次抬头的时间约为 30 秒，并可逐渐延长，可以练习数次 b. 示范讲解。让婴儿感兴趣的人或物体移动，引起婴儿自主转头。先让婴儿看看、摸摸彩球，再让婴儿俯卧在平面上，把彩球放在婴儿头上方 20cm 处，逗引婴儿抬头看彩球。逗引时家长可以有节奏地说："宝宝抬头看，看看彩球在哪里？"
亲子指导	a. 要确保婴儿情绪良好，有参与意愿，以免使婴儿身心感到不适 b. 要引导家长有耐心，多鼓励婴儿，也可指导家长适当地提供帮助。如在婴儿抬头时帮助托一下下巴
家庭活动延伸	a. 投放具有声响的玩具，让婴儿听到、看到肢体运用与行为之间的因果关系。成人手持能发出响声的玩具，把玩具放到婴儿头部上方，让婴儿听到玩具的响声而抬头，但每次时间最长不宜超过 2 分钟，每天练习 3～4 次 b. 可以将 2 个月大的婴儿竖直抱起，呈垂直位，训练婴儿将头部抬起。可以在婴儿吃完奶之后做这个动作，这样既可以防止婴儿呛奶，又可以对其进行抬头训练 c. 过了 3 个月之后，婴儿头部立得比较稳了，俯卧时就会摆出要爬行的姿势，头抬起来看着前方，到这时，每天可以让婴儿俯卧 4～5 分钟

资料来源：徐小妮．0～3 岁婴幼儿教养教程［M］. 上海：复旦大学出版社，2011：86.

（2）翻身活动。3 个月的婴儿颈部力量增强，肩膀、手腕和脚掌的力量逐渐增强，趴着时已经能用手和脚支撑起身体，把头抬起来。与此同时，婴儿躯干的力量也开始增强，总想侧过身去并侧着身子乱踢乱蹬。锻炼婴儿翻身的园所活动案例如表 5-2 所示。

表 5-2　锻炼婴儿翻身的园所活动案例

活动案例	看我翻得多快
活动目标	在家长的帮助下，乐意翻身
活动准备	婴儿熟悉的或平时喜欢的玩具
适用年龄段	4～6 个月
活动过程	a. 练习翻身，由仰卧到俯卧。引导家长用玩具逗引婴儿 b. 示范讲解。让婴儿仰卧在床上，家长可以先和婴儿说说话，比如："宝宝，我是妈妈，妈妈现在要和宝宝一起玩游戏了。"然后，家长坐在婴儿身旁，轻拉婴儿身体的外侧，使其翻转，并使腹部朝下
亲子指导	a. 婴儿刚开始练习翻身时，翻身后一只手臂会压在身下面，家长可以给予一定的帮助，慢慢地训练让婴儿自己将手抽出，灵巧地翻身，自由地选择姿势 b. 家长可以拿婴儿平时喜欢的玩具，在婴儿身体两侧逗引婴儿，以吸引婴儿翻身去拿玩具
家庭活动延伸	完成后，可尝试让婴儿连续翻身

（3）蹬跳活动。3 个月大的婴儿，其四肢的随意运动开始发展，喜欢用腿蹬，此时可开始适当地让其进行蹬跳活动。锻炼婴儿蹬、跳的园所活动案例如表 5-3 所示。

表 5-3　锻炼婴儿蹬、跳的园所活动案例

活动案例	蹬自行车
活动目标	会用双脚蹬家长的手
活动准备	给婴儿穿舒适的衣服，使其腿能舒适地活动
适用年龄段	0～3 个月
活动过程	让婴儿平躺在床上，家长把手放在婴儿的脚底推他的脚，模拟骑自行车的动作，在此过程中，家长要对婴儿微笑、说话："一上一下，一上一下，丁零零，我们骑小车喽。"鼓励婴儿用腿蹬家长的双手，锻炼婴儿的腿部肌肉
亲子指导	每次以 2～5 分钟为宜
家庭活动延伸	该游戏可在室内做，也可在室外进行

资料来源：何慧华.0～3 岁婴幼儿保育与教育［M］. 上海：上海交通大学出版社，2013：135.

（4）坐的活动。坐对于婴儿而言也非常重要，它有助于婴儿形成脊柱的第二个生理弯曲，即脊椎前突，这对婴儿保持身体平衡有着重要的作用。更为重要的是，婴儿坐起来后视野更开阔，能够彻底解放他的双手，使其能够主动探索更多的事物。锻炼婴儿坐的园所活动案例如表 5-4 所示。

表 5-4　锻炼婴儿坐的园所活动案例

活动案例	好多玩具
活动目标	学习靠坐，练习抓握和手眼协调的能力
活动准备	在婴儿的周围放一些颜色鲜艳、能发出声音的玩具
适用年龄段	4～6 个月
活动过程	a. 练习靠坐。5 个月的婴儿已经能够自由翻身，这时家长可以让他练习靠坐。练习靠坐时，将婴儿放在有靠垫的沙发或小椅子上，或放在床上，身后放些棉被，让他靠坐着玩 b. 示范讲解。家长将婴儿放在有靠垫的沙发或小椅子上，让他靠坐着。在婴儿面前放上玩具，让婴儿随意玩，或家长和婴儿一起玩，边玩边和婴儿说话。然后家长将婴儿的一些玩具藏起来，并逐一拿出来逗引婴儿，逗引时可以不断改变方向，鼓励婴儿向不同的方向转头寻找
亲子指导	a. 当婴儿伸手拿玩具时，家长要马上给他，以免婴儿身体前倾、重心不稳跌落下来 b. 可慢慢减少婴儿身后的支撑物，逐步使其能够脱离支撑物的支持独坐片刻 c. 此时婴儿的肌肉还不宜久坐，以免造成脊柱弯曲变形
家庭活动延伸	6 个月的婴儿可以稳定地独自坐立之后，应给他一些玩具，延长其独坐的时间

（5）爬行活动。爬行对于婴儿大脑的发育有着极大的好处，与此同时，爬行还能锻炼四肢肌肉的力量，加强视觉与听觉功能，促进各种神经细胞之间的联络。婴儿5～6个月的时候，成人就可以尝试训练婴儿的爬行。锻炼婴儿爬行的园所活动案例如表5-5所示。

表5-5　锻炼婴儿爬行的园所活动案例

活动案例	小狗小狗在哪里
活动目标	用上肢支撑身体，下肢蹬地，协调爬行
活动准备	玩具小狗或使用其他玩具替代
适用年龄段	4～6个月
活动过程	a. 教师引导。6个月大的婴儿如果已经可以熟练地翻身，这时家长可以训练他爬行 b. 示范讲解。妈妈把婴儿放在地毯上，使他的脚靠着家具或墙壁，自己站在婴儿的对面。当婴儿的脚离开家具或墙壁以后，爸爸可以用手顶住婴儿的脚掌，使之用力蹬。妈妈把玩具小狗藏在身后，逗引婴儿爬过来找，同时对他说："小狗，小狗去哪里了？宝宝快来找一找。"当婴儿把玩具找出来后，家长要立刻鼓励宝宝，说："宝宝，你真棒！"然后抱抱或亲亲他
亲子指导	a. 有些婴儿很快就能学会爬，有些需要一定的时间，这都是正常的，家长要有耐心，关键是要鼓励婴儿，并运用各种方法使其对爬保持一定的兴趣 b. 在开始爬的时候，婴儿的腹部贴着地面往前移动，手臂和腿都使不上力，出现后退的现象，这时家长可以用手顶住婴儿的脚掌，使之用力蹬，这样婴儿的身体就可以往前移动，慢慢学会爬的动作
家庭活动延伸	爬的游戏可考虑从易到难、从近到远，并变换玩具与爬行方向，以此来引发婴儿的兴趣

资料来源：何慧华．0～3岁婴幼儿保育与教育［M］．上海：上海交通大学出版社，2013：137.

2．精细动作的活动设计与指导

（1）抓握活动。婴儿的小手总是紧握的，但当成人用手指去触碰他们的手时，他们就会产生抓握反射。成人每天可以训练婴儿两次，让其本能地抓握成人的手指，并轻轻抚摸其手指，给予一定的触觉刺激。2个月的婴儿小手不再紧握了，可以自由松开，此时成人可以尝试着将玩具主动放到婴儿手中，让其练习抓握，感知物体。婴儿3～4个月大时，成人可开始训练其主动用手去接触物体。锻炼婴儿抓握的园所活动案例如表5-6所示。

表5-6　锻炼婴儿抓握的园所活动案例

活动案例	小小手
活动目标	锻炼手掌、手指肌肉力量，让婴儿在抓握中体会到手是探索世界的工具之一
活动准备	可产生声音的玩具或者物体
适用年龄段	0～3个月
活动过程	家长通过摇晃、挤压等操作可产生声音的玩具或者物体，放在婴儿的手中，并协助其进行操作
亲子指导	a. 提供给婴儿的玩具要安全，要足够大，保证婴儿不会吞咽下去 b. 当婴儿还是握拳时，要指导家长先对手指进行按摩
家庭活动延伸	开展手指类游戏；专门对手指进行按摩，帮助婴儿活动手指

资料来源：徐小妮．0～3岁婴幼儿教养教程［M］．上海：复旦大学出版社，2011：86.

（2）手指灵活性活动。具体的锻炼婴儿手指的园所活动案例如表 5－7 所示。

表 5－7　锻炼婴儿手指的园所活动案例

活动案例	虫虫飞
活动目标	提高幼儿的手指灵活性和协调性
活动准备	《虫虫飞》儿歌
适用年龄段	4～6 个月
活动过程	a. 情境导入。婴儿与家长面对面，婴儿坐在家长的腿上，家长抓住婴儿的双手，露出食指 b. 家长念《虫虫飞》儿歌，每念一个字，就让婴儿左右食指对碰一下；念到每一句的最后一个字时，将婴儿的双臂张开做飞鸟的姿势 附：《虫虫飞》儿歌 斗斗虫虫飞，飞到蓝天上；斗斗虫虫飞，飞到白云间；斗斗虫虫飞，飞到花丛中；斗斗虫虫飞，飞到动物园
亲子指导	a. 活动时间视婴儿的精神状态而定，如果婴儿感兴趣，时间可以延长 b. 活动过程中，家长应注意与婴儿进行情感交流，偶尔可以中途停下来亲一亲婴儿
家庭活动延伸	改变活动的方式，例如拍拍手、鼓掌，并编创儿歌

（二）0～6 个月婴儿感知能力的教育活动设计与指导

1. 视觉活动与指导

视觉追随是对 0～6 个月的婴儿进行视觉训练的最好途径，灵活的视觉追随能力有助于婴儿更好地进行观察，并且对婴儿阅读能力的发展也有重要的意义。锻炼婴儿视觉的园所活动案例如表 5－8 所示。

表 5－8　锻炼婴儿视觉的园所活动案例

活动案例	看黑白图片
活动目标	通过观看对比强烈的黑白照片，锻炼其视觉追随能力
活动准备	黑白图片 8 幅，图中有三角形、同心圆、棋盘、小苹果、青蛙
适用年龄段	0～1 个月
活动过程	a. 将黑白图片放在离宝宝眼睛 20cm 处，当宝宝快要转移注意力的时候换下一张图片 b. 在婴儿盯着图片看时，慢慢左右移动图片，观察婴儿是否会进行视觉追随
亲子指导	a. 每天 2～3 次，每次的时长根据婴儿的反应情况灵活调整 b. 4～5 天后，观察婴儿注视的时间长短，当婴儿的注视时间缩短，则表明婴儿熟悉了该图片，需要更换一组新的图片 c. 在婴儿 6 个月前，该视觉活动可持续地进行
家庭活动延伸	婴儿喜欢看人脸的照片，可考虑替换为爸爸妈妈等婴儿熟悉的人的照片

2. 听觉活动与指导

听觉正常的新生儿能听声转头，这是一种无条件反射，这种能力到婴儿 2 个月大后减弱，120 天后当有意识的感觉出现时，听声转头的能力加强。锻炼婴儿听觉的园所活动案例如表 5－9 所示。

表 5－9　锻炼婴儿听觉的园所活动案例

活动案例	铃儿响叮当
活动目标	通过听不同强度、不同距离的声音锻炼听觉反应
活动准备	小铃铛
适用年龄段	0～1 个月
活动过程	a. 距一侧耳朵 9cm，以不同强度摇铃，观察婴儿的反应，看看眼睛是否会寻找声音的来源 b. 在不同距离处摇铃，观察婴儿听觉反应的灵敏度
亲子指导	a. 指导者提醒家长每天 2～3 次，仔细观察婴儿对声音的反应是否会逐渐灵敏起来 b. 指导者提醒家长摇铃不能太响，以免婴儿受惊吓或使婴儿听力受损 c. 摇铃的节奏尽量慢一些，力度轻柔
家庭活动延伸	可以变化声响，如鼓掌、呼唤，只要是悦耳的声音，都可以多尝试

资料来源：陈雅芳，曹桂莲．0～3 岁儿童亲子活动设计与指导［M］．上海：复旦大学出版社，2014：62.

3. 味觉、嗅觉活动与指导

锻炼婴儿味觉、嗅觉的园所活动案例如表 5－10 所示。

表 5－10　锻炼婴儿味觉、嗅觉的园所活动案例

活动案例	闻一闻、尝一尝
活动目标	通过闻日常生活中常见的物品的味道，尝水果的味道，促进嗅觉与味觉的发展
活动准备	婴儿的生活用品，如香皂、爽身粉、米醋、水果
适用年龄段	0～6 个月
活动过程	a. 闻生活用品。可以将婴儿的生活用品，如香皂、爽身粉等给婴儿闻一闻 b. 闻一闻酸味。让婴儿闻一闻米醋，以感受酸味 c. 让婴儿分别尝一尝酸的、甜的水果的果汁
亲子指导	a. 指导者提醒家长在锻炼婴儿的嗅觉时要有耐心，要顺其自然，让婴儿体会到用嗅觉闻味道带来的乐趣 b. 指导者提醒家长，婴儿在闻生活用品时，注意不要让其放进嘴里
家庭活动延伸	a. 家长可以带婴儿去户外闻各种花的气味 b. 尝试让婴儿尝一下莲子水的苦味

4. 触觉活动与指导

对于 0～6 个月的婴儿来说，身体接触可促进其情感和智力的发展，有利于促进血液循环、健全肠胃功能。婴儿阶段触觉的发展非常重要，他们经常依靠触觉来探索外部世界，因此从婴儿出生起就要积极地给他做抚触。锻炼婴儿触觉的园所活动案例如表 5－11 所示。

表 5－11　锻炼婴儿触觉的园所活动案例

活动案例	抚触
活动目标	通过成人的抚摸，发展触觉，进行亲子情感交流
活动准备	柔和的轻音乐；抚触用的橄榄油
适用年龄段	0～1 个月
活动过程	在婴儿醒着的时候，边说悄悄话边抚摸婴儿的皮肤，抚摸的部位可以是头皮、脸、胸腹、背、四肢、手指、脚趾，边抚摸边用表情、语言和婴儿交流
亲子指导	a. 每天 5～6 次，每次 3～5 分钟，每天 15 分钟以上 b. 不必每次从头到脚抚触，洗澡时未穿衣服可全身进行，这时应注意室内的温度，一般以 25℃为宜 c. 有感情地给婴儿抚触，让婴儿感受到家长的投入
家庭活动延伸	a. 在婴儿醒着的时候，成人要多抱抱婴儿，多抚摸婴儿的身体，这将给婴儿带来安全感和心理满足 b. 当婴儿学会翻身后，可以将婴儿放在不同质地的床单上，让婴儿在不经意间用手去感受不同的材料 c. 洗澡也是促进婴儿触觉发展的良好途径之一。洗澡时，成人可以分别用手、细海绵、细纱布擦洗婴儿的全身，最后用毛巾擦干，这样可以给婴儿皮肤以几种不同的刺激

（三）0～6 个月婴儿注意力的教育活动设计与指导

婴儿注意的稳定性会随着年龄的增长而不断提高，但与此同时也会表现出一定的个体差异，有目的地对婴儿的注意力进行训练有助于其心理水平的发展。锻炼婴儿注意力的园所活动案例如表 5－12 所示。

表 5－12　锻炼婴儿注意力的园所活动案例

活动案例	注视
活动目标	学会将目光投向某一物品
活动准备	颜色鲜艳的玩具
适用年龄段	0～6 个月
活动过程	家长拿着颜色鲜艳的玩具在婴儿面前挥动，吸引婴儿看手中的物体，还可以将手指木偶套在成人或婴儿的手上做游戏，吸引婴儿将视力集中在家长手部
亲子指导	对于抓握能力比较差的婴儿，可以用丝线将摇铃系在他的手上，使它发出声响，吸引婴儿注视自己手中的物体，或者将彩色贴纸贴在婴儿的手上，吸引他看贴纸
家庭活动延伸	可以与婴儿变着花样玩乐器、彩色贴纸、手指木偶、儿童乐器、丝带、摇铃，以使其注意力维持一定的时间

（四）0～6 个月婴儿语言能力的教育活动设计与指导

对于不同月龄的婴儿，语言训练要遵守不同的原则：与 0～1 个月大的新生儿对话要轻柔；及时对 1～2 个月大的婴儿的发音进行回应；有意识地对 4～6 个月大的婴儿进行语言训练。锻炼婴儿语言能力的园所活动案例如表 5－13 所示。

表 5－13　锻炼婴儿语言能力的园所活动案例

活动案例	发音练习
活动目标	训练婴儿发声从单音向双音发展
活动准备	在婴儿醒着且心情愉悦时
适用年龄段	4～5 个月
活动过程	4～5 个月的婴儿已经能够主动地发出声音来与成人“搭话”，而且音调较之前要高很多，“咿咿呀呀”的声音也越拉越长。这时成人可以训练婴儿发出双音，可以对着婴儿说“ma，我是妈妈”；或者拿着一个颜色鲜艳的玩具放到婴儿的面前，一边摇晃一边说“宝宝拿（na）！拿（na）!”鼓励婴儿发出“ma”或“na”的声音，训练婴儿从发单音节音向发双音节音转变
亲子指导	有的婴儿很快就能学会，有的则需要一定的时间，家长要有耐心，关键是要鼓励婴儿
家庭活动延伸	与爷爷奶奶等其他家人碰面时，鼓励婴儿发出所学的音节

（五）0～6 个月婴儿情绪情感的教育活动设计与指导

0～6 个月的婴儿正处于各种情绪逐渐分化的时期。成人必须结合婴儿情绪情感发展的特点，在培养婴儿积极愉快的情绪时遵循以下三个原则：满足婴儿基本的生理需求；满足婴儿心理方面的需求；营造良好的家庭情绪环境。锻炼婴儿情绪情感的园所活动案例如表 5－14 所示。

表 5－14　锻炼婴儿情绪情感的园所活动案例

活动案例	举高高
活动目标	与婴儿进行情感沟通
活动准备	在婴儿醒着且心情愉悦时
适用年龄段	3～6 个月
活动过程	在婴儿心情愉悦的时候，爸爸扶着婴儿的双腋将其高高举起，让婴儿感受到举高时的惊险刺激，以及让他产生有爸爸在身边自己很安全的感觉。爸爸一边举一边说“高高”，放低时说“低低”，使婴儿同时感受词语与语音之间的对应关系
亲子指导	要确保婴儿的安全，注意不要让其受伤

（六）0～6 个月婴儿社会性的教育活动设计与指导

婴儿听到声音会开始搜寻，说明其已经具有一定的视听协调能力。这种能力一般在 4 个月左右就会表现出来；同时，婴儿听到自己的名字会回头看，说明其视听协调能力有了进一步发展，也说明其对语言有了一定的认识，能将名字和自己对应起来。

婴儿喜欢看人的脸，他们看东西的最佳距离是 15～30cm。婴儿一出生就有了声音的定向力，能找到声源，喜欢听高音调的声音。0～3 个月的婴儿以情绪性沟通为主。4～6 个月的婴儿的社会性在原有的基础上进一步发展，但社会性的亲子互动行为仍处于萌芽阶段，对外界刺激多表现为生理性反应。锻炼婴儿社会性的园所活动案例如表 5－15 所示。

表 5－15　锻炼婴儿社会性的园所活动案例

活动案例	找妈妈
活动目标	练习转头听妈妈的声音，看妈妈的脸
活动准备	安静的环境；在婴儿醒着的时候
适用年龄段	0～3 个月
活动过程	婴儿仰卧，妈妈在婴儿的左侧用较高的音调在婴儿耳边 10～15cm 处轻轻地说："宝宝，转过来，转过来，看看妈妈在哪里，妈妈在这里。"引逗婴儿寻找声源，把头转向妈妈的脸的方向，妈妈可以用手轻轻触摸婴儿的左脸、左耳，引逗婴儿转头
亲子指导	要让家长了解，由于每个婴儿的发展存在个体差异，因此有些婴儿在一个月内还不会转头，要引导家长耐心等待，不必太担心

资料来源：何慧华．0～3 岁婴幼儿保育与教育 [M]．上海：上海交通大学出版社，2013：134．

主题二　7～12 个月婴儿教育活动

一、7～12 个月婴儿发展概述

7～12 个月婴儿的动作与心理发展速度与前一个阶段相比虽然有所放慢，但是仍处于高速发展时期。

（一）7～12 个月婴儿的动作发展

7～12 个月是婴儿发展大动作及精细动作的重要时期。在大动作方面，婴儿将陆续学会爬行、站立和行走，这为婴儿能够自主、自由地探索外部世界提供了必要前提。

1.7～12 个月婴儿大动作的发展

7 个月以后，婴儿从学会爬行到学会站立，最后学会独立行走，经历了人生中最为关键的动作发展期。

（1）爬行。婴儿在 5～6 个月时会以腹部为中心，向左右挪动身体，渐渐地会匍匐爬行，但腹部仍贴着床面，四肢不规则地划动，往往不是向前爬而是向后退，为爬行做准备。8～12 个月时，婴儿能够用手和膝盖支撑身体爬行，头颈抬起，胸腹部离开床面，这标志着婴儿爬行能力的获得。

（2）爬斜坡。8～9 个月的婴儿已经能自由爬行，他们喜欢尝试一些新的挑战，不再满足于在简单易爬的垫子上面练习爬的动作，爬斜坡就成了婴儿选择的新挑战。

（3）爬行扶站和扶物横跨。婴儿从学会爬行扶站到扶物横跨，为其学会行走奠定了基础。

想一想

一般情况下，婴儿在 10 个月到 1 岁期间开始学习走路，也有一些婴儿在 8 个月左右开始，这都属于正常现象，这个时候家长一定要予以支持和辅助。专家认为，婴儿在刚开始学走路时，会有一种胆怯的心理，学步车在一定程度上能帮助婴儿克服这种心理，而且学步车扶起来比其他物体更安全。但相比之下，它的弊大于利，因为用学步车限制了婴儿活动的空间，减少了婴儿正常的锻炼机会，最重要的是不利于婴儿的正常生长发育。因为在使用学步车的过程中，快速的滑动会让婴儿感到紧张，不利于其智力发育和性格的形成，而不用学步车学走路有利于提高婴儿身体的协调性和反应能力。

资料来源：但菲．0～3 岁婴儿的保育与教育［M］．北京：高等教育出版社，2013：94.

问题：婴儿该不该使用学步车？为什么？

（4）站稳及用手足爬台阶。10 个月左右时，婴儿能够自己独立站稳，他们习惯将双手伸出以保持身体平衡，这为迈出人生第一步打下了坚实的基础。手足爬台阶是四肢协调运动的表现，是独立行走的前提。

（5）开始尝试单独行走。婴儿在 11～12 个月时，开始尝试自己独立行走。

2. 7～12 个月婴儿精细动作的发展

(1) 五指分工。7 个月时，婴儿的五指分工动作逐渐灵活，可以按物体的不同形状、大小或位置调整手的姿势，同时双手可以更加灵活、协调地抓住各种物体，并在两手间自由传递。

(2) 手指的技巧。8 个月时，婴儿能够用拇指和食指对捏拿物，如爆米花或小糖块。此时，婴儿最喜欢将食指深入洞内钩取小物品，如棉被有缝，他们就会钩出棉花塞进嘴里。

(3) 放手。9 个月以后，婴儿能够有意识地将手中的玩具或其他物品放在指定的地方，由握紧到放手，使手的动作受意志控制。

(4) 撕纸。婴儿能够把纸撕开，同时婴儿会欣喜地发现自己的行为会对事物产生巨大的影响。

(二) 7～12 个月婴儿的心理发展

1. 7～12 个月婴儿感知能力的发展

(1) 视觉。6 个月后，婴儿的视觉发展到成人水平，这个阶段不协调的眼球运动已经消失，婴儿可以看到成人在相同距离看到的东西，并且可以凝视远处的物体。8 个月大的婴儿具有立体视觉，可以看到小物体，并开始区分简单的几何形状，能分辨物体的大小和它们移动的速度。婴儿的深度知觉在这个阶段得到进一步发展。9 个月大的婴儿已经能够长时间专注于 3～3.5m 范围内物体的运动，即使物体不在视线范围内，婴儿也会表现出寻找它们的愿望，这表明他们有能力获得“客体永久性”。

(2) 听觉。9 个月大时，婴儿可以分辨声音并听到声音，例如不同动物或乐器发出的声音。12 个月大的婴儿视听协调能力进一步发展，能够更详细地看到和理解世界，为有意识观察奠定了基础。

(3) 味觉和嗅觉。7～8 个月后，婴儿的味觉和嗅觉变得更加灵敏，对食物的好恶更加明显。在为婴儿添加辅食时，他们不再有对食物的好奇心，他们开始有自己的饮食偏好。

(4) 触觉。8～9 个月大的婴儿仍然喜欢用嘴探索，把他们能拿到的所有东西都放进嘴里，用嘴巴去感受物体。随着手眼协调能力的发展和精细动作灵活性的提高，7～8 个月的婴儿手的触觉发育越来越成熟，他们喜欢摸妈妈的脸、头发和有不同纹理的物体。

拓展知识

皮肤饥渴

心理学家米拉尔德提出“皮肤饥渴”理论，认为婴儿天生有一种被抚摸的需要。生活中缺乏皮肤接触的孩子，往往会自己咬手指、啃玩具、哭闹不安，这就是“皮肤饥渴”的表现。长时间处于皮肤饥渴状态的孩子会出现食欲不振、智力发育迟缓及行为异常等问题，而常被亲人抚摸的孩子却不会出现上述现象。所以，父母应经常搂抱婴儿，定时对他们的背部、颈部、腹部及四肢进行抚摸，亲吻他们的面颊，在谈话时用手去捏他们的小手和小脚等，这会极大地满足婴儿的触觉需要，有利于婴儿的健康成长。

资料来源：文颐．婴儿心理与教育（0～3 岁）[M]．北京：北京师范大学出版社，2011：60.

2. 7～12 个月婴儿注意力的发展

7 个月后，随着婴儿大脑的成熟，婴儿清醒和警觉的时间迅速增加，白天的睡眠减少，让婴儿有越来越多的时间探索和获取信息，进而使记忆和学习能力得到快速发展。因此，该阶段的婴儿的注意对象和注意选择性在范围和内容上大大扩展，并且受婴儿当前知识经验的支配。这个阶段的婴儿会给成人更多、更主动的注意，因为成人能够洞察并且满足他们的需要。

3. 7～12 个月婴儿语言能力的发展

7 个月大的婴儿已经能够发出清晰的音节，如 ba、da、ka。婴儿也开始学会用舌头与嘴唇来玩耍，还知道用声音来吸引成人的注意，比如尖叫或咳嗽。7 个月左右的婴儿已经能够模仿成人发 ma 音。8 个月时，婴儿就可以把两个音节清晰地连接在一起，比如 ba-ba 和 da-da，接下来会逐渐地加上 t、d 和 w 这些音。10 个月左右的婴儿能听懂并学会简单的词汇，并开始模仿真正的说话声。这一时期的婴儿只能学会一些与能引起他们注意的事物相关的词汇，掌握一个有实在意义的词要到 10～12 个月大时。

4. 7～12 个月婴儿情绪情感的发展

对 7～12 个月大的婴儿来说，情绪的作用不再单一，即为了满足自身的生理需要，而是逐渐发展为与社会其他成员进行交流的有力手段，情绪在原始成分的基础上也逐渐分化出更多的种类，婴儿在与成人进行人际互动的过程中完成了情绪的社会化。情绪的社会性参照是婴儿情绪社会化的一种重要现象和过程。7～8 个月的婴儿已经学会根据他人的表情来指导自己的行为，他们能够准确辨认和识别母亲的微笑、无表情或悲伤，并能作出相应的情绪反应，如欢快、微笑、悲伤、哭泣。

5. 7～12 个月婴儿社会性的发展

7～12 个月的婴儿社会性处于与抚养者建立依恋关系的阶段。7 个月大的婴儿与抚养者慢慢建立起了依恋关系，此时的婴儿能明显地区分出熟悉与不熟悉的人，开始认生。婴儿在与母亲相处时很愉快，还会用哭闹来迫使依恋对象（一般是母亲）回到自己的身边。

小案例

妈妈抱着 3 个月大的柠柠，用手轻轻地抚摸他的背部，身体轻轻晃动。在妈妈的怀抱里，柠柠表情舒缓，脸上带着微笑。过了一会儿，妈妈轻轻地把柠柠放回床铺，柠柠的脸部紧皱起来，脸色变红，开始放声大哭，妈妈只好又将柠柠抱起，他的哭声逐渐减弱。

案例评析：在亲子互动中，7～9 个月大的婴儿的交往手段明显增多。这个月龄的婴儿会用不同的方式表达自己的情绪，例如用哭和笑来表达不喜欢和喜欢。此时婴儿的哭笑已经不是之前简单的对生理上的痛苦或愉快的表达，而已经可以表达自身的一种偏好。

二、7～12 个月婴儿教育活动设计与指导

（一）7～12 个月婴儿动作能力的教育活动设计与指导

1. 大动作的活动设计与指导

（1）爬行活动。7 个月左右的婴儿已经会熟练翻身和坐，说明其颈部及四肢肌肉已较有力量并具备一定的协调性，这时可开始爬行活动。锻炼婴儿爬行的园所活动案例如表 5－16 所示。

表 5－16　锻炼婴儿爬行的园所活动案例

活动案例	爬一爬
活动目标	激发婴儿的爬行兴趣，让婴儿体验爬行的乐趣
活动准备	乌龟或毛毛虫等爬行动物玩具、软垫
适用年龄段	7～12 个月
活动过程	a. 引导婴儿坐在家长身上一边玩游戏，一边说“爬爬爬”，帮助婴儿建立语言和动作的联系 b. 引导婴儿模仿小动物爬的动作 c. 利用软垫，把玩具放到软垫的另一端，让婴儿爬去找小动物
亲子指导	观察婴儿对什么样的玩具感兴趣，使用婴儿感兴趣的玩具引导婴儿参与游戏
家庭活动延伸	可在日常生活中创设空间大、安全、有软垫的场地，在不同的方位放置一些婴儿感兴趣的玩具，引导婴儿更多地爬行

（2）站立活动。站立动作的发展较为缓慢，也是婴儿较难掌握的，一般婴儿在11～12个月大时才能完成。锻炼婴儿站立的园所活动案例如表5－17所示。

表5－17 锻炼婴儿站立的园所活动案例

活动案例	站一站
活动目标	激发婴儿对于站立的兴趣，让婴儿体验站立的乐趣
活动准备	玩具
适用年龄段	11～12个月
活动过程	a. 练习双手扶站。尝试让婴儿两手扶站，当婴儿两手扶站较稳时，可尝试让幼儿一只手扶站，另一只手去取玩具 b. 练习独站。成人可双手扶着婴儿的腋下，让婴儿的背部和臀部靠墙，两足稍微离墙，双下肢稍微分开站，然后慢慢放手 c. 练习站立。用玩具吸引婴儿的注意力，引导婴儿从俯卧位双手撑起身体，呈现爬姿，再抓住栏杆站起来
亲子指导	要确保婴儿的安全，循序渐进地进行活动，不能急于求成
家庭活动延伸	可使用婴儿喜爱的玩具，逗引婴儿再次尝试站立

2. 精细动作的活动设计与指导

7～12个月的婴儿的手指动作、手腕的力量、手眼协调都有不同程度提高，成人可通过游戏示范，训练婴儿的手的多种用途。锻炼婴儿精细动作的园所活动案例如表5－18和表5－19所示。

表5－18 锻炼婴儿精细动作的园所活动案例一

活动案例一	摘苹果
活动目标	创设情境，引导婴儿手部姿势的转换，提高其手部灵活性
活动准备	苹果
适用年龄段	7～12个月
活动过程	a. 玩苹果。提供数量充足的苹果，让婴儿和家长共同玩一玩，让婴儿充分感知苹果（找一找、摸一摸、闻一闻） b. 摘苹果。家长在游戏中，使用语言或动作来逗引婴儿玩摘苹果游戏
亲子指导	观察婴儿手部抓握动作发生的不同转化，如抓握等姿势转换
家庭活动延伸	玩捡豆豆的游戏，促进婴儿手部动作的发展

表 5-19 锻炼婴儿精细动作的园所活动案例二

活动案例二	抓、塞、撕、捏
活动目标	尝试使用双指或三指抓细小物品，感受精细动作活动的乐趣
活动准备	碗、盘子、瓶子、豌豆、青菜
适用年龄段	7～12 个月
活动过程	a. 抓一抓。引导婴儿抓一抓在碗里的豌豆 b. 塞一塞，摇一摇。鼓励与逗引婴儿将豌豆塞到瓶子里，抓着瓶子摇一摇 c. 捡一捡。提供青菜叶给婴儿，引导婴儿用掰、撕、捏等方式去捡菜
亲子指导	家长可采用平行游戏的方式在婴儿旁边进行示范，引导幼儿进行这三项小游戏，逗引婴儿做出二指或三指对捏、抓、握等姿势
家庭活动延伸	给婴儿提供自己双手抱奶瓶喝奶、自己抓小点心吃的机会

（二）7～12 个月婴儿感知能力的教育活动设计与指导

7～12 个月的婴儿与之前相比感知能力有了飞速发展，该阶段面临的任务是在原有的基础上使感知能力更加精细化、丰富化，知觉能力发展得更加系统化和全面化。锻炼婴儿感知能力的园所活动案例如表 5-20 所示。

表 5-20 锻炼婴儿感知能力的园所活动案例

活动案例	追声寻找
活动目标	感知不同的声音，提高听觉灵敏性
活动准备	音质不同的发声玩具
适用年龄段	7～12 个月
活动过程	a. 家长呼唤婴儿。家长可以说："宝宝，爸爸在哪里，快找一找。" b. 家长操作发声玩具，并移动发声玩具的方位，逗引婴儿追声寻找玩具
亲子指导	a. 可变化方位、声音等呼唤婴儿的姓名 b. 可在婴儿视线范围内或在其视线范围外操作发声玩具，观察婴儿追声寻找玩具的反应
家庭活动延伸	在日常生活中，鼓励婴儿操作、摆弄不同的物体，可以通过敲敲打打的方式探索不同的声音

（三）7～12 个月婴儿注意力的教育活动设计与指导

7～12 个月的婴儿处于无意注意占优势的阶段，新鲜和有趣的事物能吸引他们的注意力，但注意持续的时间较短。锻炼婴儿注意力的园所活动案例如表 5-21 所示。

表 5-21 锻炼婴儿注意力的园所活动案例

活动案例	追视辨认
活动目标	发展婴儿的空间方位感知能力和注意力
活动准备	吹泡泡的玩具、水果贴纸
适用年龄段	7～12 个月
活动过程	a. 追视辨认泡泡。边吹泡泡边说："泡泡，泡泡，泡泡在哪里？宝宝快找找！"逗引婴儿去追视辨认泡泡 b. 追视辨认水果。进行情境表演，拿着水果贴纸，边变化速度边念"小水果跑呀跑"，逗引婴儿关注水果贴纸
亲子指导	a. 改变逗引物与婴儿的距离，如将逗引物逐渐靠近婴儿或远离婴儿。在靠近或远离的过程中，还可以改变速度，以此吸引婴儿的注意力 b. 使用夸张的表情、肢体动作与语言信号相结合的方式，逗引婴儿参与游戏
家庭活动延伸	在日常生活中，逗引婴儿进行碗、奶瓶等日常生活用品的追视

（四）7～12 个月婴儿语言能力的教育活动设计与指导

引导 7～8 个月大的婴儿模仿成人的发音；对于 9～10 个月的婴儿，应提高其对人和物的感性认识；要促进 11～12 个月的婴儿的语言能力发展，需要从听、辨、模仿入手。锻炼婴儿语言能力的园所活动案例如表 5-22 所示。

表 5-22 锻炼婴儿语言能力的园所活动案例

活动案例	家里有谁
活动目标	激发婴儿模仿成人发单音和叠音的兴趣
活动准备	故事书
适用年龄段	7～12 个月
活动过程	a. 情境阅读与情境表演。讲述关于"家里有谁"的故事，并引导家人参与情境表演，出现在婴儿面前，逗引婴儿与家人打招呼 b. "家里有谁"互动游戏。一名家人带着婴儿在室外，其他家人在室内，成人带领婴儿，创设敲门、开门、看看家里有谁、抱一抱、亲一亲等有趣的情境
亲子指导	家长采用语言、动作相结合和变换、重复的方法，提高婴儿的语言能力，要鼓励婴儿模仿成人发单音和叠音
家庭活动延伸	将家人的照片制作成图书，与婴儿一起阅读

（五）7～12 个月婴儿情绪情感的教育活动设计与指导

随着对环境的接触越来越多，7～12 个月的婴儿的情绪体验也越来越丰富，他们开始利用情绪来影响与控制周围的人。锻炼婴儿情绪情感的园所活动案例如表 5-23 所示。

表 5-23　锻炼婴儿情绪情感的园所活动案例

活动案例	会变化的表情
活动目标	让婴儿通过成人说话的声调及表情的变化，来分辨成人的情绪变化
适用年龄段	7～12个月
活动过程	成人夸张地作出喜、怒、哀、乐等各种表情，让婴儿知道各种脸部表情所代表的意义，同时注意观察婴儿对各种表情的反应，看他们是否能随着成人表情的变化而作出适当回应
亲子指导	如果婴儿对成人的情绪没什么反应，成人的表情和声调可再夸张一些，注意一定要与婴儿面对面，以便让他看清楚成人的口型和面部表情的变化
家庭活动延伸	通过说故事的方式，在不同的模拟情境中给婴儿更多的声音刺激，让婴儿了解更多的情绪表达方式

（六）7～12个月婴儿社会性的教育活动设计与指导

7～12个月的婴儿与抚养者慢慢建立起了依恋关系，开始认生，此时的婴儿能明显地区分出熟悉的人与不熟悉的人。锻炼婴儿社会性的园所活动案例如表5-24所示。

表 5-24　锻炼婴儿社会性的园所活动案例

活动案例	不怕陌生人
活动目标	通过活动练习婴儿处理面对陌生人的焦虑
适用年龄段	7～12个月
活动过程	要让婴儿练习处理陌生人焦虑，建议先从其熟悉的环境开始。平常可邀请比较熟悉的亲友到家中小坐，然后向婴儿介绍："这是××阿姨，特地来看你呢。"如果婴儿有不安情绪，成人可抱着他说："没关系，妈妈抱着你。"等婴儿的情绪有所平缓之后，可试着拉近婴儿与访客的距离："阿姨想抱抱你，可以吗？"如果婴儿并不抗拒，那就让访客抱一下，但是不能骤然把婴儿交出去让访客抱，以免引起婴儿更大的焦虑
亲子指导	a. 即便婴儿一时难以有效处理陌生人焦虑，成人也不要用负面言语去批评他，而应多抱抱婴儿并给予安抚，让婴儿有勇气慢慢面对和调适 b. 只有当婴儿和父母建立起较好的依附关系时，他才能把从父母身上得到的安全感转移到其他人身上
家庭活动延伸	随着婴儿处理陌生人焦虑的能力逐渐增强，在婴儿被其他人抱着时，父母可慢慢拉大和婴儿之间的距离，但仍应保持在婴儿的视线范围内

拓展知识

婴儿依恋产生与发展的阶段

一、前依恋阶段（出生到6周）

新生儿用一套自己的信号系统：抓握、微笑、哭泣和凝视成人的眼睛来获得成人的关注。但是，还没有形成对于特定对象的依恋，此时婴儿并不介意和不熟悉的人在一起。

二、依恋形成阶段（6 周到 6～8 个月）

在这一阶段，婴儿继续探索环境，开始能区分熟悉的人与不熟悉的人之间的差别，并且开始对不同的人有不同反应，对母亲（照料者）更为偏爱。这时的婴儿在母亲面前表现出更多的微笑、咿呀学语、依偎、接近，而在其他熟悉的人如其他家庭成员面前，这些反应则相对少一些，对陌生人的反应更少，此时依然不怕生。

三、清晰依恋阶段（6～8 个月到 18～24 个月）

从 6～8 个月起，婴儿进一步对母亲（照料者）的存在特别关切，特别愿意与母亲在一起，当母亲离开时他会哭泣，当母亲回来时则能马上显得十分高兴。同时，只要母亲在婴儿身边，婴儿就能安心地玩、探索周围环境，母亲是他的安全基地。此时的婴儿已经出现了明显的对母亲的依恋，形成了专门对母亲的情感联结。同时，婴儿对陌生人的态度发生很大变化，见到陌生人，大多婴儿不再微笑、咿呀作语，而是紧张、恐惧甚至哭泣、大喊大叫，开始怕生。

四、交互关系的形成阶段（18 个月到 2 岁及以后）

幼儿开始能认识并理解母亲（照料者）的情感、需要、愿望，知道她爱自己，不会抛弃自己，并知道交往时应考虑她的需要和兴趣，并据此适当调整自己的目标，这时与母亲的空间的邻近性逐渐变得不那么重要。比如，当母亲需要干别的事情要走开时，幼儿对此能理解，而不会大声哭闹，他可以自己较安然地在那儿玩或与母亲交谈，相信母亲一会儿肯定会回来。

主题三　13～24 个月幼儿教育活动

一、13～24 个月幼儿发展概述

（一）13～24 个月幼儿的动作发展

1. 大肌肉动作的发展

13～24 个月幼儿大动作发展趋于完善。12 个月左右大的幼儿已正式步入“学步期”，学会走路是这一时期他们的主要成就。13～14 个月的幼儿能独立行走，但走不稳，两下肢呈分开姿势，基底很宽，每步的距离、大小、方向不一致，肩部外展时弯曲。15～17个月的幼儿能蹲着玩，可以捡拾掉到地上的东西而不摔倒，可扶着栏杆上楼梯等。18～24个月的幼儿会倒退着走，可以用脚尖走几步。24个月左右的幼儿步态平稳，但仍需要眼的协调，能拉着大人的手上下楼梯，能奔跑自如，并且在奔跑过程中可以拐弯。需要注意的是，幼儿的行走动作与成人有很大区别，他们通常步子快而小，脚趾向外张开，行走中两腿分开程度较大。总体来说，13～24个月大的幼儿大肌肉动作的发展主要表现为行走动作日渐稳定、熟练，不再跌跌撞撞，能拐弯和转身而不跌倒，能在成人帮助下上下楼梯。

2. 精细动作的发展

13～24个月是幼儿精细动作的重要形成阶段。在抓握动作方面，3个月的幼儿就能抓握汤勺，但把勺子放入口中还较为困难，15个月时幼儿才能做到较少把入口的东西撒出来，2岁左右幼儿开始学会使用筷子。在双手控制方面，12～13个月大的幼儿开始学习用手控制物品的运动，如摇拨浪鼓等，并能很好地作出左右手交替拿捏物体的动作。在垒叠平衡能力方面，16～17个月大的幼儿能搭3～4块积木，把书立在桌子上。在绘画方面，13个月大的幼儿能用蜡笔乱画，15～20个月就开始出现无规则、无目的的乱涂乱画。18个月大的幼儿开始喜欢翻书，会专注地摆弄拉链、纽扣。20～22个月的幼儿能用积木搭些简单的高楼，喜欢“翻箱倒柜”找自己喜欢的物品。24个月左右的幼儿手眼协调能力更强，能穿拖鞋袜、手套等简单衣物，并能旋转和拧瓶盖，喜欢揉、捏、挤、压橡皮泥。总体来说，13～24个月的幼儿手眼活动从不协调到协调，逐渐灵活，凭借手和手指等部位的小肌肉或小肌肉群的运动，在感知觉、注意等配合下，能完成更复杂的动作。

想一想

手眼协调是指视觉、神经系统反馈与手部精细动作的协调性。手眼协调能力的发展对促进幼儿的运动能力、智力和行为起着重要作用。家长和教育工作者可以通过翻书练习、撕纸训练、穿扣子训练、拧瓶盖训练、折纸训练、剪纸训练等，逐步培养幼儿良好的手眼协调能力。

问题：如何培养幼儿的手眼协调能力？

（二）13～24个月幼儿心理发展

1. 感知觉的发展

感觉方面，13～24个月大的幼儿感觉发展表现出积极性和能动性，其水平已接近成人，达到成熟。视觉方面，13～18 个月大的幼儿的视力平均为 0.2，能较清楚看到近距离物体的细节，视觉调节功能基本完善；19～24 个月大的幼儿的视敏度接近成人水平，能说出红、黄、蓝三原色的名称。听觉方面，听觉定位能力发展完善，能够定位不同方向的声源，能主动聆听自己感兴趣的声音，能跟随音乐节奏作出相应的身体动作。12～18 个月的幼儿能听懂自己的名字并能区别不同的声音，到了 24 个月时，幼儿能区分撕纸、流水等具体的声音。触觉方面，13～24 个月的幼儿能够辨别物体各种不同的属性，如软、硬、冷、热等。此外，他们的嗅觉、味觉更加灵敏，随着幼儿和成人一起饮食，他们的味觉开始带有独特的地方或家庭印记。知觉方面，13～24 个月的幼儿通过触觉与手部的动作，逐步建立知觉的智慧，如形状、颜色、方位等概念。24 个月大时，幼儿开始能识别圆形、三角形、正方形等图形。时间知觉方面，24 个月大的幼儿已掌握“今天”“刚刚”等表达时间的词汇，但对时间的认知是模糊的。

2. 认知的发展

13～24 个月的幼儿处于感知运动阶段，通过探索感知觉与运动的关系来形成行为图式，适应周围的环境，不能实现计划或预想行为的结果。在注意力方面，13～24 个月幼儿的注意基本上属于无意注意，随着语言的发展开始领会成人的要求，有意注意开始萌芽，但持续的时间较短且极其不稳定。这一时期，幼儿对看书、听故事、听儿歌、看动画片等他们感兴趣的事情能保持更持久的注意力。1 岁以后，“客体永久性”概念日趋完善，记忆和模仿能力迅速发展。19～24 个月时，幼儿产生“表象认知”这一心理现象。受表象认知的影响，当眼前的事物与其表象出现巨大差异时，幼儿会产生最大程度的注意。表象认知使幼儿有了形象记忆，形象记忆是以感知过的事物形象为内容的记忆，直观形象是其特点。凡是直观的、形象的、有趣的、能够引起幼儿强烈的情绪体验的事物，均能被幼儿自然而然地记住，如小猫可爱的形象、小狗独特的叫声、红红的苹果等。

3. 语言的发展

13～24 个月是幼儿语言能力发展迅速的时期，也是学习语言表达能力的关键时期。13～18 个月大的幼儿的理解性语言的发展远超过表达性语言的发展，具体表现为能注意听成人说话，对简短的指令能正确反应，对日常生活中常见的名词有正确反应；喜欢重复最近刚学会的词语；通过词语或者声音辅助面部表情和动作表达需求，进入单词句阶段；伴有语言窄化和泛化的现象；能够对别人的话语作出简单的语言或动作上的回应。19～24 个月的幼儿喜欢听儿歌、故事，能理解两步指令。这一时期也是幼儿的词汇爆炸期，他们能够表达的词汇迅速增多，能清晰模仿成人说的语词，能够通过语言回应成人的提问；能够将词语组合使用，出现双词甚至多词句；能通过语言发起对话，能够回答家长提出的关于绘本内容的问题。

拓展知识

表 5－25 12～24 个月幼儿语言发展顺序

顺序	语言发展项目	月龄
1	能听懂几样物品的名称，有意识地叫“爸爸”“妈妈”，会学动物的叫声	12 个月
2	能说出 6 个左右的词，开始出现难懂的话	15 个月
3	能说出 10～20 个词，用语言辅以手势和表情来表达需要	18 个月
4	能说出 20～30 个词，会说“不要”“我的”，能说出几个图画的名称，能将 2～3 个词组合起来	21 个月
5	能说出由 3～4 个字组成的简单句子，会用代词“我”“你”	24 个月

资料来源：但菲．0～3 岁婴儿的保育与教育［M］．北京：高等教育出版社，2013：166.

拓展知识

不可小觑的“词汇爆发期”

很多家长都有这样的经历：孩子 1 岁半以后，在日常生活中说话的积极性逐渐高涨，表现为整天絮絮叨叨，念念有词，不停地问“这是什么”“那是什么”“为什么”，甚至让人觉得有点儿“话痨”。这其实是幼儿语言发展过程中的一个重要阶段，被称为“词汇爆发期”，这一时期的主要特点有：（1）词汇种类增多、句子表达更完整，双词句出现并占到日常语言表达习惯的一半以上，如“爸爸抱抱”“开车车”；（2）词汇“爆炸”式增长，幼儿 2 岁左右能理解的词汇量可达 30 个左右，能够说 200～300 个词；（3）日常语言表达需求增多，开始喜欢歌曲、故事、儿歌，喜欢阅读图书且爱“指指点点”“叽里咕噜”，喜欢听成人反复讲同一个故事，并且能简单复述大意；（4）能用语言进行自我调节，2 岁左右的孩子能在没有直接事物刺激的情况下，按成人指示调整自己的行动。例如，如果成人经常使用“好”“对”“可以”等词对孩子的行为进行强化，那么孩子在某个时刻会自己大声说出“宝宝要”或“我自己来”等话。

资料来源：胡红梅．0～3 岁婴幼儿早期教育活动设计与指导［M］．重庆：西南师范大学出版社，2021：180.

4. 情绪情感的发展

情绪的发展主要表现为情绪理解、情绪表达及情绪管理。情绪理解方面，13～24个月的幼儿了解了社会约定俗成的礼仪并会作出回应，如用挥手表示再见。随着逻辑思维的出现和对规则的感知扩大，幼儿能理解成人的幽默行为，能被成人带有表演性质的、较为夸张的动作、表情及声音逗笑。能够感受到成人哭、笑、生气等不同情绪，同时也学会了如何面对别人的情绪。如，当父母生气时，讨好父母；当同伴哭泣时，试图用语言和动作安慰他们。情绪表达方面，引发恐惧感的成因变多，既有生理上的不适、疼痛造成的恐惧，也有因被惊吓而产生的恐惧，如在台阶上摔倒、被小狗追逐等。与主要照料者形成稳定的依恋关系，特别需要父母的陪伴，喜欢与家人一起做游戏，害怕与亲人的分离。情绪管理方面，13～24个月的幼儿会克服自己的害怕情绪，会向陌生人表示微笑；会用动作表达自己的情绪，如高兴时拍手、摆手表示不要；自主意识增强，有自己很想要的东西和喜欢做的事；可以在悲伤时主动寻求父母的帮助；在父母生气时，也会用微笑讨好父母，逗父母开心。

5. 社会性的发展

13～24个月幼儿社会性发展的主要特点为：亲子依恋中的依恋行为更加清晰鲜明，学习发起并维持与他人交往的技巧。在亲子关系方面，这一时期的幼儿以依恋对象为安全基地，探索陌生的环境，会主动发起与成人的互动。比如，幼儿会通过微笑、哭泣、叫喊、跟随等各种方式吸引母亲或主要养育者的注意，愿意做讨家长喜欢的事情。在社会交往方面，会与同伴参与更多的社会游戏，如一起扔球、轮流玩球等。幼儿具备主动学习发起并维持与他人交往的技巧。例如，观察和模仿同伴的行为。但同伴交往中的冲突行为也时有发生，如争抢玩具、打人、咬人等。随着年龄的增长，幼儿逐渐理解并能遵守规则，能理解某些行为的后果。当与同伴出现矛盾时，在大人的调解下可以解决，理解并会说“请”“谢谢”“不客气”等礼貌用语。社会适应方面，看见陌生人会感到羞怯，会更加想要寻求依恋对象的保护。自我意识更加强烈，如果与父母意见不合，会开始反抗。在物权意识方面，这一时期幼儿对物体的所有权意识增强，知道哪些物品是“我的”，对自己的物品有强烈的占有欲。

小案例

1岁半的贝贝和爷爷奶奶外出散步时，看到琪琪手里拿着一个遥控玩具车，贝贝很快就被遥控玩具车所吸引。她先是站在边上看琪琪是如何操作的，随后又伸手要拿遥控器，琪琪迅速把遥控器藏到了背后，贝贝继续上前抢夺，和琪琪推搡了起来。突然之间，贝贝在琪琪手背上咬了一口，然后自己大哭起来。琪琪也委屈地跑开了。面对贝贝的这种行为，如果你是家长，你会怎么做？

案例评析：首先，家长要了解孩子咬人的原因，案例中贝贝咬人主要是为了抢夺玩具。1 岁半的幼儿开始有了独立意识，但还是分不清“我的”和“你的”的区别和界限，幼儿有时候拿不到自己喜欢的东西就会大哭大闹。其次，在了解清楚原因后，家长需要明确告诉幼儿咬人的行为是不对的，并向他解释原因：“因为玩具是琪琪的，我们要征得她的同意才能玩，咬人会伤害到别人，是绝对禁止的！”最后，鼓励幼儿通过语言或适当的动作来表达情绪。成人应有意识地培养幼儿情绪控制的方法，传授一些同伴交往的技能和策略，比如握手、微笑、拥抱、交换玩具等。

二、13～24 个月幼儿教育活动设计与指导

（一）13～24 个月幼儿动作能力的教育活动设计与指导

1. 大肌肉动作的活动设计与指导

在大肌肉动作发展方面，13～24 个月幼儿的发展主要表现为逐渐学会稳步行走、两步一阶爬楼梯，基本具备了大肌肉活动的能力，如站、走、跑、跳。针对这一发展特点，家长及教育工作者可以提供机会让幼儿练习独立行走、下蹲、转弯、扶栏杆上楼梯等，开展平稳爬行、走平衡木、抬手扔球等游戏活动。13～24 个月幼儿大肌肉动作的教育活动设计实例如表 5－26 所示。

表 5－26　13～24 个月幼儿大肌肉动作的教育活动设计实例

活动案例一	青青草原大探险
活动目标	家长学习目标： a. 帮助幼儿平稳爬行、扶着栏杆上下楼梯、走平衡木 b. 会观察并了解现阶段幼儿在爬行、扶栏杆上下楼梯、走平衡木的情况 幼儿发展目标： a. 乐意参与探险活动，并且表现出强烈的兴趣 b. 能参与到活动中，完成钻、爬、走、跨等动作 c. 通过完成活动任务获得成就感
活动准备	a. 音乐《别看我只是一只羊》 b. 阳光隧道、栏架、有扶手的楼梯、平衡木、花环
适用年龄段	19～24 个月

续表

活动过程	1. 活动导入 教师收到青青草原羊村长的一封信。青青草原一年一度的探险活动开始了，邀请大家一起参加，探险活动共设置了三个关卡 2. 活动操作环节 （1）游戏一：过山洞（阳光隧道） 教师示范用爬行的姿势钻过山洞（臀部要离地，双手与双脚跪地做支撑，往前爬行）。爬完阳光隧道，示范自我整理休息（用手捶捶或捏捏肩膀和小腿） （2）游戏二：爬楼梯（有扶手的儿童楼梯） 教师示范双手扶着栏杆，一步一步上楼梯，再下楼梯，可以上下脚交叉上下楼梯，也可以一级一级地上下楼梯。上下完楼梯，示范自我整理休息（用手捶捶或捏捏肩膀和小腿） （3）游戏三：过独木桥（平衡木） 教师示范过独木桥（将手臂打开，先迈出一条腿走上平衡木并且站稳，再迈出另一条腿走到前面）。教师示范儿歌念唱："独木桥，独木桥，走一步，摇一摇，勇敢的人不胆怯，大摇大摆过了桥。我们都是勇敢的好宝宝。"走完独木桥，示范自我整理休息（用手捶捶或捏捏肩膀和小腿） 3. 活动结束环节 教师说："羊村长庆祝我们探险成功，用花环颁奖。"来拿花环的时候，教师应双手递给幼儿，并引导幼儿对教师说"谢谢"
亲子指导	探险活动中，鼓励并引导幼儿积极参与各项活动。在幼儿不想爬过去或者害怕的时候，家长不要对幼儿进行批评或者责骂，耐心等待陪伴即可。幼儿过平衡木时，家长可以在旁边牵着幼儿，给幼儿一点儿鼓励
家庭活动延伸	粗大动作的训练有助于幼儿平衡感、手眼协调能力、注意力等方面的发展。家长可以多带幼儿到户外散步，牵着幼儿的手，让幼儿走马路沿。家里的地砖都有直线，可以在家里和幼儿一起走直线

资料来源：胡红梅．0～3岁婴幼儿早期教育活动设计与指导［M］．重庆：西南师范大学出版社，2021：32．有改编．

2. 精细动作的活动设计与指导

在精细动作方面，13～24个月幼儿精细动作更加灵活。针对这一发展特点，家长及教育工作者可以提供拼板、蜡笔、图书、积木、瓶子等材料，锻炼幼儿的手部精细动作；鼓励幼儿自己用勺子吃饭，端杯子喝水；鼓励幼儿尝试用笔画画，自己翻书，玩叠高积木、串大珠等游戏，并学着收放玩具。13～24个月幼儿精细动作的教育活动设计实例如表5－27所示。

表5－27　13～24个月幼儿精细动作的教育活动设计实例

活动案例二	趣味夹夹乐
活动目标	1. 家长学习目标 （1）了解幼儿发展精细动作与培养自理能力的意义 （2）能协助幼儿完成夹夹子的动作 2. 幼儿发展目标 （1）能够用大拇指和食指完成取夹子的动作 （2）能够用大拇指和食指完成夹袜子的动作

续表

活动准备	五颜六色的夹子，画有苹果的卡片
适用年龄段	13～24 个月
活动过程	1. 活动导入：打个招呼吧 教师用衣服夹子跟幼儿打招呼，引导被衣服夹子夹到的幼儿打招呼 2. 活动操作环节 (1) 摘果子 教师出示夹子并夸张地说："宝宝们，我是小老鼠，我们一起摘果子吧！"教师用夹子示范并用夹子夹苹果树上的"苹果" (2) 袜子夹夹乐 老师："小老鼠家有好多袜子，我们帮它整理一下吧！"教师分发材料，示范用夹子夹袜子的动作 3. 活动结束环节 夹袜子比赛，幼儿们比一比谁夹袜子最快
亲子指导	用夹子夹袜子可以培养幼儿的自理能力，同时使幼儿手指精细动作得到发展，家长可以模仿教师行为并给幼儿多示范几遍用大拇指和食指夹的动作，家长不要代替幼儿进行操作
家庭活动延伸	家长可以让幼儿沿着盘子夹夹子，锻炼幼儿的手部精细动作

（二）13～24 个月幼儿感知觉能力的教育活动设计与指导

13～24 个月幼儿感知觉的发展主要表现为视觉、听觉、触觉、嗅觉、味觉逐步发展成熟，接近成人水平。针对这一发展特点，家长及教育工作者可以创造机会让幼儿感知大自然中的花草和树木，促进幼儿多感官通道的发展。例如，引导幼儿认识三原色，充分感受色彩和形状；引导幼儿感受音乐节奏带来的律动，跟着音乐做动作等。13～24 个月幼儿感知觉教育的活动设计实例如表 5－28 所示。

表 5－28　13～24 个月幼儿感知觉教育的活动设计实例

活动案例	点点点
活动目标	1. 家长学习目标 (1) 了解幼儿感知觉发展的特点 (2) 引导幼儿认识红、黄、蓝三种颜色 2. 幼儿发展目标 (1) 认识红、黄、蓝三种颜色 (2) 能够根据指令按一按、点一点、摇一摇、吹一吹
活动准备	绘本《点点点》
适用年龄段	13～24 个月

续表

活动过程	1. 活动导入 教师通过变魔术，出示绘本。引导幼儿观察绘本封面，认识封面中三个小圆点的颜色 2. 活动操作环节 （1）绘本阅读《点点点》 教师带领幼儿完成绘本中的指令，完整感知图书内容： 按一按，黄点会变多 点一点，黄点会变色 摇一摇，点点会移动 吹一吹，点点会飞走 （2）亲子手工：手指点画 幼儿手指蘸上颜料，在纸张上印画 3. 活动结束环节 幼儿向老师和家长展示手指印画，结束活动
亲子指导	幼儿说出小圆点的颜色后，家长要及时表扬。不能说出时，家长也要耐心，可加以引导。引导幼儿按照教师指令按一按、点一点、摇一摇、吹一吹，促进幼儿感知觉的进一步发展
家庭活动延伸	家长在家里也可以和幼儿一起找一找家里还有哪些小圆点

（三）13～24 个月幼儿认知能力的教育活动设计与指导

13～24 个月的幼儿处于感知运动阶段，家长及教育工作者可以提供机会让幼儿感知生活环境中的人和事物，指指认认，初步建立实物和图片、词语之间的联系。可以开展多种认知活动，如认识周围的人及人体的基本组成部分；认识一些日常生活用品；认识周围环境，记住自己的座位、床位、毛巾标记；认识常见的几种交通工具及蔬菜、水果的名称等。13～24 个月幼儿认知能力教育活动设计实例如表 5－29 所示。

表 5－29　13～24 个月幼儿认知能力教育活动设计实例

活动案例	小手爬
活动目标	1. 家长学习目标 （1）了解幼儿认知发展中自我意识形成的价值 （2）能引导幼儿认识身体的重要部位 （3）培养幼儿的音乐情趣，增进亲子间的情感 2. 幼儿发展目标 （1）能够说出自己身体部位的名称 （2）锻炼反应能力，在音乐的伴奏下感受拍子、节奏
活动准备	音乐《小手爬》
适用年龄段	13～24 个月

续表

活动过程	1. 活动导入：我说你点 （1）教师说五官名称，宝宝点 教师："头儿头儿在哪里?""头儿头儿在这里。" "小脚小脚在哪里?""小脚小脚在这里。" 依次逐一指出头和脚 （2）教师介绍此活动的目的与意义 2. 活动操作环节 （1）亲子互动：小脚在哪里 家长与幼儿面对面，家长先指着自己的身体部位，告诉幼儿："这是头，头儿头儿圆又圆；这是脚，小脚小脚摇一摇……"家长请幼儿也找找自己的头和脚 （2）亲子游戏：小虫爬 a. 家长背对着幼儿坐下，跟着歌词的提示，家长的手在幼儿身上做"小虫爬"的动作 b. 家长握着幼儿的手，跟着音乐做"小虫爬"的动作 c. 幼儿与家长面对面坐，跟着音乐一起做动作 3. 活动结束环节 幼儿、家长、老师一起跟着音乐做动作，幼儿们拥抱再见
亲子指导	1. 唱到最后一个乐句时，家长轻拍幼儿的头或脚。如果幼儿愿意自己做，家长要及时鼓励 2. 家长观察幼儿是否能听懂教师的指令，并能跟着指令去做。如听不懂，家长可握住幼儿的手与教师互动
家庭活动延伸	家长在家里也可以和幼儿一起认识身体的其他部位

资料来源：张红．0～3 岁婴幼儿教育活动设计与指导［M］．上海：华东师范大学出版社，2021：166．有改编．

（四）13～24 个月幼儿语言能力的教育活动设计与指导

13～24 个月是幼儿语言发展的关键时期，家长及教育工作者应给予科学指导，鼓励幼儿大胆表达。可以设计以下活动：教简单的儿歌 5 首，能说由 4～6 个字组成的句子，掌握词汇 200 个左右，模仿学习正确发音方式，听完故事后能说出故事中的主要人物和大致情节。13～24 个月幼儿语言能力教育活动设计实例如表 5－30 所示。

表 5－30　13～24 个月幼儿语言能力教育活动设计实例

活动案例	我是小司机
活动目标	1. 家长学习目标 （1）了解幼儿语言发展中使用人称代词的价值 （2）鼓励幼儿大胆表达，培养幼儿自信心 2. 幼儿发展目标 （1）学会用代词"我"进行自我介绍 （2）能用由少量词组成的短语或短句子进行简单叙述 （3）体验表达和交友的快乐
活动准备	塑料圈人手一个；音乐《开汽车》
适用年龄段	13～24 个月

续表

活动过程	1. 活动导入 (1) 教师出示塑料圈，让幼儿看看、想想、说说："圆圈像什么？方向盘!"引导幼儿模仿开汽车的动作 (2) 教师做司机，请幼儿当乘客，听着音乐一起游戏。当音乐停下时，教师做自我介绍："我叫×××，我是小司机。" (3) 教师向家长介绍此活动的玩法及价值 2. 活动操作环节 (1) 亲子互动：我是小司机 a. 先请模仿能力强的幼儿根据"我叫×××"或"我是小司机"的句式跟述介绍自己 b. 请家长带领幼儿手握方向盘，跟着音乐开汽车。音乐停下时，让宝宝找一个朋友向他介绍自己 (2) 亲子游戏：开车啦 宝宝围成圈，顺着一个方向，跟着音乐开汽车。教师发出"开车""打灯""红灯""绿灯"等指令，让幼儿做相应的动作 3. 活动结束环节 老师结束游戏："火车到站了，小司机该回家了"
亲子指导	家长可以和幼儿一起模仿开车的动作，增强宝宝的兴趣。家长与幼儿一起游戏，以提高幼儿听指令游戏的兴趣，培养规则意识。对语言发展较为迟缓的幼儿做个别指导，启发、鼓励，多提供练习机会，使其语言发展达到一般水平
家庭活动延伸	在日常生活中，家长鼓励幼儿大胆做自我介绍，大胆表达

资料来源：张红．0～3 岁婴幼儿教育活动设计与指导［M］．上海：华东师范大学出版社，2021：166．有改编．

（五）13～24 个月幼儿情绪情感的教育活动设计与指导

13～24 个月的幼儿情绪更加丰富，逐渐开始产生自豪、羞愧、焦虑等较为复杂的情绪，在情绪表达方面，表现出对父母的喜爱。针对这一发展特点，家长应多陪伴幼儿，利用绘本阅读与角色扮演游戏增进亲子情感，丰富幼儿的情感体验。13～24 个月幼儿情绪情感教育活动设计实例如表 5－31 所示。

表 5－31　13～24 个月幼儿情绪情感教育活动设计实例

活动案例	我爱爸爸妈妈
活动目标	1. 家长学习目标 (1) 了解幼儿情绪情感发展中情感表达的价值 (2) 鼓励宝宝运用简单的动作、语言和礼物表达爱 2. 幼儿发展目标 (1) 学会使用简单的动作、语言表达爱 (2) 能通过制作礼物表达对爸爸妈妈的爱
活动准备	幼儿全家福，贺卡、装饰材料一套
适用年龄段	13～24 个月

续表

活动过程	1. 活动导入 教师出示幼儿和爸爸妈妈一家三口的照片，问："照片里有谁呀?"鼓励幼儿指认出自己及家人，增进亲子情感 2. 活动操作环节 (1) 亲子互动：亲亲抱抱、捶捶背 爸爸妈妈用愉快的表情、夸张的语言传递爱，用肢体动作亲亲抱抱幼儿。感染带动幼儿模仿学习，主动去亲亲爸爸妈妈。爸爸妈妈可以边听儿歌边帮幼儿捶捶背，诱发幼儿模仿学习，也帮爸爸妈妈捶捶背 (2) 制作小礼物：感恩贺卡 教师引导宝宝装饰贺卡，为爸爸妈妈制作节日礼物。助教老师分发操作材料，家长协助完成操作 3. 活动结束环节 老师引导幼儿将制作好的贺卡送给爸爸妈妈，与幼儿拥抱再见
亲子指导	1. 家长不必羞于表达情感，当幼儿亲亲抱抱养育者时，应及时作出回应，可以说："妈妈最爱宝宝了""亲亲抱抱真开心""宝宝的礼物我好喜欢呀" 2. 家长可以创造性地培养情感性、节奏感的语言，或跟着音乐开展亲子活动——捶背，体验相互关爱的情感
家庭活动延伸	日常生活中可延伸，引导幼儿向爷爷奶奶、外公外婆表达爱

（六）13～24 个月幼儿社会性发展的教育活动设计与指导

13～24 个月幼儿社会性发展的关键是学习发起并维持与他人交往的技巧。针对这一发展特点，家长需多陪伴幼儿，利用亲子游戏、绘本阅读来增进亲子情感，使幼儿形成安全依恋模式。提醒幼儿与人打招呼，让幼儿在和同伴一起玩耍、游戏的过程中形成初步的规则意识。13～24 个月幼儿社会性发展教育活动设计实例如表 5－32 所示。

表 5－32　13～24 个月幼儿社会性发展教育活动设计实例

活动案例	过家家
活动目标	1. 家长学习目标 (1) 了解幼儿社会性发展中角色扮演的价值 (2) 引导宝宝模仿成人的动作和语言，体验不同的角色 2. 幼儿发展目标 (1) 乐意模仿成人做家务，如扫地等 (2) 通过"过家家"游戏，体验妈妈的角色，增进亲子之间的情感
活动准备	布娃娃、玩具电话、书、被子
适用年龄段	13～24 个月
活动过程	1. 活动导入：看一看 教师说："娃娃要睡觉了，我们一起哄娃娃睡觉吧!"教师示范抱娃娃的动作，边摇边拍边唱："娃娃睡着了，轻轻放床上，盖上小被子。"教师边说边做。教师向家长介绍此活动的价值，引导亲子互动

续表

活动过程	2. 活动操作环节 (1) 亲子互动：学一学 a. 家长说："宝宝，娃娃也要睡觉了，我们一起哄娃娃睡觉吧。" b. 家长示范抱娃娃的动作，动作要缓慢、轻柔。宝宝抱娃娃，跟着音乐哄娃娃睡觉 c. 引导宝宝轻轻放下娃娃，为娃娃盖上小被子 (2) 亲子游戏：玩一玩 a. 家长将电话摆放在宝宝面前，随意拨电话号码，对着话筒说："喂，你好……" b. 家长引导幼儿一起模仿打电话的动作
亲子指导	此月龄的幼儿注意力已逐渐从关注自身转向关注身边的人，出现了装扮行为，是促进幼儿社会性发展的契机。家长要给予及时的帮助与表扬，让幼儿体验玩游戏的快乐。还可以引导幼儿模仿给娃娃喂食、和娃娃挥手再见等情景
家庭活动延伸	日常生活中为幼儿创造更多与同伴交往的机会，引导幼儿邀请其他小伙伴一起玩"过家家"

主题四　25～36个月幼儿教育活动

一、25～36个月幼儿发展概述

(一) 25～36个月幼儿的动作发展

1. 大肌肉动作的发展

25～36个月的幼儿以发展基本动作技能为主，各种动作有了均衡发展，如可以向不同方向走、侧身走或倒着走，能够追逐跑或越过障碍物跑，可以原地跳或向前跳。此外，这一时期幼儿攀登、投掷、玩运动器械的能力也有所提高，如能够荡秋千等。25～36个月的幼儿大肌肉动作发展的重点是跑和跳，通过跑和跳可以锻炼幼儿全身动作的灵活性和协调性。24个月时，幼儿能连续跑5～6m；30个月时不仅跑得较稳，跑步的姿势也协调、敏捷了，此时幼儿能够在半分钟内跑25～35m；到了3岁时，幼儿的跑步姿势基本正确，半分钟能跑35～40m。这一阶段幼儿大动作的发展主要表现在跑步能力的获得上。此外，幼儿对关节与肌肉的控制能力也有了很大的进步。36个月时，幼儿可以单足跳跃，自己扶楼梯一步一阶，能够跨过10～15cm高的障碍物。总之，这个阶段大肌肉动作发展应以动作技能培养为主要任务，应给幼儿提供练习钻爬、上下楼梯和走小斜坡的机会，使其体验运动的乐趣，培养初步的环境适应能力，并树立自我安全保护意识。

2. 精细动作的发展

25～36个月的幼儿主要的小肌肉动作就是手的活动，包括眼手协调、指尖动作、手指屈伸等。这一时期的幼儿可以自己做许多事情了，能自己吃饭、自己穿衣服、独立大小便等，为进入幼儿园做好了准备。在日常生活方面，24 个月的幼儿能用勺子吃饭，但容易洒出来；能穿鞋袜、戴手套、拉拉链、脱鞋子；能旋转和拧动东西。36 个月左右时，幼儿会使用勺子、筷子进食；会扣扣子、会脱衣服，并可以将大扣子扣进衣服的扣眼，会按次序穿脱衣服、鞋子，能分清衣服的正反面，学会开关水龙头，抹肥皂，搓洗、冲净小手。在绘画与手工方面，24 个月大的幼儿会模仿着画直线和水平线，也能画一些简单的图形。30 个月大的幼儿就可以模仿画"十"字、横竖等，在手工活动中可以折纸，折出长方形、正方形；会用手指捏面塑，会粘贴简单图画；开始学习使用剪刀，能将纸剪开。总之，这个阶段精细动作发展应以生活习惯培养为主要任务，鼓励幼儿用小勺吃完自己的饭菜，自主地用杯子喝水（奶）。为幼儿创造模仿成人做事的机会，帮助其学习自己穿脱衣裤、鞋袜，自己洗手擦脸，主动如厕。

拓展知识

在不同的月龄，婴幼儿会发展不同的精细动作，具体如表 5－33 所示。

表 5－33　婴幼儿精细动作发展的关键期

月龄	关键期
5～6 个月	双手协作能力产生、发展的关键期
7～8 个月	单手抓住多物能力产生、发展的关键期
11～12 个月	放物入孔能力产生、发展的关键期
12～13 个月	双手控制物品运动能力产生、发展的关键期
16～17 个月	垒叠平衡能力产生、发展的关键期
24～25 个月	用笔画直线的能力产生、发展的关键期
33～34 个月	构思建构能力产生、发展的关键期

资料来源：杨玉红，赵孟静．0～3 岁婴幼儿保育与教育［M］．天津：南开大学出版社，2015：135.

（二）25～36 个月幼儿的心理发展

1. 感知觉的发展

感知觉是人生最早出现的认识过程，是幼儿 3 岁前认识世界的最主要方式。25～36 个月的幼儿在听觉方面的发展主要表现为能更好地辨别语音、音调、音强等，从而使自己的发音更加准确、清晰。这一时期幼儿在视觉上的发展是比较明显的，开始能够正确辨别各种基本颜色（如红、黄、蓝、绿），但是辨别一些混合色（如紫色、橙色等）和色度不同的颜色

（如粉红、大红色、深红等）还有难度。幼儿可以借助词汇更好地区别各种不同的颜色，同时还表现出对颜色的性别偏好，女孩子一般喜欢暖色，如红、黄、橙，而不太喜欢冷色，如蓝、紫；男孩子对冷色调较为钟爱，如绿色、蓝色等。幼儿年龄越小，触觉在幼儿认识世界方面所发挥的作用就越大。25～36 个月的幼儿更多地依靠手的触觉来认识事物，他们看见东西总是喜欢去摸，从而更好地了解客体的各种不同属性。这一时期，幼儿的知觉范围逐渐扩大，知觉能力逐步提高。这一时期的幼儿已出现了最初的空间知觉、时间知觉。

2. 认知的发展

注意方面，31～36 个月幼儿注意的水平和能力在逐渐提高。2 岁时，幼儿能主动地听故事，这表明幼儿已经出现了有意注意的萌芽，他们逐渐能够按照成人提出的要求完成一些简单的任务。3 岁以后，幼儿开始对周围的新鲜事物表现出更多的兴趣，如能集中注意力 5 分钟看儿童画册等。此外，幼儿注意的范围逐步扩大，注意的稳定性与持久性也有所提高，并且能注意到事物的较隐蔽、细微的特征，以及两个事物之间的关系。这一阶段幼儿即将入园，活动设计中也要考虑为入园做准备，适当延长活动时间，提高幼儿有意注意的能力。思维方面，31～36 个月幼儿思维水平明显提高，思维形式由感知动作思维向具体形象思维阶段过渡，思维的特点表现为具有较强的直觉行动性。同时，随着表象能力的获得，幼儿开始有了具体形象的思维方式，即能依靠对事物具体形象的联想进行思维。

3. 语言的发展

语言能力方面，2 岁以后是幼儿学习语言的关键期，幼儿在掌握语音、词汇、语法和口语表达能力方面迅猛发展，具体表现为：词类范围扩大，句型从完整句发展到复合句。句子理解能力与口语表达能力都有了一定的发展。这一时期幼儿开始逐步用语言表达自己的意愿，听说能力不断提高，基本上能理解成人所说的句子，语音逐渐稳定和规范，说话时常常运用接尾策略，已经能注意到语法要素，能运用多种简单句型。喜欢自言自语，游戏时也常常一个人讲话。因此，针对 25～36 个月幼儿在语言与沟通方面的教育内容与要求有：（1）幼儿思维活动开始萌芽，对周围事物和现象更感兴趣。2 岁幼儿处于口语发展关键期，要把促进口语发展作为重要活动目标，鼓励幼儿学用普通话大胆表达自己的需求，理解并执行成人简单的语言指令。（2）这个阶段的幼儿思维活跃，对周围事物和现象更感兴趣，爱提问题，在设计活动时可以将语言的发展与认知整合起来，如根据颜色、大小、形状等进行简单分类，并用语言进行讲解。

4. 情绪情感的发展

25～36 个月的幼儿对亲人有强烈的情感依恋，与亲人分离时，会用哭来表达难过之情。他们情绪外露，而且容易受环境影响，如一个幼儿哭了，周围的幼儿常常会跟着一起哭。当负面情绪出现时，幼儿难以自我调节、克制。这一时期的幼儿会用单词与他人交流沟通，会与他人一起玩，到不熟悉的地方或看到陌生人会害羞，能够玩角色扮演游戏；能够独立玩玩具，在熟悉的地方能够和养育者分开，开始与他人分享事物；能够表达自己的情感，比如快乐、悲伤等，喜欢听故事和做游戏。成人应多和幼儿说话，用语言来表达情感；每天讲故事给幼儿听，帮助幼儿用语言表达情绪；给幼儿多讲富有想象力的故事。

想一想

对于爱发脾气的宝宝，家长该如何应对呢？首先，家长应该先分析孩子发脾气的原因，理解宝宝的情绪。其次，家长应帮助幼儿认识到自己的情绪是怎么产生的，引导幼儿表达自己的情绪，理解事情的因果关系。最后，孩子发脾气的时候宜疏不宜堵，家长要接纳孩子的各种情绪，要对孩子的情绪表现出理解和尊重。但也需要让孩子明白，情绪可以有，但无理取闹、撒泼摔东西是不对的。

问题：2～3 岁孩子爱发脾气、闹情绪，家长该怎么应对？

5. 社会性的发展

25～36 个月幼儿的社会性发展主要表现为开始有自我意识。这一时期幼儿掌握了代词“我”的用法，这是自我意识萌芽的重要标志。25～36 个月幼儿把自己与外界、他人分开，喜欢与同龄伙伴和熟悉的成人交往，但是在交往中带有明显的自我中心倾向，常以满足自己需要为目的。自我评价大概也是这时开始萌芽的，这时幼儿主要依赖成人对他们的评价，能服从大人的要求，能在游戏中学会合作和理解别人，喜欢协助和模仿大人做事，同时也出现了更多的情绪如局促不安、羞愧、害羞、内疚、自豪等。这一阶段幼儿表现出对自主性的强烈需求，当他们独立行动的意愿受到大人限制时，就以发脾气、攻击性行为来表达不满，这被称为“第一反抗期”。到了 2 岁左右，幼儿开始出现相互合作行为，开始玩社会性的游戏，出现等待、轮流、分享和助人等亲社会行为，随着认知能力的提高，活动范围的扩大，与同伴交往的时间越来越长，同伴数量会越来越多，同伴交往在生活中的重要性越来越强。

小案例

一位家长说，自己的孩子 2 岁了，最近经常挂在嘴边的就是“不要”“不好”“我不吃”“我不睡”。吃饭时间到了，爸爸提醒：“乐乐，快洗手吃饭了。”乐乐会说“我不。”要午睡了，外婆带着乐乐到房间，调暗了灯光，乐乐说："我不睡！"在成人看来，从前听话的孩子逐渐变得"不听话""叛逆""有自己的想法"，不管家长的态度是和蔼的还是严肃的，孩子经常对大人的指令说"不"。这难道就是传说中人生的第一个"叛逆期"来了？

说"不"并不是幼儿无理取闹，而是一个建立自我认知与独立养成的阶段。这一时期，幼儿开始有"意志"来决定做什么或不做什么。这时候父母与幼儿会产生冲突，也就是幼儿的"第一个反抗期"出现了。主要表现为幼儿要求行为自主和表达自我意志，对于很多事情，幼儿产生了"自己来""我做主"的愿望。因此，成人应以正向引导的方式与幼儿交流、沟通，不可包办代办，在幼儿自我意识萌芽的阶段，积极地肯定其独立性，发展其意志力，理智地看待宝宝的"叛逆"。

拓展知识

幼儿亲社会行为的产生

2 岁左右时，儿童已经具备了各种基本的情绪体验，在一定的生活情境中越来越明显地表现出同情、分享和助人等亲社会行为。儿童在 1 岁之前就表现出了最初的分享行为，主要是通过指点来与他人分享有趣的信号和物体；到了 1 岁半之后，儿童的分享和助人行为表现得更加多样。如，一个 2 岁的儿童会说："她哭了，她想要糖糖。"在成人的教育下，儿童会把自己的糖果分享给别的小朋友，或者把自己的玩具让给别人玩，这些行为反映了他们初具分享的能力。2 岁以后，随着交往经验的积累和生活范围的扩大，儿童的亲社会行为进一步发展，逐渐能够根据一些不太明显的细微变化来识别他人的情绪，推断他人的处境，然后做出相应的安慰行为。如，当有小朋友哭泣时，有的孩子就会关切地问："你怎么了，你为什么哭？"等等，还有的孩子会马上把自己最喜欢的玩具给他玩，或者邀请他参加自己的游戏。2 岁幼儿的合作行为开始发生并迅速发展，2 岁以后的幼儿更能有效地进行社会性交往，更频繁地表现出亲社会行为。

资料来源：王丹．婴幼儿心理学［M］．重庆：西南师范大学出版社，2016：2.

二、25～36 个月幼儿教育活动设计与指导

（一）25～36 个月幼儿动作能力的教育活动设计与指导

1. 大肌肉动作的活动设计与指导

25～36 个月的幼儿大肌肉动作的协调性、灵敏性、速度都有了明显的进步，因此，

这个阶段动作发展应以动作技能、协调性培养为主要任务。家长及教育工作者可以多让孩子参与户外活动，让幼儿做原地跳跃、跳下台阶等锻炼，一方面锻炼双腿的肌肉运动能力，另一方面培养其勇敢的性格。25～36 个月幼儿大肌肉动作的教育活动设计实例如表 5－34 所示。

表 5－34　25～36 个月幼儿大肌肉动作的教育活动设计实例

活动案例	快乐小袋鼠
活动目标	1. 家长学习目标 (1) 了解幼儿大肌肉发展中蹦高和跳跃能力的价值 (2) 掌握利用动物的行为特征发展幼儿的运动能力的方法 (3) 能根据相应儿歌，在生活中巩固幼儿蹦高和跳跃的能力 2. 幼儿发展目标 (1) 能尝试并足连续跳 3 步 (2) 能够根据儿歌《袋鼠妈妈》进行唱跳
活动准备	1. 儿歌《袋鼠妈妈》 2. 布袋和苹果道具、障碍跑道具、绳子、夹子、袋鼠服装
适用年龄段	25～36 个月
活动过程	1. 活动导入：快乐的小袋鼠 教师穿上小袋鼠服装，模仿袋鼠和幼儿互动，说："袋鼠有大大的耳朵，走起路来蹦蹦跳跳的，最有趣的是，袋鼠妈妈的肚子上有个袋子，宝宝就放在袋子里面。" 2. 活动操作环节 (1) 游戏一：我是小袋鼠 教师示范：边念儿歌《我是小袋鼠》边表演跳 (2) 游戏二：袋鼠妈妈摘苹果 教师设置帮袋鼠妈妈摘苹果的情境，示范过沼泽地、过河摘苹果的动作。过沼泽地的动作是双脚跳到室内垫上，过河的动作是走独木桥，摘苹果的动作是蹦高或踮脚尖，伸手去够，苹果的高度在幼儿稍微蹦高就可够得到的高度，教师可根据实际情况调整。教师引导家长带领幼儿模拟练习，教师一对一观察与指导 3. 活动结束环节 "太阳快落山了，小袋鼠也要回家找爸爸妈妈了。"教师和各位小朋友们也互相拥抱道别！
亲子指导	在幼儿运动过程中，初期可能因为不熟悉规则会出现一定的混乱，这时家长切勿心急，忙着去指导幼儿，应该耐心地加以引导
家庭活动延伸	家长可在家里利用地板砖的格子或自制小障碍，锻炼幼儿双脚跳和单脚跳。与孩子一起阅读绘本故事《袋鼠宝宝出生了》

资料来源：胡红梅．0～3 岁婴幼儿早期教育活动设计与指导［M］．重庆：西南师范大学出版社，2021：44．有改编．

2. 精细动作的活动设计与指导

25～36 个月幼儿可以完成更复杂的精细动作。针对这一特点，家长及教育工作者可以提供材料锻炼其手指的灵活性和手眼协调性。同时，在培养精细动作时也可以将生活自理能力教育渗透进来，鼓励幼儿自己吃饭、穿脱衣裤、鞋袜。25～36 个月幼儿精细动作的教育活动设计实例如表 5 - 35 所示。

表 5 - 35　25～36 个月幼儿精细动作的教育活动设计实例

活动案例	漂亮的串珠项链
活动目标	1. 家长学习目标 (1) 了解幼儿精细动作发展与培养幼儿生活自理能力的价值 (2) 鼓励宝宝反复操作，在重复中巩固技能 (3) 观察宝宝手眼协调性和双手配合做事的能力 2. 幼儿发展目标 (1) 练习“三指捏”的技能，掌握穿珠的基本方法 (2) 尝试选择大小、颜色不同的珠子，用软硬、长短不同的穿珠线串起来 (3) 锻炼手眼协调性和双手配合能力
活动准备	大小、颜色不同的珠子，绳子一根
适用年龄段	25～36 个月
活动过程	1. 活动导入 教师展示漂亮的串珠项链，说：“我们给妈妈做一条漂亮的串珠项链吧!” 2. 活动操作环节 (1) 感知颜色。教师引导幼儿感知珠子的颜色，鼓励幼儿把颜色相同的珠子摆放在一起 (2) 串珠练习。教师分三个方位示范左手三指捏的动作，以儿歌化的语言引导幼儿串珠：“小绳子，钻山洞，钻钻钻，钻进去，又到下一个山洞。” (3) 幼儿操作串珠，教师巡回指导 3. 活动结束环节 幼儿给家长戴上漂亮的串珠项链，拍照留念
亲子指导	25～36 个月的幼儿喜欢玩穿珠游戏，穿珠需要一定的耐心和恒心，在穿珠活动中发现排序规律，锻炼幼儿分类能力。当幼儿很认真却很难完成时，家长要及时给予适当的帮助，增强他们的自信心
家庭活动延伸	家长们可以在家中寻找扣子、吸管等替代珠子，用毛线、鱼线等替代穿珠线，大小不同的珠子和粗细不同、软硬不同的线可以让幼儿在练习中获得更多的发展

(二) 25～36 个月幼儿感知觉能力教育活动设计与指导

25～36 个月幼儿的感知觉能力教育方面，家长及教育工作者可以向他们展示身体发出的声音、乐器演奏的声音和周围环境的声音等，促进幼儿听觉的发展。给幼儿安全的、能发声的玩具，使他们能够自己控制音乐，和幼儿一起用摇摆、轻拍、触摸等方式来演绎他们听到的旋律。25～36 个月幼儿感知觉能力的教育活动设计实例如表 5 - 36 所示。

表 5-36　25～36 个月幼儿感知觉能力的教育活动设计实例

活动案例	厨具小乐队
活动目标	1. 家长学习目标 (1) 了解幼儿感知觉中听辨能力发展的价值 (2) 鼓励幼儿动手操作乐器，跟着音乐演奏 (3) 引导幼儿感受不同厨具敲打发出的声音的音质，如“咚咚咚”“叮叮叮” 2. 幼儿发展目标 (1) 感受不同乐器的音质，发展幼儿的手眼协调能力 (2) 尝试动手操作乐器，锻炼手眼协调和双手配合能力 (3) 跟着音乐演奏，感受音乐带来的快乐
活动准备	碗、玻璃杯、勺子、筷子等自制乐器，音乐《小雨沙沙》
适用年龄段	25～36 个月
活动过程	1. 活动导入 教师谈话导入：“厨房里有什么？我们把厨房里的朋友请出来，看，这是什么?” (1) 教师展示碗和勺子，让幼儿分别说出它们的名称。用勺子敲击碗，引导幼儿仔细听发出的响声，请幼儿描述声音 (2) 老师展示玻璃杯和筷子，让幼儿分别说出它们的名称。用筷子敲击玻璃杯，引导幼儿倾听发出的响声，请幼儿描述声音 2. 活动操作环节 (1) 认识小乐器 a. 家长用语言引导幼儿自由地选择各种小乐器敲敲打打 b. 幼儿根据音乐的节奏进行演奏 (2) 厨具小乐队 a. 播放音乐《小雨沙沙》 b. 幼儿根据家长的提示听音乐并用自制乐器进行演奏 3. 活动结束环节 宝宝、家长、老师一起用乐器演奏，宝宝们拥抱道别
亲子指导	提醒家长在敲敲打打中注意幼儿的安全，由于幼儿动作不协调，他们很容易敲到自己或同伴，并且碗和玻璃杯是易碎品，使用时注意敲击力度。如幼儿节奏不对或敲打不到乐器上，家长可握住幼儿的手腕和其一起敲打
家庭活动延伸	家长可以在家中寻找其他乐器，与幼儿一起利用生活中的废旧物品自制打击乐器

（三）25～36 个月幼儿认知发展教育活动设计与指导

25～36 个月幼儿思维的突出特点是“自我中心”。这一阶段幼儿即将入园，针对这一发展特点，活动设计中也要考虑为入园做准备。针对认知能力，可以提供以下教育内容：认识家庭成员，认识各种交通工具及其用途，认识时间、空间、颜色及形状，认识数种动物并能说出其名称及简单的外形特征。25～36 个月幼儿认知能力的教育活动设计实例如表 5-37 所示。

表 5-37　25～36 个月幼儿认知能力的教育活动设计实例

活动案例	小动物你好
活动目标	1. 家长学习目标 (1) 在日常生活中多引导幼儿观察不同的小动物，培养幼儿对小动物的喜爱 (2) 带幼儿多念唱动物童谣，了解小动物的特征和习性 2. 幼儿发展目标 (1) 通过观察了解小猫、小狗、小鸭的外形特征及生活习性 (2) 学习儿歌，培养爱小动物的情感
活动准备	小猫、小狗、小鸭图片，儿歌《小动物乐队》
适用年龄段	25～36 个月
活动过程	1. 儿歌导入 播放儿歌《小动物乐队》，引导幼儿说出儿歌里的小动物有哪些（小猫、小狗、小鸭），并鼓励幼儿模仿这些小动物的叫声 2. 观察小动物，了解小动物的特征、习性 (1) 引导幼儿认识小猫 老师："宝宝们，我们欢迎小猫出场，看一看小猫的耳朵、尾巴、眼睛是什么样子的？它是怎么叫的？它喜欢吃什么？它有哪些本领？" (2) 引导幼儿认识小狗 老师："宝宝们，我们欢迎小狗出场，看一看小狗的耳朵、尾巴、眼睛是什么样子的？它是怎么叫的？它喜欢吃什么？它有哪些本领？" (3) 引导幼儿认识小鸭 老师："宝宝们，我们欢迎小鸭出场，看一看小鸭的耳朵、尾巴、眼睛是什么样子的？它是怎么叫的？它有哪些本领？" 3. 亲子游戏 老师："我们认识了好多小动物，真开心，我们一起来唱小动物之歌吧。"
亲子指导	成人应引导幼儿进行观察。观察身边熟悉的小动物，了解它们的外形特征、生活习性、声音和走路的样子，积累相关经验，培养喜爱小动物、关爱小动物的情感
家庭活动延伸	在家中引导幼儿学唱小动物的童谣，和幼儿一起猜一猜小动物的谜语，激发幼儿热爱小动物的情感

（四）25～36 个月幼儿语言能力的教育活动设计与指导

25～36 个月幼儿在掌握语音、词汇、语法和口语表达能力方面都较前一阶段有了明显进步。针对这一发展特点，在语言能力教育方面，家长及教育工作者可以提供图画书，培养幼儿阅读的兴趣，学习讲述简单的事情和学讲故事、念儿歌。25～36 个月幼儿语言能力的教育活动设计实例如表 5-38 所示。

表 5-38　25～36 个月幼儿语言能力的教育活动设计实例

活动案例	小鸡的一家
活动目标	1. 家长学习目标 (1) 了解幼儿语言发展的价值 (2) 鼓励幼儿说出故事中的量词，家长提供正确示范

续表

活动目标	2. 幼儿发展目标 (1) 能够说出故事中的量词“一只”“一个” (2) 通过模仿故事中的量词练习说生活中的量词
活动准备	故事课件、母鸡图片
适用年龄段	25～36个月
活动过程	1. 活动导入 老师：“今天的故事非常有趣，名字叫《小鸡的一家》，小鸡的一家都有谁呢？（出示图片）我们一起听一听吧。” 2. 活动操作环节 (1) 欣赏故事 教师讲述故事《小鸡的一家》 (2) 模仿角色 老师：“（播放课件）这是谁啊？（公鸡）那它是怎么说话的呢？” 老师：“一只公鸡一个窝，一只小鸡叫……” (3) 亲子游戏 a. 爸爸妈妈讲故事，幼儿模仿故事中的不同角色发音 b. 亲子互动说量词游戏。家长做动作，幼儿说“一只公鸡……” 附故事： 一只公鸡是这样说话的：“喔喔喔，喔喔喔。” 一只母鸡是这样说话的：“咯咯哒，咯咯哒。” 公鸡对母鸡说：“喔喔喔，喔喔喔，我想有一个窝。”母鸡说：“咯咯哒，咯咯哒，我也想有一个窝。”公鸡和母鸡就这么甜甜蜜蜜地生活在一起了。 母鸡每天下一个鸡蛋，母鸡开始孵蛋了。啊，一只小鸡出壳了！两只小鸡出壳了……小鸡是这样叫的：“叽叽叽……” 公鸡、母鸡和小鸡一家就这样快快乐乐地生活在一起了。
亲子指导	25～30个月的幼儿可以在日常生活中练习说量词。量词有较固定的搭配，幼儿练习说量词可以培养初步的逻辑思维能力
家庭活动延伸	在日常生活场景中，经常引导幼儿观察并练习说量词，也可以收集生活用品图片，贴在墙面上帮助幼儿练习。量词具有较强的逻辑性，可以帮助幼儿更加准确地描述见到的物品与数量之间的关系

资料来源：王丽娜．婴幼儿早期教育活动设计与指导［M］．上海：复旦大学出版社，2020：133．有改编．

（五）25～36个月幼儿情绪情感的教育活动设计与指导

25～36个月的幼儿情绪情感更丰富，针对这一发展特点，家长及教育工作者在和幼儿说话时，应鼓励幼儿用语言来表述自己的情感，并适时提出表扬和赞赏。25～36个月幼儿情绪情感的教育活动设计实例如表5－39所示。

表5－39　25～36个月幼儿情绪情感的教育活动设计实例

活动案例	情绪宝宝
活动目标	1. 家长学习目标：帮助幼儿理解不同的情绪 2. 幼儿发展目标：喜欢玩情绪表演游戏，能够用面部表情和肢体动作表达情绪
活动准备	情绪宝宝卡片、《我的表情变变变》儿歌

续表

适用年龄段	25～36 个月
活动过程	1. 情境导入 老师："宝宝们，今天老师带来了三个情绪宝宝，我们一起来认识他们吧。" 2. 活动操作环节 （1）认识情绪宝宝：教师出示高兴、伤心、生气的情绪宝宝卡片，引导幼儿说出各表情的含义 （2）情绪模仿秀：教师引导幼儿和家长一起模仿高兴、伤心、生气的表情和动作 （3）幼儿和家长跟随音乐《我的表情变变变》作出相应的手指动作 3. 活动结束环节 老师："我们围成一个圈，用相机记录下自己的表情吧。"
亲子指导	25～36 个月幼儿的情绪情感更丰富了，家长在活动中应鼓励幼儿用语言来描述情感，对幼儿提出表扬和赞赏
家庭活动延伸	家长和幼儿共读情绪情感类的绘本书籍，体验多种情绪情感，并交流表达感受

（六）25～36 个月幼儿社会性发展的教育活动设计与指导

25～36 个月幼儿社会性发展的主要表现是自我意识的萌芽，喜欢与同伴及熟悉的人交往。因此，家长及教育工作者应为幼儿提供同伴交往的机会，引导幼儿在同伴交往中学会分享、合作、解决问题。25～36 个月幼儿社会性发展的教育活动设计实例如表 5－40 所示。

表 5－40　25～36 个月幼儿社会性发展的教育活动设计实例

活动案例	找朋友
活动目标	1. 家长学习目标：带领幼儿做游戏，引导幼儿大胆交往 2. 幼儿发展目标：愿意与同伴交往，在游戏中体验找朋友带来的快乐
活动准备	音乐《找朋友》、动物胸卡
适用年龄段	25～36 个月
活动过程	1. 活动导入 （1）引导幼儿寻找和自己胸卡一样的小朋友做朋友（如佩戴小鸭胸卡的孩子去寻找同样佩戴小鸭胸卡的孩子） （2）教师引导幼儿用友好的方式发起同伴交往，如握手、拥抱、微笑，并说出："你好呀，我们交个朋友吧。" 2. 活动操作环节 （1）播放儿歌《找朋友》，引导幼儿跟唱，并示范找朋友的游戏 （2）家长带领幼儿们，一起跟着音乐玩"找朋友"的游戏 （3）家长可引导幼儿大胆去找自己喜欢的好朋友玩游戏 3. 活动结束 老师："和我们的好朋友一起拍照纪念吧！"
亲子指导	在活动初期，有些幼儿可能不敢找朋友，这时家长应该耐心引导，鼓励幼儿大胆尝试
家庭活动延伸	（1）家长鼓励幼儿唱出来，跟着节奏动起来 （2）引导幼儿主动参与活动，主动去找朋友

项目小结

本项目主要阐述了婴幼儿园所教育活动设计与指导的运用，按月龄段划分出四部分：0～6个月、7～12个月、13～24个月和25～36个月。婴幼儿的身心发展特点与需求，是教师设计园所教学活动的主要依据。各部分又从身体与心理两个层面介绍了园所教育活动设计与指导的内容，呈现各月龄段婴幼儿的动作（大动作与精细动作）、感知（感觉与知觉）能力、语言能力、情绪情感与社会性等方面的发展程度与所处阶段。在婴幼儿的园所教育活动中，家长、婴幼儿与教师共同实施活动、参与活动。教师通过呈现具体的园所活动设计案例，增进对园所教育活动设计与实施的理解，进而在实际生活与工作中运用这些活动方案并给家长提供恰当的指导。

同步练习

一、选择题

1. 下列选项中不属于新生儿无条件反射动作的是（　　）。

A. 吸吮反射　　B. 觅食反射　　C. 非定向反射　　D. 眨眼反射

2. 9个月大的婴儿已经能够长时间专注于3～3.5m范围内物体的运动，即使物体不在视线范围内，婴儿也会表现出寻找它们的愿望，这表明婴儿有能力获得（　　）。

A. 专注力　　B. 依恋　　C. 自我意识　　D. 客体永久性

3. （　　）的幼儿能说出由3～4个字组成的简单句子，会用代词“我”“你”。

A. 6个月　　B. 12个月　　C. 24个月　　D. 36个月

二、判断题

1. 4～5个月的婴儿能发出的语音种类迅速增加，开始逐渐发出辅音，如ha、kou，并且能把元音和辅音结合起来。（　　）

2. 婴儿依恋的产生与发展过程分为四个阶段，分别是前依恋阶段、依恋形成阶段、清晰依恋阶段、交互关系的形成阶段。（　　）

3. 幼儿到了5岁左右开始出现相互合作行为，开始玩社会性的游戏，出现等待、轮流、分享和助人等亲社会行为。（　　）

三、简答题

1. 简述 0～6 个月婴儿的语言能力发展情况。

2. 简述 7～12 个月婴儿情绪情感的发展情况。

3. 结合实际，谈一谈如何给 13～24 个月的幼儿设计活动方案并进行指导。

四、案例分析题

24 个月大的菲菲坐在教室里，因第一次和家长来绘本教室，她显得有些不知所措。这时，负责阅读区的刘老师走了过来，手里拿着一本绘本故事书《鲸鱼》。刘老师故意将这本书倒过来递给菲菲，菲菲接过书随意地翻了翻，并没有发现书是倒着的。于是刘老师问菲菲："鲸鱼怎么啦?"菲菲并没有作出回应。刘老师又问："你看看其他小朋友的书里小动物都是正的，我们的鲸鱼是不是翻倒了呀？我们怎么把它拨正呢?"只见菲菲用手指着图画中的鲸鱼，用手指画了个圈圈。这时刘老师轻轻用手拿住绘本，动作非常缓慢地将书转了过来，菲菲仔细地观察着老师的动作，家长在旁边鼓励着幼儿。随后，刘老师再一次将倒过来的书递给菲菲，菲菲也学着刘老师的样子把书转了过来。

问题：

1. 你认为刘老师的做法是否合适？为什么？

2. 你认为刘老师还可以使用什么样的方式引导幼儿进行活动？

项目六　家庭与社区教育活动设计与指导

学习目标

知识目标：理解婴幼儿家庭教育活动与社区教育活动的含义及价值。
能力目标：掌握婴幼儿家庭教育活动与社区教育活动设计与指导的方法。
素养目标：树立科学的早期教育理念，萌发热爱幼儿的职业情感。

思维导图

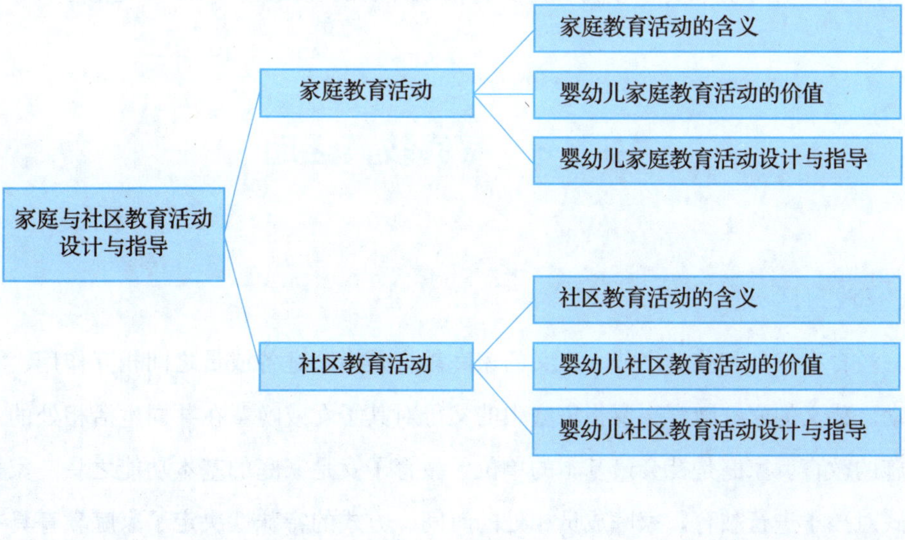

工作情境

根据婴幼儿发展需要和婴幼儿家庭的教育需求，借助家庭、社区资源开展婴幼儿家庭与社区教育活动，帮助家长建立和谐的亲子关系，树立正确的教育观念，提高科学育儿的水平，使婴幼儿在语言、动作、社会等方面都得到良好的发展。

工作任务

1. 设计婴幼儿家庭教育活动与社区教育活动。
2. 指导婴幼儿家庭教育活动。
3. 指导婴幼儿社区教育活动。

工作要点

1. 认识到家庭教育活动与社区教育活动对于婴幼儿发展的意义。
2. 灵活运用家庭、社区资源，设计幼儿家庭教育活动与社区教育活动。
3. 依据婴幼儿家庭教育活动与社区教育活动开展的现状提供科学育儿指导。

主题一　家庭教育活动

一、家庭教育活动的含义

家庭教育有广义和狭义之分。广义的家庭教育是指家庭各成员之间相互作用、相互影响的活动。狭义的家庭教育主要指家庭中的父母对其子女或晚辈在共同生活相处的一切环境中实施的教育。家庭是社会最基本的单位，教育子女是家庭的基本功能之一。家长以不同的方式对孩子进行教育，家庭成员相处的时间、方式的特殊性决定了家庭教育具有持续性、自发性、针对性。

婴幼儿的家庭教育活动主要是指在家庭生活中，父母或其他家庭成员对婴幼儿身心各方面的发展产生影响的一切教育活动。婴幼儿的身心发展处于萌芽期，与婴幼儿的互动主要由其父母或其他家庭成员承担，明显是属于成人主导模式。

二、婴幼儿家庭教育活动的价值

婴幼儿的家庭教育是整个家庭教育的重要环节，同时也为其他各阶段家庭教育的开展和实施奠定了基础。2019 年，国务院办公厅《关于促进 3 岁以下婴幼儿照护服务发展的指导意见》（国办发〔2019〕15 号）中明确规定了婴幼儿照护服务发展的基本原则是以家庭为主，托育补充。其价值主要体现在以下几个方面。

（一）婴幼儿家庭教育能够奠定婴幼儿的发展方向

首先，婴幼儿的身体、智力、情感和个性等的发展都处于萌芽阶段。婴幼儿与父母朝夕相处，父母的教养方式、言行举止都会对婴幼儿造成深远的影响。其次，婴幼儿时期是个体在家庭中接受教育的初始时期，也是一个人的个性品质、行为习惯养成的初始时期。奥地利人本主义心理学先驱阿尔弗雷德·阿德勒认为人出生后的头几年对于成年后人格的形成非常重要，这个时期的家庭教育对人未来的发展起到了至关重要的作用。最后，家庭为婴幼儿提供了自然的成长环境，环境对个体身心发展的影响是毋庸置疑的，与其他社会环境不同的是，与父母共同生活是婴幼儿最基本的活动，这就显示出家庭生活环境的重要性。同时，家庭是婴幼儿最重要的情感安全基地，与其他环境相比，更容易被婴幼儿所接受。因此，家庭环境对婴幼儿影响深远。

（二）婴幼儿家庭教育是整个教育体系的基石

婴幼儿家庭教育是个体接受教育的开端，也是一切教育的基础。苏联教育学家苏霍姆林斯基曾把儿童比作一块大理石，并把家庭、学校、儿童所在的其他集体比作雕刻这块大理石的“雕塑家”。从排列顺序上看，家庭被列在首位，由此可以看得出家庭在塑造儿童的过程中起到很重要的作用，它不仅可以奠定其他教育的基础，还会影响学校教育和社会教育对个体的作用。

（三）婴幼儿家庭教育能够促进婴幼儿身心健康发展

以亲子活动为例，通过创设专业的婴幼儿亲子教育课程，提供专业的玩教具，可以鼓励婴幼儿积极探索，发展婴幼儿的感知能力，引导其认识事物的特征，激发婴幼儿的想象力和创造力，促进其认知能力的发展。亲子活动通过创设安全的、温暖的、充满爱的环境，缓解婴幼儿的陌生人焦虑，帮助其建立良好的依恋关系。在与成人的游戏和语言交流中，成人的示范，待人接物的谦让、宽容、耐心等态度，能让婴幼儿体验到融洽的社会交往关系，进一步帮助婴幼儿理解日常交往的规则，促进其社会交往能力的发展。通过创设符合婴幼儿身心发展规律的运动技能类亲子教育课程，可以帮助婴幼儿获得基本的动作技能和四肢协调能力，提高其身体的灵活性，也促进了其手眼协调能力的发展。通过创设适宜的亲子互动环节，父母与婴幼儿进行身体接触与目光交流，婴幼儿得到来自父母更多的爱与关注，父母在游戏中或是活动中对婴幼儿作出积极回应，可以使婴幼儿产生极大的信任和满足，有助于加深亲子之间的情感联结，促进婴幼儿个性的完善和发展。通过亲子教育课程中的互动交流，婴幼儿能建构对语言的认知，激发其对语言的感知和对发音的兴趣，进而主动与他人交流，促进其语言能力的发展，提升其语言表达能力及对周围事物的认知能力。

（四）影响并推动社会的发展

人的教育是一项系统工程，家庭教育、学校教育与社会教育都是国民教育体系的重要组成部分。家庭教育作为社会最基础的教育单位，不仅发挥着传承社会文化的作用，还为社会输送各类人才，促进社会的稳定和国家的繁荣，影响着未来社会的发展。《礼记·大学》提到“身修而后家齐，家齐而后国治，国治而后天下平”，可以看到天下平、国治均以家齐为前提，家庭教育作为家齐的途径，为社会安康、国家兴盛铺平了道路。

三、婴幼儿家庭教育活动设计与指导

家庭教育活动指导是指社会和儿童教养机构根据家庭教育过程中存在的问题、家长的困惑和需要，向家长提供帮助的过程。婴幼儿家庭教育活动指导是指社会或早期教育指导机构等面向婴幼儿家庭，以家长面临的教、养问题的解决为主要内容，通过多种途径和方法，旨在帮助家长了解婴幼儿身心发展规律、掌握科学的育儿知识、提高科学育儿能力的系列活动。

（一）家庭教育活动指导的任务

1. 帮助家长树立正确的教养观念

这是家庭教育活动指导的首要任务。教养观念是指家长对婴幼儿发展和各项育儿活动所持的看法，对家长的育儿行为有着深刻的影响。帮助家长树立科学的教养观，首先要让家长认识到婴幼儿家庭教育的重要性。其次，要帮助家长树立科学的育儿理念，掌握婴幼儿的发展规律，积极为婴幼儿创造适宜的发展条件，用科学的方法陪伴孩子成长。

传统的家庭教育理念更多强调父母对儿童的单向、专制的影响，而随着生命认知、教育学等领域的发展，信息时代的到来和终身学习观念的形成，这种单向、专制的教养方式逐步瓦解。家长与婴幼儿的角色发生了转变，家长不再是施教的单一主体，婴幼儿也不再仅仅是受教的一方，家庭教育变成了家长与婴幼儿共同成长的过程。家长在整个教养过程中，也可以从婴幼儿身上学习到很多，转变为受教育者。民主型、学习型的家庭氛围正逐步成为家庭教育的主流。

2. 指导家长掌握科学的育儿知识

0～3 岁是人身心发展速度最快的阶段，婴幼儿成长中的很多问题常常让家长感到困惑，无法应对。比如：婴幼儿总是容易在睡眠中惊醒，怎么办？两三岁的孩子总是喜欢咬人、打人，怎么办？婴幼儿总是容易生病，怎么办？自己的孩子迟迟不愿意开口讲话，怎么办？帮助家长全面了解婴幼儿的身心发展规律，了解婴幼儿身心发展水平的阶段性，了解影响婴幼儿身心发展的各种因素，有利于家长掌握科学的育儿知识和教育方法，为婴幼儿创设适宜的生长环境，促进婴幼儿身心的健康成长。

3. 纠正家长不合理的育儿行为，提高其科学育儿能力

育儿能力强调的是家长在实际家庭教养活动中的实践能力，是育儿知识有效转化为实际能力的体现。正确的育儿理念、科学的育儿知识只有转化为良好的育儿行为，才能产生实际的成效。婴幼儿家庭中存在很多共性问题，同时，由于每个婴幼儿家庭的背景、环境不同，不合理行为的表现方式也不尽相同，需要具体问题具体对待。家庭教育指导者在开展指导工作及与婴幼儿家长的沟通中，应注重观察，善于分析、判断各个家庭中具体的育儿问题，并为家长提出建议，协助家长解决问题。

家庭教育指导不可能解决所有家长的一切问题。指导工作应该以上述内容为载体，激发家长自我教育的意识与积极性，让家长认识到提高自己家庭育儿能力的重要性。家长只有不断学习与成长，不断提高个人修养，努力为孩子创设温馨幸福的家庭氛围，才能跟上婴幼儿成长的脚步，真正承担起作为家长的责任。

（二）家庭教育活动指导的原则

1. 科学性原则

就学科性质而言，家庭教育属于交叉学科，涉及教育学、心理学、营养学、卫生学、社会学、人际关系学等，因此，家庭教育指导工作的开展具有一定的困难和挑战。托育服务机构要把家庭教育指导作为一项重要的工作，组织专门人员进行研究，完善相关制度，从目标、形式、内容、人员等方面形成科学的方案，建立完善的家庭教育指导体系，加强师资力量建设，提高家庭教育指导水平，为家长提供科学可行的家庭教养方案，落实家庭教育指导工作。

家长因普遍缺乏婴幼儿教养知识和科学的教养理念，在养育过程中容易在认知和方式方法上产生偏差。例如，很多家长认为早期教育就是提早教育，过早对婴幼儿实施与年龄不相符的教育，盲目追求智力开发而忽视孩子的内在需求；有的家长认为孩子 3 岁以前只要吃好穿好即可。因此婴幼儿家庭教育指导就是要把科学的教养理念与知识传递给家长。指导者应遵循家庭教育的客观规律以及婴幼儿身心发展的规律，理论联系实际，注意科学性和通俗性，讲究方法与实效。

2. 针对性原则

针对性原则包括两方面的含义。一方面，指导工作要针对婴幼儿出现的问题，以促进婴幼儿的发展为出发点和落脚点来进行。随着婴幼儿年龄的增长，会不断产生新的问题，教养者如果对这些问题处理不当，就很可能会错失教育良机，也可能会延误婴幼儿的发展。例如，有些家长为了让 7～9 个月的婴儿尽快站立走路，通常会为其选择学步车等工具，结果使婴幼儿错失了爬行锻炼的良机，影响其之后平衡能力的发展，还有可能引发“O 型腿”等不良后果。因此，家庭教育指导工作要适应婴幼儿的发展节奏，针对婴幼儿的身心发展规律，给予家长及时、有效的指导。

另一方面，指导工作要针对家长普遍关注的问题展开。托育机构应在了解家长需求的基础上，有针对性地为家长提供适合其家庭状况的服务。托育机构不仅要服务于普通大众家庭，还应关注特殊婴幼儿家庭，如发育障碍婴幼儿家庭、离异和重组婴幼儿家庭、农村留守婴幼儿家庭、流动人口婴幼儿家庭等在家庭教育方面的需求。指导者应针对不同的家庭类型，给予个性化的指导，提高指导工作的针对性和实效性。家庭教育指导评价的目标在于改进指导，所以对家庭教育指导目标的达成既要有量的显示，又要有质的评定。这样不仅能看出达成目标的数量和程度，还能看出指导工作其他方面的各种具体情况，以便找到不足，有针对性地开展教育指导工作。如对家长参与集体活动的评价，在不同时期分别对家长的陪伴行为、指导情况进行记录，找到问题，分析原因，这样就能有针对性地对家长参与集体活动的状况进行分析和指导。

3. 家长主体原则

家庭教育指导的主要对象是家长，指导者与家长是平等的关系。指导者应了解家长的情况，理解家长的行为，尊重家长的人格，避免以居高临下的姿态“责备”“训斥”家长。现代家长的受教育程度普遍较高，他们的教育观念、教育能力、获取家庭教育知识的能力与过去相比都有较大的变化。家庭教育指导的组织管理者和执行者应放下架子，耐心倾听家长的诉说，了解家长的需要，虚心征求家长对指导工作的意见和建议，以多样、生动的指导形式，吸引家长参与到家庭教育指导活动中，提高家长参与的积极性，变被动为主动，发挥家长在指导过程中的主体作用。

4. 客观公正原则

客观公正是指在开展家庭教育指导工作时必须采取客观的、公正的、实事求是的态度，而不能主观臆断或掺杂个人的情感，并以此对家长的教育行为妄加评论，妄加指责。

5. 连续全面原则

家庭教育指导实践是一个不断运动、全面发展的过程，家庭教育指导评价必须是连续不断地对家庭教育指导活动的各组成部分和各构成要素进行全面的评价。这就要求评价者既要对家庭教育情况进行评价，又要对教师的教育指导进行评价；既要对婴幼儿的行为进行评价，也要对家长的陪伴行为进行评价；既要对家庭教育指导的目标进行评价，又要对家庭教育指导的内容和方法进行评价；既要对形式、方法的选择和利用进行评价，又要对教师与家长、婴幼儿的互动情况进行评价；既要对静态的活动结果进行评价，又要对动态的活动过程进行评价。同时评价者所用的评价方法和评价工具还应有连续性，对婴幼儿家庭教育指导的评价记录资料应妥善保存，形成制度，只有这样才能保证评价的连续性和全面性。

（三）家庭教育活动指导的途径与方法

1. 集体指导

（1）亲子活动。

亲子活动是指由托育机构的专业人员组织的家长和婴幼儿共同参加的活动，是指导者、家长与婴幼儿三位一体的互动活动。家长是婴幼儿的主要监护人，指导者对家长进行观察，指导其与婴幼儿展开积极的互动；活动结束后，指导者对婴幼儿的发展情况和家长的教养水平进行分析评价，并为家长提供改进的方法。亲子活动的形式让家长在轻松愉悦的氛围中潜移默化地学习科学的育儿理念，丰富育儿知识。此外，不同的家庭之间也可以通过亲子活动展开互动，互相学习。因此，亲子活动是被广泛提倡的一种家庭教育指导形式。心理学研究表明，0～3 岁幼儿时期是人生的启蒙阶段，是生理成长的关键期，也是心理发展的敏感期和最佳期。

亲子活动的目标清晰，内容生动有趣，将教育理念与知识融入活动中，自然而然地传递给家长，寓教于乐。亲子活动一般由课前准备、互动问好、主题导入、教学实施、总结分享和家庭延伸六个部分组成，不同的环节指导的侧重点不同。在活动开始前，教师要向家长介绍此次活动的目标，让家长清楚活动对婴幼儿发展的价值。教师通常会通过问候、亲子操、点名游戏等一些小互动来调动家长和婴幼儿的情绪。在实施环节，教师首先会介绍每一个游戏的玩法和目的，然后向家长示范指导婴幼儿游戏的方法，强调活动的要点，提示游戏中可能会存在的误区。在游戏互动过程中，教师应观察每一位家长和婴幼儿互动的情况，发现问题，并给家长提出相应的教育建议，让家长清楚应该看什么、说什么、做什么。在总结分享和家庭延伸部分，教师通常要关注三方面内容：一是整理归位，要求幼儿和家长共同将活动中使用的玩具放回指定位置，这主要是为了培养婴幼儿的常规礼仪，让婴幼儿养成整理玩具、物归原处的好习惯。二是总结分享，教师带领各个家庭回顾当天活动的内容，鼓励幼儿和家长分享活动中的感受。三是家庭延伸，教师将活动内容延伸开来，提供一些相关的家庭游戏，帮助家长在日常教养中反复实践。

亲子活动的形式非常多，亲子共享阅读就是一种能够有效促进婴幼儿语言、情绪等各方面发展的活动形式。研究发现，亲子共享阅读确实能够有效改善家庭教育环境，提升儿童的阅读兴趣，并且对儿童进入学校后读写成绩的提升有显著作用。世界卫生组织发布了针对 5 岁以下儿童的育儿指南，鼓励父母与婴幼儿一起阅读和讲故事，并建议以此减少婴幼儿对智能电子设备的使用时间，以促进婴幼儿的健康发展。联合国教科文组织也大力提倡婴幼儿的早期阅读项目，这是因为以促进共享阅读为实践路径的家庭干预计划成效显著，该干预计划不但促进了儿童言语技能的发展，而且促进了儿童的大脑发育，以及其情绪、社会化能力等方面的健康发展，为儿童后续的入学适应打下了良好的基础①。

（2）家长开放日。

家长开放日活动是托育机构邀请家长进入机构观看婴幼儿的活动，观摩教师开展保教工作的形式。家长开放日不仅是展示幼儿生活、展示教师才能的机会，也是向家长传递科学教养观念的机会。通过家长开放日活动，家长不仅能够了解到孩子在机构中的真实表现，而且还能增强对托育机构的了解与认同，更好地实现合作共育。

为了提高开放日活动的实效，避免家长走马观花，活动开展前，教师要做好实施方案和计划，提前告知家长活动的目的和内容，使家长明确自己在活动中应该做什么。在活动过程中可以设计一些互动环节，给家长提供参与活动的机会，让家长在与婴幼儿的互动中更好地了解自己的孩子。有的教师还会为家长提供自行设计的观察记录表，方便家长观察记录婴幼儿的行为表现，并思考孩子行为表现背后的原因，从中获得反思与成长。活动结束后，教师可以组织家长交流讨论，为家长答疑解惑，帮助家长了解婴幼儿的年龄特点，反思家庭教养中有待改进或完善的地方，渗透先进的教养理念。

（3）家长会。

家长会是托育机构向家长介绍工作、与家长协调的主要途径之一，是一种传统的、基

---

① 侯金芹．婴幼儿亲子共享阅读：学前家庭教育的实践路径［J］．教育观察，2021，10（48）：50－53.

本的家庭教育指导形式。常见的家长会类型有介绍型家长会、讲座型家长会、综合型家长会等。介绍型家长会通常是由托育机构向家长介绍机构情况，包括师资情况、机构理念、课程设置、作息时间，以及机构对家长的基本要求等。讲座型家长会是托育机构向家长宣传教育知识、提高家长的教育水平的方式之一。比如，托育机构邀请经验丰富的教师向家长讲解有关婴幼儿入托适应的内容。综合型家长会是指融合了介绍型家长会、讲座型家长会、家长开放活动等多种形式的家长会。教师可以根据需要选择不同的类型，还可以发挥多种形式相互补充、相得益彰的积极效果。

传统模式的家长会往往是教师的“一言堂”，缺乏吸引力，家长容易产生听觉疲劳。为了避免出现此类情况，开会之前，教师要精心设计，做好充分准备，营造温馨、活跃的氛围，采取灵活多变的形式，调动家长的参与热情。家长会结束后，教师还可以通过问卷的形式了解家长对会议的意见和建议，如：此次家长会让您印象最深刻的是什么？您对此次家长会有哪些想法和建议？这些反馈有利于教师进一步改进、提高家庭教育指导工作的质量。

（4）主题活动。

主题活动是托育机构常用的开展家庭教育指导工作的一种方法。在主题活动中，教师围绕一个主题，根据预设的活动方案引导家长和婴幼儿共同参与。主题活动可以分为节日主题活动、生日主题活动、户外主题活动、创意游戏主题活动、生活体验主题活动等。与亲子活动相比，主题活动更加强调参与者的体验，给家长和婴幼儿创造更自主、充分的互动空间，可以更好地激发参与者的创造性与积极性。活动开始前，教师应向家长说明活动的主题、意义和活动价值。在活动开展过程中，教师可以利用广播、视频或随机指导的形式加以引导。在活动的结尾，总结分享和家庭延伸尤为重要。教师要引导家长与婴幼儿分享活动中的收获与感触，并指导家长将活动中的收获应用到家庭教育中。比如，在某次生日会主题活动结束后，教师可以建议家长与孩子一起通过绘画的方式回忆生日活动的场景，或者为家人策划一场生日活动等。需要注意的是，教师给出的建议一定要具体、实用。

（5）家长课堂。

1）专题讲座。

托育机构通常会邀请一些家庭教育、学前教育、儿童心理学等方面的专家或者一线的资深教师，根据家长的需求，围绕相关主题，通过讲座的形式集中传递家庭教育的理论知识和实践经验。专题讲座能够在短时间内为尽可能多的家长科普家庭教育知识，是婴幼儿家庭教育指导中常见的一种重要形式。

2）家长沙龙。

家长沙龙通常由托育机构搭建平台，参与者围绕一个婴幼儿家庭中常见的问题展开讨论，分享经验，交流看法。沙龙主题的选择通常由机构根据家庭中常见的典型问题来确定，或者由家长自主制定。主题一般来源于家长在日常教养中遇到的实际问题，比如“孩子不爱吃饭怎么办”，等等。这种方式有利于家长之间总结经验、相互学习。家长沙龙的主角自然是家长，这能充分调动家长的积极性，有利于家长之间总结经验、相互学习。此类型的活动给予家长的空间较大，但也因此需要沙龙的主持人具有深厚的理论知识与实践经验，这样才能引导家长，使讨论逐渐深入。在家长畅所欲言之后，主持人通常应及时就之前的讨论做一个小结，帮助家长梳理讨论的要点。

2. 个别指导

个别指导是指家庭教育指导者围绕婴幼儿成长的问题给个别家长提供一对一的指导。个别指导的形式包括随机交谈、线上沟通、入户指导、婴幼儿成长测评、家园联系手册的使用等。

（1）随机交谈。

随机交谈是指在托育机构内，教师在家长接送孩子时或利用课程活动间隙，随机与家长就婴幼儿的发展情况做面对面交流。这种形式有以下几个优点：首先，接送孩子是婴幼儿教养者每天的固定事件，教师与家长可以在这一时间就婴幼儿当天在机构内或前一天在家庭中发生的事及时进行交流，具有简便、直接、及时等特点。其次，这是一种教师与家长面对面直接进行交流的形式，有利于增进教师与家长之间的了解和信任。最后，这是教师与家长一对一的交流，交流的内容并不公开，更易于被家长接受。虽然这是机构内常用的一种有效的个别指导方式，但这种交流的时间通常不会太长，意见的交换也不会太深入，因此，在使用时要注意与其他指导方式相结合。

（2）线上沟通。

现代社会的节奏很快，家长工作繁忙，虽然是婴幼儿的主要教养者，却很难有时间参与托育机构的各种活动，接送孩子也多由祖辈代劳，难得与教师见面。在这种情况下，教师可以利用便捷的信息交流手段，如电话、微信、QQ 等，与家长进行沟通。

（3）入户指导。

入户指导是指教师与家长约定好时间，教师到婴幼儿家里，与家长就婴幼儿的生活、家长的教育观念与教育策略进行深入的交流。

家庭教育指导者主动上门，在家庭的和谐气氛中与家长进行面对面的交流，双方就家庭教育中存在的某些问题进行深入的探讨，有利于指导者深入了解婴幼儿的成长环境，作出更准确的分析与判断。有研究表明，入户指导是个别指导中最有效的指导方式。指导者通过入户指导可以将最新、最有效的家庭教育观念、科学教养方法有针对性地传递给家长，并且可以为家长现场示范具体的教育方法，更易于家长接受与掌握。

（4）婴幼儿成长测评。

婴幼儿成长测评是指将婴幼儿在不同阶段的成长发育指标与常模数据进行对比后，形成有效的成长发育评价，并据此对家长进行的以促进婴幼儿发展为核心的教育指导方法。此指导方法的特点是：有标准的婴幼儿成长评价体系，以数据为理论依据；能够根据每个婴幼儿的具体发展水平给出有针对性的、个性化的指导建议；目标性强，可量化。

使用婴幼儿成长测评开展家庭教育指导工作应注意以下问题：第一，指导教师必须以测评数据为依据对婴幼儿的发展作出准确的评估。第二，指导教师必须坚持用发展的眼光对待测评结果，以解决问题为中心，而不能随意给婴幼儿“贴标签”。第三，对于发展缓慢及有特殊问题的婴幼儿，指导教师尤其应谨慎，必要时应配合相关医疗机构或部门共同制订个性化教育指导方案。

（5）家园联系手册的使用。

一般托育机构会根据机构特点与家长需求准备家园联系手册，这是教师与家长共同记录婴幼儿成长表现的书面的小册子。家园联系手册中包含婴幼儿发展现状评价、问题分析、婴幼儿发展阶段性目标、教育指导建议、家庭反馈评价等内容。其内容既要反映托育机构对家庭的要求，又要能让家长表达对托育机构的期待，真正体现教师与家长之间的双向互动。这种书面沟通的方式具有直观性、可视性、利于收藏回顾等优点。

通常，家长负责记录婴幼儿在家庭中的表现，教师负责记录婴幼儿在托育机构中的表现。教师与家长应定期或不定期沟通、交换填写，家园联系手册不仅能够体现托育机构与家庭之间的交流互动过程，还能够真正记录婴幼儿在托育机构和家庭中的成长轨迹，教师和家长应坚持长期使用，认真填写。

3. 线上影像资料的推送与提供

随着信息技术的发展，多媒体在托育机构中的运用越来越广泛。线上指导不限空间和时间，家长可随时看、重复观看。当前 0～3 岁婴幼儿的家长多为“90 后”，线上家庭教育也更受年轻家长的青睐。托育机构可以利用微信公众号推送指导内容；利用微信视频号、抖音、B 站等平台以直播形式与家长开展互动；可以拍摄短视频，发布在各类平台上供家长参考；通过微课堂向家长传播儿童教育观、科学育儿理念及相关话题；在微信群等交流平台推送文章等。

4. 环境指导法

环境能对育儿起到潜移默化的作用。利用好托育机构环境的作用，能够让家长在出入托育机构时不知不觉受到教育。托育机构可在温馨提示语、家园宣传栏、广播等方面下功夫。环境在促进家长育儿水平提高、增进亲子关系等方面发挥着独特的作用。但要注意，进行环境创设时不要一股脑地把指导内容全堆在一起，而应简洁明了、通俗易懂，不应过于说教。

想一想

老师发现晴晴在早教中心参加活动时，总是对任何活动都提不起兴趣，带她来参加活动的家长也总是在一旁玩手机，非必要的时候不会主动参与活动或引导晴晴。发现这个问题后，老师多次与晴晴的家长沟通，并进行家访。还给晴晴的家长提出了有针对性的家庭教育建议，一段时间后，晴晴明显对活动更感兴趣了，也能够融入集体了。

问题：如果你是晴晴的老师，你会怎么做？请说明具体的策略。

小案例

亲子数学游戏——分配树叶认识数字

带宝宝去公园玩，让他收集一些他喜欢的树叶，然后妈妈在地上写下 1～10 这 10 个数字，并让宝宝把捡来的树叶与数字对应起来，在数字 1 处放 1 片，在数字 2 处放 2 片，按这个规律一直放到数字 10。这样宝宝就在树叶的帮助下，直观地学会了 1～10 这 10 个数字，并了解了数名、数字、数量之间的对应关系。

亲子园教案——介绍我自己

教学目的：

(1) 让亲子班中的小朋友和家长互相认识。

(2) 训练宝宝的口语表达能力，培养宝宝初步的社会交往能力，帮助宝宝克服胆怯、害羞等情绪。

活动过程：

1. 教师介绍游戏过程

老师：“各位家长朋友，大家好。首先我代表小班的两位老师欢迎各位家长的到来，感谢你们在百忙之中能抽出时间来参加这次亲子活动，对此我们表示衷心的感谢与热烈的欢迎。今天，我们能相聚在一起，是因为孩子，是孩子让我们相识，是孩子将我们紧密联系在一起，是孩子让我们有了共同的教育目标……”

2. 点名时间

球宝宝找朋友。家长协助宝宝接住滚过来的球，并在接住球以后，引导宝宝大声进行自我介绍：“我叫×××。”

拓展知识

0～3 岁婴幼儿亲子教育的原则与技巧

如何开展 0～3 岁婴幼儿的亲子教育？这似乎是每位家长孜孜以求的主题。在充分认识 0～3 岁婴幼儿教育的基本要素后，还需给婴幼儿的心理提供充足的营养。

一、0～3 岁婴幼儿亲子教育的原则

瑞士教育学家裴斯泰洛齐认为父母在子女教育中扮演最重要的角色；德国教育家福禄贝尔认为母亲对幼儿发展影响深远，并视母亲为幼儿的第一位教师。可见，父母在亲子教育中发挥着关键作用。以下是父母在教育过程中需要注意的原则。

1. 关系大于教育

从孩子一出生开始，父母的脑子里就会出现两个字：教育。我们希望通过教育让孩子知书达理、令行禁止、敏而好学、从善如流。我们希望通过教育来塑造我们和孩子之间良好的关系……只是，“教育”二字带来的强大使命感和紧迫感让我们忽略了这样一个事实：我们与孩子之间是先有关系，后有教育，我们与孩子首先是一个生命与另一个生命的亲密组合，其次才是一个生命帮助另一个生命成为更好的自己。这样的关系需要无条件地接纳，给孩子足够的安全感、肯定、赞美等。尤其是 0～3 岁的孩子，需要父母无条件地接纳，需要父母喂养他、照顾他。因此，我们要认识到父母与婴幼儿之间的关系，绝不是单向的教育关系，在教育过程中应践行关系大于教育的原则。

2. 保持正向的态度

由于生理和心理发展的限制，0～3 岁的婴幼儿常常无法清楚表达自己的意愿。有时候，婴幼儿的一些举动被父母视为破坏行为，实际上可能是婴幼儿在发泄他的内在生长冲动。比如，一个处在手部精细动作发展期的婴幼儿可能会通过反复捣鼓和拆卸新买的玩具来发泄他的成长冲动。一个 2 岁的孩子可能会突然咬另一个小朋友的手，其实这可能是 2 岁左右的孩子正处于用口腔即舌头、牙齿探索环境的敏感期，这个敏感期一般在 2 岁之前

完成。父母在看到婴幼儿身上出现的一些现象时，应科学看待，而不是去发火或者指责孩子。婴幼儿的每个阶段都有一些共性的行为，我们应看到其背后的原因，最重要的是父母要保持正向的态度，科学看待。

3. 重视当下语境

幼小的孩子，特别是0～3岁的婴幼儿，在理解事物时，会把思维和眼前事物或他们已有的经验联系起来，离开当下语境和经验语境，道理再好，大人再诚恳热心，孩子也难以接受。因为对形象思维明显强于抽象思维的婴幼儿来说，这样的沟通没有考虑到婴幼儿特有的思维模式。因此在亲子沟通中需要特别注意自己的语言与当下的情景、婴幼儿的经验相联系。比如当父母想表扬孩子的时候，尽量减少使用诸如聪明、漂亮等抽象的评价语，更好的办法是描述当时的情景，如“太好了，你投进了，球正好进入篮筐”。这样具体的表扬会让孩子觉得父母表扬很真诚，孩子就会发自内心地感到开心。

二、0～3岁婴幼儿亲子教育的沟通技巧

正如联合国儿童基金会执行主任卡罗尔·贝拉米所说：“在孩子出生后的前36个月，大脑的信息传递通道迅速发育，支配孩子一生的思维和行为方式的运动原处于形成阶段。当孩子学习说话、感知、行走和思考时，他们用以区分好坏、判断公平与否的价值观也正在形成。”因此，在该阶段，沟通技巧对婴幼儿来说非常重要。

1. 父母要表达并及时回应对孩子的感受

因为婴幼儿年龄小，他们有时很难表达出自己的情绪，原因可能是没有掌握足够的词汇，影响语言表达能力，或者不愿意说出来。当孩子不开心或者哭闹时，其实他们更想要让你了解他们的感受，有时候，只是倾听就会有效果。有时候，一个简单的回应，就能让他们知道你理解了他。有时候，说出他们的感受会对他们有更大的帮助。在说出孩子此时此刻的感受后，需要有所回应。“事事有回应，件件有着落”，这是成人世界安全感与幸福感的表征。对孩子的感受作出回应也是关注其安全感与幸福感的体现。比如孩子正在玩妈妈新买的珍珠项链。作为父母对这一行为有不同的回应。有的父母会说：“我跟你讲过多少次了，不要动我的首饰，你真是个不听话的孩子。”有的则会说：“不要玩妈妈的珍珠项链，小心弄坏了。”也有的可能说：“你很喜欢我的项链，问题是，它们很容易就弄断了，你可以玩这些木头串珠或围巾。”第三种回应是最为合理的，因为这位母亲说出了孩子的感受，即玩项链的原因是孩子喜欢，母亲把孩子内心真实的感受表达了出来，最后还给孩子提供了一个选择。说出孩子的感受并且回应他，使得沟通自然而然，更利于孩子接受。

2. 父母的沟通要有一定的逻辑意义

性格多半是习惯养成的，习惯是从小熏陶的，从小熏陶是从父母的言传开始的。顺着这个链条，我们可以看到父母的话语是如何影响孩子命运的。因此，父母应对自己的语言负责。因为语言背后，有着它自身的意义逻辑和极其丰富的潜在信息，语言是有能量的，是亲子教育以及更广泛的社会互动中非常核心的组成部分。例如，妈妈告诉孩子“打喷嚏时用手捂住嘴巴，不然细菌会传给别人”，孩子如果不听从妈妈的指令，打喷嚏时不捂住嘴巴，他会发现别人会对这种行为很嫌弃，会下意识地避开，从而认识到妈妈说得没错。这个例子无形中让孩子明白了大家不想被病菌传染，我们需要考虑到别人的利益和尊重别人的感受。再如，有的父母会采用威胁或贿赂性语言跟孩子沟通，“再让我听到老师说你欺负小朋友，就别想吃好东西”，这个孩子就会想“老师说了我坏话，难道我以后真的没好东西吃了？我觉得这不一定”。因此，父母的话并不让他信服。好的沟通，主要看父母和孩子如何说话，如何讲理，如何解释。好的沟通，语言背后必定是有一定的逻辑意义的，不仅能够增长孩子的见识，训练孩子的思维，引起孩子的共情，更重要的是能够建构成人和孩子之间良好的关系。

3. 父母要善于以游戏为载体与孩子进行沟通

亲子游戏不仅是亲子教育的内容，也是亲子教育的方式。在托育机构中，专业的早教教师会鼓励父母与孩子一同参加体育游戏，这是一种适合孩子身心发展、有针对性的亲子游戏。在亲子游戏中，父母与孩子亲密接触，这种亲密与合作不仅加深了亲子联系，而且还能充实孩子的身体和心理。此时，孩子对父母说的话会很自然地、很信服地听进去，因为他们处在合作中。在日常生活中，生活化的游戏也是一种宝贵的沟通资源。比如在和孩子一起打扫卫生的时候（孩子特别愿意帮助父母做一些力所能及的事），玩一个音乐游戏，可以唱着“桌子抹抹、窗户擦擦”等歌词，让孩子知道桌子用“抹”的，窗户是用“擦”的，不同的动作用不同的名称，就像不同的小朋友有不同的名字一样，用这样的方式让幼儿记住这些词。

美国心理学家、人本主义心理学的主要代表人物卡尔·罗杰斯以当事人为中心的治疗法，英国精神分析学家温尼科特的客体关系理论都证实一个观点：对孩子无条件地接纳有利于其自身的生命力的激活。因此，在亲子教育中，作为教育者的父母要掌握良好的沟通技巧，在正向包容与好的沟通环境下对孩子进行教育。

资料来源：姚明秋．0～3 岁婴幼儿亲子教育的原则与技巧 [J]．中国德育，2020（4）：38－40.

主题二 社区教育活动

一、社区教育活动的含义

社区教育是一个大的、全新的教育理念，它是区别于基础教育的教育，是涵盖了除学历教育以外所有教育内容的教育，是满足从生命孕育到长逝的人生历程的教育。社区教育是围绕党的中心工作，主动服务于经济社会发展，促进社会和谐建设的教育，它是通过机关和街道在社区的宣传、教育、培训工作中来实现的教育。社区教育是提高人的基本素质，促进社区和谐建设，提升整体人文环境的教育。2006年，国家标准化管理委员会对于社区教育所做的定义是：在社区中，开发、利用各种教育资源，以社区全体成员为对象，开展旨在提高成员的素质和生活质量，促进成员的全面发展和社区可持续发展的教育活动。

婴幼儿社区教育活动是指社区根据家庭教育过程中存在的问题、家长的困惑和家长自身的需要，向家长提供帮助的过程。婴幼儿社区教育的对象包括家长、婴幼儿，其中主要对象是家长，即指导家长如何科学育儿，树立正确的教育观，掌握科学的教育方法的活动。这里所说的家长不仅包括婴幼儿的父母、与婴幼儿生活在一起的祖辈，还包括与婴幼儿没有血缘关系的监护人。

二、婴幼儿社区教育活动的价值

（一）有助于优化婴幼儿家庭环境

家庭环境对于个体各方面的发展有着重要影响，良好的家庭环境有利于个体品德和个性的健康发展。家庭环境又可以分为家庭硬环境和家庭软环境。家庭硬环境是指特定的物质条件（如整洁、宽敞、明亮的房间，安全、有趣的玩具，种类丰富的图书等），这是婴幼儿得以发展的基础条件；家庭软环境是指家庭成员之间在相处时形成的一种气氛（如良好的亲子关系、民主平等的家庭氛围、和谐的夫妻关系等），这会对婴幼儿产生潜移默化的影响。

通过社区指导婴幼儿家庭教育，家长能为婴幼儿提供良好的家庭硬环境，即为婴幼儿提供基本的生活、游戏和学习条件，也能为婴幼儿创造良好的家庭软环境，形成良好的亲子关系、夫妻关系等，营造民主、平等、和谐的家庭氛围，为婴幼儿的健康成长创造良好的家庭环境。

（二）有助于提高家长养育水平

每个迎来新生命的家庭都会遇到一些常见的难题，例如为什么要倡导母乳喂养？母乳喂养应注意哪些问题？婴幼儿睡多久才合适？如何让婴幼儿睡好觉？很多家长不一定能够给出科学的解答，也可能不知道通过哪些途径去了解相关知识。因此，社区指导婴幼儿家庭教育，对家长提高养育水平是非常必要的。通过指导，丰富家长的科学养育知识，使婴幼儿养成良好的饮食习惯，合理添加辅食，保证婴幼儿的营养均衡；养成婴幼儿良好的睡眠习惯，增强婴幼儿体质，提高婴幼儿健康水平。

社区在指导婴幼儿家庭教育时的一个重要任务是指导家长提高自身的教育水平，从而提高家庭教育水平。首先，社区可以让家长了解有关婴幼儿权益的法律法规，提高其法制意识，从而依法保障婴幼儿的生存权、发展权。其次，社区能向家长普及家庭教育知识，使其转变教育观念和教育态度，提高家庭教育的质量，促进婴幼儿身心全面发展。

（三）有助于树立正确的早期教育理念

托育机构中有专业的早教教师，他们掌握了较多科学的育儿知识，同时托育机构和家庭都承担着教育婴幼儿的重任，二者合作，形成教育合力，能够大大提高婴幼儿的教育质量。通过指导，社区能够让家长全面、正确地了解托育机构保育教育的内容与方法，认真学习、听取托育机构中的早教教师的经验和建议，主动与托育机构合作，共同教育婴幼儿。

三、婴幼儿社区教育活动设计与指导

（一）社区教育的内容

1. 婴幼儿日常养育的科学方法

社区指导家长按时为婴幼儿进行预防接种；注意科学的饮食调配；培养婴幼儿健康的卫生习惯；引导婴幼儿多看、多听、多运动，带领婴幼儿开展适当的运动、游戏，增强体质；了解婴幼儿成长阶段的特点和表现，学会倾听、分辨他们的“语言”，安抚他们的情绪；了解婴幼儿常见疾病的症状及预防和护理常识、常见意外事故的相关知识及急救措施。

2. 婴幼儿良好的生活行为习惯

社区指导家长了解婴幼儿成长的规律及特点，为他们制订日常生活规则，按照规则指导他们的日常行为，引导婴幼儿养成良好的行为习惯。家长应采用鼓励、表扬等正面强化措施，利用生活场景对婴幼儿进行适时、适当的教育。

3. 婴幼儿的感知训练

社区指导家长创造有利于婴幼儿自如爬行、充分活动的独立空间，充分利用日常生活中的物品，挖掘其内含的教育价值，让婴幼儿在爬行、观察、听闻、触摸等训练过程中获得各种感官活动经验，促进婴幼儿的感官发展。家长应注意在训练过程中对婴幼儿加强保护，防止意外事故发生。

4. 激发婴幼儿的好奇心和想象力

婴幼儿具有强烈的好奇心、求知欲，喜欢模仿，喜欢想象。社区应指导家长关注婴幼儿的需求，采用各种方式激发他们的好奇心和想象力，指导家长为婴幼儿提供可开展抓握、把玩、涂鸦、拆卸等活动的设施、工具和材料，指导家长用亲子游戏的形式发展婴幼儿双手协调、手眼协调等精细动作能力，指导家长用心欣赏婴幼儿的行为和作品，并给予鼓励，分享婴幼儿的快乐。

5. 促进婴幼儿语言表达能力的发展

社区指导家长为婴幼儿创设宽松愉快的语言环境，为他们的语言学习提供丰富的资源，运用多种方法鼓励他们开口说话。婴幼儿的语言能力是通过模仿习得的，社区应指导家长提高自身的语言素养，为婴幼儿提供良好的示范，指导家长积极回应婴幼儿的言语需求，鼓励他们之间多相互模仿和交流，促进婴幼儿语言表达能力的发展。

6. 促进婴幼儿情绪调控能力的发展

婴幼儿的情绪具有冲动、外显、不稳定、易受感染等特征，社区应指导家长关注、尊重、理解婴幼儿的情绪，学习亲子沟通的技巧，以民主、平等、开放的姿态与婴幼儿沟通，学会安抚婴幼儿，给予婴幼儿鼓励和支持，让婴幼儿学会控制自己的情绪。

7. 帮助婴幼儿适应托育机构生活

3 岁时，大多数婴幼儿会进入托育机构，初入园的婴幼儿或多或少都会出现不适应的现象。社区应指导家长采取措施帮助婴幼儿适应托育机构的生活和学习。入园前，社区应指导家长有意识地培养婴幼儿的自理能力、听从指令并遵守简单规则的能力，以为入园做准备。入园后，社区应指导家长积极了解婴幼儿对托育机构的适应情况，分析其入园后不适应的原因。在婴幼儿出现分离焦虑时，家长应通过耐心沟通与疏导来稳定婴幼儿的情绪，使其能慢慢克服分离焦虑。

（二）社区教育实施的途径

为了满足婴幼儿和家长的需求，社区早期教育服务是多样化的，社区早期教育的内容和途径也是多种多样的。

1. 做好宣传

坚持进行上门宣传或电话联系，主动传播早教信息，并鼓励已参与早教活动的家长宣传活动信息，扩大社区早教活动的影响，从而提高 0～3 岁婴幼儿的受教育率。

2. 选派教师

各早教指导服务中心要选派有经验、有责任心的教师担任各亲子学校早教教研组组长，以保障各类早教工作的专业水准；精心设计和实施各类早教活动，注重活动内容的适宜性和活动形式的多样化，满足婴幼儿和家长的个性化需求；在指导服务中注重宣传科学育儿理念，提高家长的科学育儿能力；重视发挥辐射作用，提高受教育的质量。

3. 活动示范

协助亲子教育机构开展丰富多彩的活动，使教养者初步掌握 0～3 岁婴幼儿教养知识技能，对婴幼儿的生理和心理特点有更深入的了解；使教师的活动分析、设计能力得到较大提高，进一步促进教师积极主动与带养者沟通交流；分享早教经验，提升教师专业水平。

4. 整合资源

为了满足社会和家长的需求，可以整合社会、学校、家庭资源，建立社区亲子俱乐部，以提高家长素质为资源整合的重点。

5. 广泛沟通

采用上门宣传、专题讲座、社区广播、小报宣传等方法，给社区中的 0～3 岁散居婴幼儿家庭、特殊特困婴幼儿家庭、外来人员婴幼儿家庭宣讲科学的早期教育理念，动员辖区内家庭广泛参与社区亲子活动。

（三）社区教育实施的方法

1. 集中教育形式

社区可以针对早期教育的不同需求进行专门的教育活动，例如托班、双休日亲子园、准爸爸准妈妈班等。对于社区散居婴幼儿家庭，社区可探索现有的托班设施设备能充分为社区散居婴幼儿所用的方法；社区也可以定时定期开展亲子园活动，形成亲子园完善的课程体系、亲子园操作流程、亲子园相关活动方式，给予父母以具体、专业、系统的指导；针对社区即将迎来新生儿家庭的需求，开展准爸爸准妈妈培训班，进一步形成准爸爸准妈妈培训班的操作模式，了解准爸爸准妈妈的需要，完成课程内容选择和设计，帮助准爸爸准妈妈树立信心，迎接新生命的到来。

2. 社区早教指导站

继续建立早教指导站，完善早教指导站的功能，发挥早教指导站的作用，丰富讲座咨询的内容和形式，收集整理关于社区家庭关注的早教资料。例如某实验托育机构为了更好地指导社区婴幼儿家长的早期亲子教育，发挥托育机构在社区早期教育中的辐射作用，让社区的宝宝们得到更多优质、科学的早期教育服务，开展了一次公益早教咨询活动，宗旨是“早教进社区，陪伴共成长”，本次活动通过亲子运动小游戏、早教宣传、早教咨询等形式，帮助社区的家长解惑婴幼儿的敏感期行为及解决策略、亲子关系等问题，普及科学育儿知识，树立正确的科学育儿观念，合理有效地开展早期教育。

想一想

北京市西城区的社区儿童早期教育项目

从2006年起，凡在北京市西城区出生的0～3岁儿童（含流动人口儿童）免费享受由政府出资的部分早期教育服务。该项目由西城区市政府每年向北京幸福泉儿童发展研究中心拨款10多万元，由北京幸福泉儿童发展研究中心向西城区所辖社区提供“0～6岁儿童体格-智能发育监测图”及“婴幼儿网络测评卡”，并按儿童总数10%的比例接受5次专家面对面跟踪测评咨询指导，提供更优质的早期教育服务；定期和有关部门及专家合作举办宝宝大赛、婴幼儿健康咨询、讲座、体能测试等活动，并运用7个街道社区学校开展婴幼儿家长早期教育培训。

问题：北京市西城区开展的社区儿童早期教育项目会产生哪些积极影响？

小案例

汀苑社区：早教活动进社区科学育儿促成长

为更好地发挥早期教育作用，提高家长的育儿水平，为社区家庭带去更全面、更科学的早教指导与服务。2019年10月17日上午，汀苑社区计生协会在辖区巨龙小区志愿广场开展“0～3岁婴幼儿早期教育”宣传活动。

活动中，社区计生协会志愿者积极地与家长进行交流，为他们发放各种科学育儿知识宣传手册并做详细讲解，告诉家长，0～3岁早期教育是孩子人生中最重要的教育，婴幼儿时期是生命发展的基础阶段与关键期。因此，做好早期教育可以为婴幼儿的身体、大脑、智力、个性、人格、精神、心灵等方面打下很好的根基。让家长了解早期教育的重要性，从而更加关注婴幼儿的早期家庭教育。志愿者还结合婴幼儿的年龄特点，向家长介绍了婴幼儿成长需要的营养结构和卫生保健知识，使家长获得了更专业、更丰富的婴幼儿教育和健康指导经验。

汀苑社区计生协会通过早期教育活动进社区，为辖区0～3岁婴幼儿家庭带去更全面、更科学的早教指导与服务，帮助了婴幼儿家长及时获得正确的育儿知识，受到社区广大居民的一致好评。

拓展知识

早期教育服务质量评价：促进社区儿童之家发展的重要手段

进入21世纪以来，我国越来越重视对儿童的保育和教育，在不断发展托育机构教育的同时也强调为0～3岁婴幼儿提供早期保育和教育服务。国务院于2011年颁布的《中国儿童发展纲要（2011—2020年）》就提出要积极发展公益性、普惠性的儿童综合发展指导机构，以托育机构和社区为依托，为0～3岁儿童及其家庭提供早期保育和教育指导，90%以上的城乡社区要建设1所为儿童及其家庭提供游戏、娱乐、教育、卫生、社会心理支持和转介等服务的儿童之家。截至2019年，我国已建成儿童之家或儿童中心28.9万个，对数量如此庞大的儿童之家的服务质量进行评价是优化儿童之家建设、提高其发展水平的必然举措。但当前我国儿童之家的发展尚处于探索期，儿童之家的建设与管理尚未形成有效的体制和机制，甚至部分儿童之家有变成儿童娱乐中心的倾向，这在很大程度上弱化了儿童之家的保育与教育功能。因此，对儿童之家所提供的早期教育服务质量进行评价是促进儿童之家健康有序发展的必然手段，有利于为社区内婴幼儿创造一个更好的成长环境。

一、社区儿童之家早期教育服务评价的内涵与价值

儿童之家是依托社区而建立的公共服务平台，它以促进儿童的全面发展为服务宗旨，为社区内的适龄儿童提供娱乐、教育、卫生、社会心理支持等一体化服务。早期教育是儿童之家的重要职能之一，儿童之家的早期教育服务是指由儿童之家组织实施且以社区内0～3岁儿童为主要作用对象的公益性服务，它以根植社区和服务社区为主要特征，是正规教育的重要补充。从我国儿童之家的发展现状来看，儿童之家已经被定位为线上线下一体化的儿童家园，是为儿童提供学习、生活、交往、娱乐的综合性活动场所，同时它也担负着儿童启蒙、情感交流、安全看护等职能。教育评价对于教育过程和教育结果有着重要的监控和调节作用，通常是评价主体依据一定的评价目的和评价标准，运用适宜的评价手段与方法，对评价对象的存在状态、发展水平与趋势及其价值等进行了解、分析、判断并

作出相应的结论和建议的过程。儿童之家早期教育服务评价是评价者根据一定的评价目标与评价标准对其服务过程和结果质量进行价值判断的过程，是提升早期教育服务质量和优化儿童之家建设水平的重要手段。

新时期以来，我国学前教育得到了快速发展。截至2019年，我国学前教育三年毛入园率已经达到83.4%。但在3～6岁学前教育得到快速发展的同时，0～3岁婴幼儿的早期保育和教育发展却十分缓慢，托幼机构数量严重萎缩。据统计，2015年我国0～3岁婴幼儿的入托率仅为4%，绝大部分0～3岁婴幼儿的保育和教育仍在家庭中进行。受家庭教养者时间、精力、知识和能力等的限制，在家庭中开展的早期教育还不能很好地满足婴幼儿的发展需要。因此，依托社区而成立的儿童之家开展的早期教育服务应该主要服务于0～3岁的婴幼儿。社区儿童之家立足于社区且服务于社区儿童，是创新社区儿童教育与儿童服务的重要手段，也是政府促进儿童健康发展和快乐成长的“弥合缝隙”的重要民生工程，是我国基本公共服务的重要组成部分。儿童之家早期教育服务评价在促进社区儿童早期教育理论研究和教育实践方面有着重要的价值。儿童之家早期教育服务评价对早期教育服务的主体、对象、内容、方式等进行系统的审视和评价，这一过程可以深化对早期教育的理论认识，丰富早期教育评价理论，可以为改进社区儿童之家早期教育服务模式与机制提供理论指导，同时也可以促进对家庭教育的指导。社区儿童之家早期教育服务评价可以对已开展的各项早期教育服务进行直接的水平鉴别，有助于管理者和家庭更为直观、明确地了解儿童之家早期教育服务的质量和需要程度，有利于改进早期教育服务的内容与过程，推动儿童之家的建设与完善。

二、社区儿童之家早期教育服务评价的主要内容与模式

（一）社区儿童之家早期教育服务评价的主要内容

通常情况下，儿童之家为儿童提供游戏、娱乐、运动、教育、卫生、生活照护、社会心理支持等公益性服务，兼具托育机构、托儿所、早期教育培训机构、健康运动与游乐中心等多种儿童机构的功能。儿童之家服务的对象十分广泛，它既服务于0～3岁的婴幼儿，也服务于3～6岁的学龄前儿童或者小学生；既服务于贫困家庭子女、留守儿童等特殊群体，也服务于进城务工子女。具体到0～3岁婴幼儿，社区儿童之家服务的内容包含婴幼儿生活常识与生活习惯培养、身体发展促进与健康运动引导、情绪与社会性发展、人格与个性品质培养等诸多方面。在服务方式上既包含在现场开展亲子活动或主题交流活动，也包含以网络的方式提供的家庭保育与教育指导，还有各种形式的托育服务。

社区儿童之家早期教育服务评价要紧紧围绕教育服务活动的实施过程来展开，评价的内容就是儿童之家为婴幼儿及其家庭提供的保育和教育服务。这些内容主要包括服务原则、服

务目标、服务主体、服务对象、服务环境、服务内容、服务方式、服务结果等方面。其中服务主体是指具体实施早期教育服务活动的行为者，包括直接策划者、组织者和实施者。服务对象主要是指参加活动的儿童，同时也包括参加亲子活动或者接受指导与服务的家长等。服务环境既包括机构的物质条件和人文环境，也包括活动现场的环境条件与氛围等。

（二）社区儿童之家早期教育服务评价的主要维度及其权重分配

确定了儿童之家早期教育服务评价内容，也就确定了评价的主要维度，即服务主体、服务对象、服务环境、服务内容和服务方式 5 个主要方面共 11 个评价维度，各维度因重要性程度不同而占不同的评价权重。以 100 分来计算，服务主体所占权重为 20 分，服务对象所占权重为 20 分，服务环境所占权重为 10 分，服务内容所占权重为 30 分，服务方式所占权重为 20 分，但上述权重分配在具体的实践过程中可以依据具体情况进行适当的调整。

对服务主体的评价包含主要组织者的教育过程和辅助人员的行为表现两个维度。儿童之家早期教育服务的组织者主要包括育婴师与保育员、儿童教师、保健医生、心理咨询师、家庭教育专家等。辅助人员通常包括儿童之家的管理人员、保洁保安等勤杂服务人员以及活动志愿者等，对这两者的评价主要考察其在教育活动过程中的爱心与责任心、情绪状态与工作态度、专业修养与能力水平等内容。

对服务对象的评价包括儿童在活动中的表现以及发展情况、家长在活动中的表现或配合与支持程度两个维度。儿童一般以 0～3 岁婴幼儿为主，部分可以扩展到 3～6 岁学龄前儿童或者小学生，对儿童的评价主要以其在活动过程中的行为表现为主要依据。对家长的评价也主要看其在教育活动过程中的参与程度和行为表现，但家长平时的信息反馈与满意度调查数据可以作为对家长的评价的重要信息来源。

对服务环境的评价包括现场环境条件与活动氛围等微环境以及社区文化教育资源与人文环境等大环境两个维度，具体包括社区儿童之家的物质条件与环境、社区文化教育资源与人文环境、早期教育活动氛围与现场微环境等内容。在对环境的评价过程中，应更注重对人文与精神环境的评价。

对服务内容的评价包括婴幼儿培养与发展引导、家长育儿辅导与家庭教育支持两个维度。婴幼儿培养与发展引导主要包括日常生活照护、基本动作训练与运动、情绪与情感引导、人际交往与社会性发展、人格素养与品质和能力培养等方面。家长育儿辅导与家庭教育支持主要是对家长进行关于儿童生长与发育、安全与卫生、认知与行为习惯、情感与社会性发展等方面的指导。服务内容因主体不同而有所区别，在具体的评价实践过程中要注重对服务内容适宜性、合理性和实用性的评价。

对服务方式的评价主要包括 0～3 岁婴幼儿亲子游戏活动、托育照护活动、家长培训课程三个维度。在评价过程中，对于条件较差的儿童之家，对它的评价可以允许其只存在一项或者两项服务方式，而对于条件较好的儿童之家则应考虑其存在的其他服务方式并将其也纳入评价范围。

对儿童之家早期教育服务的评价应该把握好儿童之家的机构属性和服务对象，因为儿童之家不是作为一个正规且专门化的教育机构而存在的，而是正规教育机构的补充。儿童之家早期教育服务的对象广、内容多且方式多样，不同儿童之家所具备的条件也不一样，对儿童之家早期教育服务的评价应该聚焦于那些最核心的要素，如教师教学素养、儿童行为表现、社区人文环境等。

三、开展社区儿童之家早期教育服务评价的基本要求

在开展社区儿童之家早期教育服务评价活动的过程中，评价者除了要全面而准确地了解儿童之家早期教育服务评价的内涵与价值以及评价的内容与方式外，还需要明确评价的具体要求。

在评价原则上，对儿童之家早期教育服务的评价首先要遵循儿童利益至上的原则。儿童之家的早期教育服务要坚持以儿童为中心，坚持儿童利益优先，要能最大限度地满足婴幼儿个体成长与发展的需要。其次，要遵循教育性原则。儿童之家的早期教育服务要从婴幼儿的身心全面发展出发，为他们提供积极的教育引导，为他们创设有准备的教育环境。最后，要遵循适宜性原则。儿童之家的早期教育服务必须关注婴幼儿的个体差异和个性化学习需要，要结合其身心发展水平和具体的成长背景来提供有针对性的教育服务。优质的儿童之家早期教育服务应该面向所有的儿童及其家庭，应该保持服务的长期与稳定。

在评价流程上，儿童之家早期教育服务评价一般可分为准备、实施、结果反馈三个阶段，评价者要关注评价方案制订、评价信息收集、评价报告编写三个关键环节。评价实施方案在制订前要开展充分的前期调查，要对评价所涉及的所有内容进行充分的了解和梳理。评价信息的收集应该科学合理，要确保收集到的信息的全面性、真实性和有效性。评价报告的编写则要在对行为评价的基础上进一步指出存在的主要问题并提出改进建议。

在评价机制上，首先，要确立正确的评价观念，要深化对儿童之家早期教育功能与价值的认识，要将儿童之家的育人和家庭服务功能放在首位；其次，要将教育评价与儿童之家的运行相结合，以增强评价的针对性；再次，要将定量评价与定性评价相结合，以增强评价的适宜性和对实践的指导性；最后，要合理运用评价结果，要强调评价的诊断和改进功能。

资料来源：邵小佩，骆晓莉．早期教育服务质量评价：促进社区儿童之家发展的重要手段［J］．学前教育研究，2021（4）：77－80.

项目小结

婴幼儿家庭与社区教育是整个幼儿教育的重要组成部分，为其他各阶段教育的开展和实施奠定了基础。灵活运用家庭、社区资源，科学地设计和指导婴幼儿家庭与社区教育活动，能够满足婴幼儿发展需要和婴幼儿家庭的教育需求，帮助建立和谐的亲子关系，树立正确的教育观念，提高科学育儿的水平，使婴幼儿语言、动作、社会性等方面得到良好的发展。

同步练习

一、选择题

1. 2019 年国务院办公厅发布的《关于促进 3 岁以下婴幼儿照护服务发展的指导意见》中明确规定了婴幼儿照护服务发展的基本原则是（　　）。

A. 家庭为主，托育补充　　B. 家庭为主，学校补充

C. 学校为主，家庭补充　　D. 学校为主，托育补充

2. 以下不属于家庭教育活动指导原则的是（　　）。

A. 科学性原则　　B. 家长主体原则

C. 针对性原则　　D. 个别化原则

3. 社区教育实施的方法主要是集中教育形式和（　　）。

A. 广泛沟通　　B. 社区早教指导站

C. 整合资源　　D. 活动示范

二、判断题

1. 婴幼儿家庭教育活动中，与婴幼儿的互动主要由其父母或其他家庭成员承担，婴幼儿处于主导地位。（　　）

2. 家庭为婴幼儿提供了自然生态化的成长环境。（　　）

3. 家庭教育指导评价是对婴幼儿的行为进行评价。（　　）

4. 婴幼儿社区教育的对象包括家长、婴幼儿，其中主要对象是家长。（　　）

三、简答题

1. 简述家庭教育活动指导原则。

2. 简述婴幼儿社区教育活动的含义。

3. 开展家庭教育活动指导的途径与方法有哪些？

4. 开展社区教育活动的途径和方法有哪些？

四、案例分析题

快 3 岁的小池在饮食方面存在些许问题，例如“不爱吃米饭”“不能老老实实坐在餐位上”等，这让小池妈妈很苦恼，不知如何是好，再加上家里的长辈对小池这种不良就餐习惯很纵容，小池妈妈很担心小池进入幼儿园后依旧如此。

问题：如果你是教师，你会如何帮助小池妈妈？

项目七　婴幼儿活动评价

学习目标

知识目标：了解婴幼儿活动评价的注意事项，掌握婴幼儿活动评价的目标、内容和原则。

能力目标：能利用所学知识对婴幼儿活动进行科学的分析评价。

素养目标：关爱婴幼儿，树立科学评价的理念。

思维导图

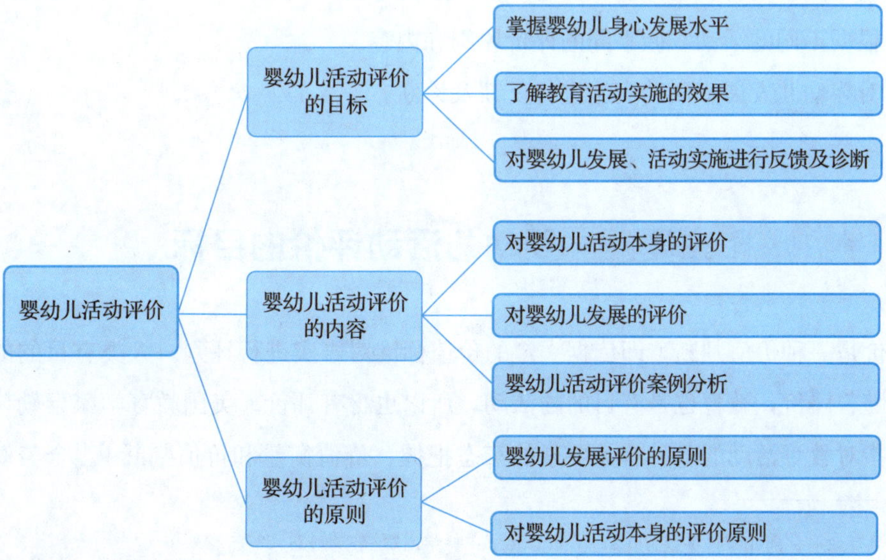

工作情境

元元老师是一位新入职的老师，为了使她快速进入职业角色，托育机构开展了系列培训活动，其中包括跟班观摩、评课等，元元老师感到压力很大。但是在婴幼儿实施活动后，在老师们的一次次观摩、反馈中，元元老师逐渐成长进步，不仅能够对婴幼儿自身发展水平和婴幼儿活动本身进行评价、反馈，还能根据评价的结果调整、改进下一步计划。

工作任务

1. 了解婴幼儿活动评价的目标和内容。
2. 掌握婴幼儿活动评价的原则。
3. 能够对婴幼儿活动本身、婴幼儿发展进行科学的评价。

工作要点

1. 掌握婴幼儿教育活动实施过程中婴幼儿的身心发展水平，了解教育活动实施效果。
2. 从不同维度对婴幼儿教育活动的实施进行评价。
3. 根据不同的活动掌握不同的评价原则和内容。
4. 对婴幼儿发展、活动实施进行反馈及诊断。

主题一　婴幼儿活动评价的目标

评价是一种价值判断，即依据一定的价值标准对事实进行评判。人类有目的的活动往往都伴随着评价，教育也是有目的的活动，所以也含有评价。美国教育学家泰勒认为教育评价是指对教育活动的各种有关要素的实态把握、价值衡量和价值判断①。全美幼教协会

① 李维金．学前儿童科学教育［M］.2版．北京：科学出版社，2012：227-229.

（1991）在早期儿童项目中，认为儿童评价有多个目的：指导与个别儿童、儿童群体以及其父母进行交流；辨别需要特殊照料或者介入的儿童；评估项目是否达到了目标的要求。在 0～3 岁婴幼儿照护与教育活动过程中，要科学评估婴幼儿身心发展水平，并对早期教育活动的环境准备、实施过程、实施效果等进行多维度有效评价，根据评价的结果科学开展相关活动。具体来说，婴幼儿活动评价的目标包括以下几方面。

一、掌握婴幼儿身心发展水平

大脑的发展建立在婴幼儿的实际体验上。较之抽象学习或正式学习，对婴幼儿来说，体验式的学习效果会更好。婴幼儿教育活动的评价首先要建构在科学的理论指导之上。所以，婴幼儿活动评价要基于对其身心发展水平的了解，包括对其动作与习惯、语言与沟通、情感与社会、认知与探索的评价。对婴儿整体发展水平、各项能力的发展水平及其发展速度进行科学评价，有助于对婴儿个体特征及发展需要进行全面、深入、客观的了解，这是设计和编制个别化教学计划的基础和前提。对婴幼儿的发展评价应注意以下几个问题：一是要明确评价的目的。对婴幼儿的身心发展水平进行评价并不是为了“贴标签”或者是排名，而是为了使保教人员了解婴幼儿的已有水平，以便根据婴幼儿的发展需要，有针对性地选择教育内容和指导策略。二是要尊重婴幼儿的个体差异。注重婴幼儿自身的纵向比较，发现他们的进步，而不是使用统一的标准评价不同的婴幼儿。三是要注意评价方法自然化。不能只在活动结束后进行评价，必须将评价贯穿活动始终，重过程甚于结果。

二、了解教育活动实施的效果

对于评价者而言，掌握有效的观察技巧并反映在高效的评价上，将有利于为婴幼儿制订下一步的发展计划，而且观察、评价、计划是循环往复的过程，没有终点。婴幼儿活动的评价属于教育评价，是指以婴幼儿活动设计为对象，依据一定的教育价值观，采用科学的评价技术和方法，对婴幼儿活动设计中的相关要素进行分析、测定，最终作出价值判断的过程。例如，评价教育活动的设计是否符合婴幼儿的年龄特点，目标是否适宜，评价教师的教学方法的运用等①，综合判断活动实施的效果。

三、对婴幼儿发展、活动实施进行反馈及诊断

全美幼教协会认为，教师要提供既具有年龄适宜性又具有个体适宜性的课程和教学，

① 秦旭芳．学前儿童活动设计［M］．北京：教育科学出版社，2014：227.

就必须对幼儿发展和学习进行评价。最初的评价可以帮助教师发现婴幼儿已经掌握的内容，并且能够以此为依据调整婴幼儿教学计划和课程。具体而言，全美幼教协会认为评价是课程和教学的一部分，课程和评价是相互融合的，评价依赖于婴幼儿在教室中的一日生活以及婴幼儿典型活动的过程。

反馈就是将婴幼儿发展的情况、活动评价的信息及时而有效地反馈给保教人员，从而帮助其调整和改进活动设计、活动方案。也就是说，通过评价来了解和判断婴幼儿的发展水平，以及活动的设计与开展是否科学、合理等。通过评价，能够及时地诊断出教育目标、内容、方法、过程等与婴幼儿知识经验、能力发展水平的匹配程度，从而提高活动的可行性、科学性等。对保教人员而言，也能够通过评价来反思自身的教育过程、方法，及时调整教育过程，改进教育策略，使自身获得教育经验的积累。

评价，某种程度上也是一种比较。在比较和鉴别中才能显示其本身的价值。保教人员如果能够对教育活动的每一次实施过程都从教师、婴幼儿、材料、活动环节等方面作出一定评价，并以此为基础改进下一次活动的设计和实施，就可以使婴幼儿活动取得最好的效果。对于评价者而言，掌握有效的观察技巧并反映在高效的评价上，将有利于制订婴幼儿下一步发展计划。需要指出的是，观察、评价、计划是循环往复的过程，没有终点。

想一想

婴幼儿活动评价的主要目标是什么？

小案例

在学习过程中获取经验

瑟文现在6个月大了。在这里，你可以看到他正专心致志地用眼睛和手指了解一个肥皂盒。他一边盯着看肥皂盒，一边将其翻过来。几分钟后，他把盒子抛向右侧。照片中，在他的左侧，还有两个肥皂盒。其中一个肥皂盒的表面有棱纹，另一个藏在它下面，与他第一次查看的肥皂盒一模一样。他扫视了一下眼前的玩具，然后将头转向左侧，看到那个一样的肥皂盒。他捡了起来，用嘴探索了几分钟，眼睛盯着肥皂盒，用手指触摸。他头向右转动，向下看着第一个肥皂盒落下的地方，伸手把一个肥皂盒放在另一个肥皂盒上面。

你觉得瑟文在想什么呢？

资料来源：MARRY JANE MAGUIRE-FONG. 与 0～3 岁婴幼儿一起学习：支持主动的意义建构者[M]. 罗丽，译. 北京：中国轻工业出版社，2020：314 - 315.

拓展知识

托育机构保育指导大纲（试行）（节选）

第一章　总则

一、为贯彻《国务院办公厅关于促进 3 岁以下婴幼儿照护服务发展的指导意见》，依据国家卫生健康委《托育机构设置标准（试行）》《托育机构管理规范（试行）》，指导托育机构为 3 岁以下婴幼儿（以下简称婴幼儿）提供科学、规范的照护服务，促进婴幼儿健康成长，特制定本大纲。

二、本大纲适用于经有关部门登记、卫生健康部门备案，为婴幼儿提供全日托、半日托等照护服务的托育机构。提供计时托、临时托等照护服务的托育机构可参照执行。

三、托育机构保育是婴幼儿照护服务的重要组成部分，是生命全周期服务管理的重要内容。通过创设适宜环境，合理安排一日生活和活动，提供生活照料、安全看护、平衡膳食和早期学习机会，促进婴幼儿身体和心理的全面发展。

四、托育机构保育应遵循以下基本原则：

（一）尊重儿童。坚持儿童优先，保障儿童权利。尊重婴幼儿成长特点和规律，关注个体差异，促进每个婴幼儿全面发展。

（二）安全健康。最大限度地保护婴幼儿的安全和健康，切实做好托育机构的安全防护、营养膳食、疾病防控等工作。

（三）积极回应。提供支持性环境，敏感观察婴幼儿，理解其生理和心理需求，并及时给予积极适宜的回应。

（四）科学规范。按照国家和地方相关标准和规范，合理安排婴幼儿的生活和活动，满足婴幼儿生长发育的需要。

资料来源：http://www.gov.cn/gongbao/content/2019/content_5392295.htm.

主题二　婴幼儿活动评价的内容

一、对婴幼儿活动本身的评价

婴幼儿活动评价的内容，就是对婴幼儿教育活动设计与实施的各方面进行评价。点评一个婴幼儿活动，可以从活动目标、活动准备、活动材料、活动实施过程、活动效果等多个方面进行。具体如何评价婴幼儿活动的内容，可以参考国家卫生健康委颁发的《托育机构保育指导大纲（试行）》（以下简称《指导大纲》）的内容。《指导大纲》的保育重点包括营养与喂养、睡眠、生活与卫生习惯、动作、语言、认知、情感与社会性等。依据《指导大纲》的内容，可以从这些方面进行评价，如评价婴幼儿教育活动对婴幼儿语言发展的影响、对婴幼儿运动技能发展的影响、对婴幼儿情感态度发展的影响，或是评价教师的教育水平、评价教师与幼儿的互动等。

根据教育活动评价和《指导大纲》的内容，我们归纳了婴幼儿活动评价指标和指标下的具体参考点（见表 7－1），在开展婴幼儿活动评价时可以参考，以对婴幼儿活动进行科学评价。

表 7－1　婴幼儿活动评价指标

一级指标	二级指标	三级指标
活动目标	系统连贯性	与学期目标、年龄阶段目标、婴幼儿教育总目标保持一致
	适宜性	符合婴幼儿阶段发展水平和特点，符合婴幼儿的最近发展区，符合家长的育儿需求
	多重整合性	能包含动作、语言、认知、情感与社会性等多个层面的发展
	具体可行性	有具体的行为指向，具体明确，可观察到
活动前准备	内容选择	活动内容适宜，吸引婴幼儿的兴趣，符合婴幼儿的身心发展年龄阶段特点
	材料准备	材料准备充分，符合国家标准，数量充足，材料安全、实用、有趣
	经验准备	了解婴幼儿的已有经验，找到最近发展区，学习与发展新经验
	环境准备	环境安全、舒适，与目标相适应，得到充分利用

续表

一级指标	二级指标	三级指标
活动过程	活动方法多样性	活动的教法和学法丰富多样，符合婴幼儿的身心特点，自主自由，有趣愉悦，体现出游戏性
	活动过程合理性	活动结构合理，程序紧凑有序，每个环节之间不断递进，衔接流畅，动静交替
	活动对象全体性和个体差异性	兼顾全体性和个别差异性，因材施教。采用多种组织形式，如集体活动、小组活动、个别活动
	活动生活化	立足幼儿生活经验，有助于幼儿生活经验的积累
	师幼互动	注重幼儿主体地位，发挥教师的引导作用
活动效果	婴幼儿发展状况	生活与卫生习惯、认知发展、身体与动作发展、情感与社会性发展
	家长育儿能力	获得育儿知识，提升养育技能

（一）婴幼儿活动目标的评价

对婴幼儿活动目标的评价包括以下几个指标。

1. 系统连贯性

婴幼儿活动目标的系统连贯性是指婴幼儿活动要和婴幼儿教育总目标、年龄阶段目标、学期目标保持一致。活动的设计，包括内容的选择、活动的方式方法、活动的组织形式，都要围绕活动目标来开展。每个婴幼儿活动，都应符合国家的教育总目标的要求，贯彻国家的教育方针，而且要符合婴幼儿的年龄特点和发展水平，还要兼顾每一个阶段的学期目标。目标的层次由高到低，由宏观到具体，每一个层次的目标要服从于上一个层次的目标，具有系统连贯性，从而能够通过小活动目标的累加，达到阶段目标，进而层层递进，促进婴幼儿的发展，实现总目标。

2. 适宜性

婴幼儿活动的目标一般要服从《指导大纲》总目标的要求，应与学期目标、年龄阶段目标保持一致，但是每个班级虽然在整体上符合这个年龄阶段发展的水平，但是每个幼儿都有自身的特殊性，不同幼儿之间存在差异性。婴幼儿活动的目标在大方向上不仅要符合总的教育目标，总体上要符合该年龄阶段的一般特点，与班级全体幼儿的发展特点相适应，同时还要符合本班婴幼儿的整体发展水平，兼顾不同婴幼儿的发展水平和不同需要的个体差异。制定活动目标，不仅要顾及婴幼儿的当前发展水平和经验，还应兼顾促进婴幼儿向更高的水平发展，符合婴幼儿的最近发展区，符合家长的育儿需求。评价活动目标是否合理时，不能单独的看某一个目标，要灵活地、综合地去考虑，既要考虑到婴幼儿的实际发展水平，还应考虑到婴幼儿的个体差异。

3. 多重整合性

婴幼儿活动目标是包含认知、能力和情感在内的三维目标。在目标的内容上要综合考虑婴幼儿多种能力的发展，巧妙地整合多个领域的关键经验，如包括动作、语言、认知、情感与社会性、生活与卫生习惯等多个层面的发展。评价教师是否能根据具体的活动内容和婴幼儿的能力水平，有侧重地制定相应的目标。同时，强调能否体现当前婴幼儿教育的最新理念，促进婴幼儿的全面发展，不能把促进认知发展、技能的掌握作为最终目标，而是考虑到婴幼儿多方面的发展，如激发婴幼儿的兴趣，培养婴幼儿的好奇心和喜欢探究的学习品质，这些都能够促进婴幼儿长期的、终身的发展。

4. 具体可行性

婴幼儿活动目标的具体可行性，指的是活动目标要有可操作性，要具体明确，不笼统含糊。目标是教师在设计活动时所期望达到的效果，效果要能够观测得到，这就要求活动目标要有具体的行为指向性，具体明确，可观察到，以便对活动的效果进行评价。如，“促进婴幼儿的身体发展”这一目标很模糊，无法观测到，若改成“能够跑 10 米，躲开障碍物”这样具体的指标，就能够更好地观察到，更具有可操作性和可行性。因此，婴幼儿活动目标的表述要具体而明确，具有可操作性。

拓展资料

《托育机构保育指导大纲（试行）》在营养与喂养、睡眠、生活与卫生习惯、动作、语言等领域对保育工作的目标与要点提出了明确的要求，具体如表 7－2 所示。

表 7－2 《托育机构保育指导大纲（试行）》中对保育工作目标与要求的规定

领域	保育目标	保育要点		
		7～12 个月	13～24 个月	25～36 个月
营养与喂养	1. 获取安全、营养的食物，达到正常生长发育水平 2. 养成良好的饮食行为习惯	(1) 继续母乳喂养，不能继续母乳喂养的婴儿使用配方奶喂养 (2) 及时添加辅食，从富含铁的泥糊状食物开始，遵循由一种到多种、由少到多、由稀到稠、由细到粗的原则。辅食不添加糖、盐等调味品 (3) 每引入新食物要密切观察婴儿是否有皮疹、呕吐、腹泻等不良反应 (4) 注意观察婴儿所发出的饥饿或饱足的信号，并及时、恰当回应，不强迫喂食 (5) 鼓励婴儿尝试自己进食，培养进餐兴趣	(1) 继续母乳或配方奶喂养，可以引入奶制品作为辅食，每日提供多种类食物 (2) 鼓励和协助幼儿自己进食，关注幼儿以语言、肢体动作等发出的进食需求信号，顺应喂养 (3) 培养幼儿使用水杯喝水的习惯，不提供含糖饮料	(1) 每日提供多种类食物 (2) 引导幼儿认识和喜爱食物，培养幼儿专注进食习惯、选择多种食物的能力 (3) 鼓励幼儿参与协助分餐、摆放餐具等活动

续表

领域	保育目标	保育要点		
		7～12个月	13～24个月	25～36个月
睡眠	(1) 获得充足睡眠 (2) 养成独自入睡和作息规律的良好睡眠习惯	(1) 识别婴儿困倦的信号，通过常规睡前活动，培养婴儿独自入睡 (2) 帮助婴儿采用仰卧位或侧卧位姿势入睡，脸和头不被遮盖 (3) 注意观察婴儿睡眠状态，减少抱睡、摇睡等安抚行为	(1) 固定幼儿睡眠和唤醒时间，逐渐建立规律的睡眠模式 (2) 坚持开展睡前活动，确保幼儿进入较安静状态 (3) 培养幼儿独自入睡的习惯	(1) 规律作息，每日有充足的午睡时间 (2) 引导幼儿自主做好睡眠准备，养成良好的睡眠习惯
生活与卫生习惯	(1) 学习盥洗、如厕、穿脱衣服等生活技能 (2) 逐步养成良好的生活卫生习惯	(1) 及时更换尿布，保持臀部和身体干爽清洁 (2) 生活照护过程中，注重与婴儿互动交流 (3) 识别及回应婴儿哭闹、四肢活动等表达需求的信号	(1) 鼓励幼儿及时表达大小便需求，形成一定的排便规律，逐渐学会自己坐便盆 (2) 协助和引导幼儿自己洗手、穿脱衣服等 (3) 引导和帮助幼儿学会咳嗽和打喷嚏的方法	(1) 培养幼儿主动如厕 (2) 引导幼儿餐后漱口，使用肥皂或洗手液正确洗手，认识自己的毛巾并擦手 (3) 鼓励幼儿自己穿脱衣服
动作	(1) 掌握基本的大运动技能 (2) 达到良好的精细动作发育水平	(1) 鼓励婴儿进行身体活动，尤其是地板上的游戏活动 (2) 鼓励婴儿自主探索从躺位变成坐位，从坐位转为爬行，逐渐到扶站、扶走 (3) 提供适宜的玩具，促进抓、捏、握等精细动作发育	(1) 鼓励幼儿进行形式多样的身体活动，为幼儿提供参加爬、走、跑、钻、踢、跳等活动的机会 (2) 提供多种类活动材料，促进幼儿涂画、拼搭、叠套等精细动作发育 (3) 鼓励幼儿自己喝水、用小勺吃饭、自己翻书等	(1) 为幼儿提供参加走直线、跑、跨越低矮障碍物、双脚跳、单足站立、原地单脚跳、上下楼梯等活动的机会 (2) 提供多种类活动材料，促进幼儿搭建、绘画、简单手工制作等精细动作发育 (3) 鼓励幼儿自己用水杯喝水、用勺吃饭、协助收纳等
语言	(1) 对声音和语言感兴趣，学会正确发音 (2) 学会倾听和理解语言，逐步掌握词汇和简单的句子 (3) 学会运用语言进行交流，表达自己的需求 (4) 愿意听故事、看图书，初步发展早期阅读的兴趣和习惯	(1) 经常和婴儿说话，引导其对发音产生兴趣，模仿和学习简单的发音 (2) 向婴儿复述生活中常见物品和动作，帮助其逐渐理解简单的词汇 (3) 引导婴儿使用简单的声音、表情、动作、语言表达自己的需求 (4) 为婴儿选择合适的图画书，朗读简单的故事或儿歌	(1) 培养幼儿正确发音，逐步将语言与实物或动作建立联系 (2) 鼓励幼儿模仿和学习使用词语或短句表达自己的需求 (3) 引导幼儿学会倾听并乐意执行简单的语言指令，积极使用语言进行交流 (4) 提供机会让幼儿多读绘本、多听故事、学念儿歌	(1) 指导幼儿正确地运用词语说出简单的句子 (2) 鼓励幼儿用语言表达自己的需求和感受 (3) 创造条件和机会，使幼儿多听、多看、多说、多问、多想，谈论生活中的所见所闻 (4) 培养幼儿阅读的兴趣和能力，学讲故事、学念儿歌

续表

领域	保育目标	保育要点		
		7～12个月	13～24个月	25～36个月
认知	(1)充分运用各种感官探索周围环境，有好奇心和探索欲 (2)逐步发展注意、观察、记忆、思维等认知能力 (3)学会想办法解决问题，有初步的想象力和创造力	(1)提供有利于视、听、触摸等材料，激发婴儿的观察兴趣 (2)鼓励婴儿调动各种感官，感知物体的大小、形状、颜色、材质等 (3)引导婴儿观察周围的事物，模仿所看到的某些事物的声音和动作	(1)引导幼儿运用各种感官探索周围环境，逐步发展注意、记忆、思维等认知能力 (2)鼓励幼儿辨别生活中常见物体的大小、形状、颜色、软硬、冷热等明显特征 (3)鼓励幼儿在操作、摆弄、模仿等活动中想办法解决问题	(1)引导幼儿运用各种感官反复探索周围环境，逐步巩固和加深对周围事物的认识 (2)启发幼儿观察辨别生活中常见物体的特征和用途，进行简单的分类，并感受生活中的数学 (3)培养幼儿在感兴趣的事情上能够保持一定的专注力 (4)通过各种游戏和活动，鼓励幼儿主动思考、积极提问并大胆猜想，激发幼儿的想象力和创造力
情感与社会性	(1)有安全感，能够理解和表达情绪 (2)有初步的自我意识，逐步发展情绪和行为的自我控制 (3)与成人和同伴积极互动，发展初步的社会交往能力	(1)观察了解不同月龄婴儿的需要，把握其情绪变化，尊重和满足其爱抚、亲近、搂抱等情感需求 (2)引导婴儿理解和辨别高兴、喜欢、生气等不同情绪 (3)敏感察觉婴儿情绪变化，理解其情感需求并及时回应 (4)创设温暖、愉快的情绪氛围，促进婴儿交往的积极性	(1)引导幼儿用表情、动作、语言等方式表达自己的情绪 (2)培养幼儿愉快的情绪，及时肯定和鼓励幼儿适宜的态度和行为 (3)拓展交往范围，引导幼儿认识他人不同的想法和情绪 (4)引导幼儿理解并遵守简单的规则	(1)谈论日常生活中幼儿感兴趣的人和事，引导其通过语言和行为等方式表达情绪情感 (2)鼓励幼儿进行情绪控制的尝试，指导其学会简单的情绪调节策略 (3)创设人际交往的机会和条件，使幼儿感受与人交往的愉悦 (4)帮助幼儿理解和遵守简单的规则，初步学习分享、轮流、等待、协商，尝试解决同伴冲突

（二）婴幼儿活动前准备的评价

对婴幼儿活动前准备的评价包括以下指标。

1. 内容选择

根据0～3岁婴幼儿身心发展的特点，基于营养与喂养、睡眠、生活与卫生习惯、动作、语言、认知、情感与社会性等七大领域为婴幼儿选择适宜的早期教育活动内容。评价活动内容时，要看教师为不同年龄段的婴幼儿选择的教育活动是否符合其发展水平。

(1) 7～12 个月婴儿大肌肉动作发展迅速，主要动作为爬行，正处于练习走路的阶段，语言发展处于牙牙学语、模仿大人说话的阶段。教师应选择发展婴儿感知觉和运动能力的活动内容，包括感觉活动、大肌肉运动、精细动作训练、亲子交流等。

小案例

活动：小乌龟爬

家长用一个色彩鲜艳的玩具小乌龟逗引宝宝，让宝宝跟着小乌龟爬，并不断用语言鼓励："看小乌龟爬得多好呀，我们也来学小乌龟爬吧。"老师可在旁边说："小宝宝，爬呀爬，爬过去，找妈妈。"当宝宝爬过去时，家长要抱起宝宝亲一亲，以示鼓励。

案例分析：

婴儿爬行能够锻炼全身的肢体动作，在爬行时，婴儿要抬起头颈部，用双手支撑身体，胸腹部离地，双脚进行支撑，充分锻炼了头、颈、胸、四肢、背部、关节和肌肉，有利于骨骼的生长，促进婴儿用感知觉去探索世界的能力。

资料来源：李婧．早教机构一岁婴儿教育活动问题与对策研究 [D]. 重庆：西南大学，2011.

(2) 13～24 个月婴幼儿大肌肉动作和精细动作有所发展，手部动作更灵活，能更好地从事精细动作活动，语音语言能力也有所提高，更喜欢说话、唱歌，在音乐中更能体验到愉快的情绪，对音乐和乐器表现出强烈的兴趣。

(3) 25～36 个月的婴幼儿处于语言发展的关键期。这一时期，要充分发展婴幼儿的语言能力，组织语言相关的活动。这一阶段的婴幼儿，认知发展迅速，神经系统发育快，是神经突触联结的关键时期，要注重丰富婴幼儿的感知觉经验。

小案例

活动：宝宝自我介绍

教师在组织活动时，引导每位幼儿向大家进行自我介绍："大家好，我叫×××，我是一个可爱的男孩/女孩，我可以……”教师鼓励幼儿给大家表演歌曲，或念一首儿歌，做一个定格的动作等。

2. 材料准备

在婴幼儿活动中要保证材料准备充分，符合国家标准，数量充足，让每一个婴幼儿都有材料或玩教具，材料安全、实用、有趣。《指导大纲》指出，要“确保活动环境和材料安全、卫生”“配置符合婴幼儿月龄特点的家具、用具、玩具、图书、游戏材料和安全防护措施”。因此，活动材料从正规渠道采购，符合玩具安全的国家标准。还要对活动材料进行定期检查和清洗消毒，保证其干净无异味、无损坏、无细小零件。婴幼儿好奇心强，喜欢用嘴巴去探索玩具，要选择安全的材料，不使用零件容易脱落的玩具，防止婴幼儿吞咽引发安全问题。材料的选择要考虑到婴幼儿与材料之间的互动，以充分提高玩具的利用率，选择婴幼儿感兴趣的，颜色丰富的、有趣的、可操作性强的玩具。

3. 经验准备

了解婴幼儿的已有经验，找到其最近发展区，学习与发展新经验。教师观察婴幼儿发展的年龄阶段特点及个体差异，充分了解婴幼儿现在的发展水平，发现婴幼儿的最近发展区，帮助婴幼儿学习新的经验，掌握新的技能，层层递进，使婴幼儿进入下一个发展阶段。

4. 环境准备

环境准备方面，要求环境安全、舒适，与目标相适应，充分得到利用。《指导大纲》指出：“机构应提供健康、安全、丰富的生活和活动环境。”“在各个生活环节中，创造丰富的身体活动环境，确保活动环境和材料安全、卫生。”“托育机构是实施保育的场所，应当提供健康、安全、丰富的生活和活动环境……并根据场地条件合理确定收托规模，配备符合要求的保育人员。”教师要设置一个有准备的物质环境，把早教教室布置得温馨，颜色温暖，环境丰富，空间密度合理，避免有尖锐的家具和物品，不能有刺鼻的气味。此外，教师还要创设一个舒适的、可接纳的心理环境，悦纳婴幼儿，鼓励婴幼儿主动表达，给予婴幼儿自由自主的游戏环境，接受婴幼儿的不足，使婴幼儿实现身心的健康成长。

（三）婴幼儿活动过程的评价

1. 活动方法多样性

组织婴幼儿活动时教法和学法应丰富多样，选择的活动方法要符合婴幼儿的身心特点，自主自由，有趣愉悦，体现游戏性。通过多样的活动方法，才能充分调动婴幼儿的积极性主动性，使活动内容更好地组织和实施。可以采用亲子游戏法、多媒体辅助教学、示范法、操作法、观察法等。通过多种方法，使活动变得有趣，让婴幼儿获得愉悦的体验，从而对活动更感兴趣，更愿意参加早教活动。

2. 活动过程合理性

婴幼儿活动的结构设计要安排合理，程序紧凑有序，每个环节之间逐渐递进，衔接流畅，动静交替。婴幼儿活动的过程应包含导入环节、展开环节、结束环节。导入环节能使婴幼儿对活动感兴趣，把注意力集中在活动上；展开环节是活动的知识新授部分，要让婴幼儿学习新的知识和经验；结束环节可以评估婴幼儿学习的效果，做一个收尾。婴幼儿活动评价的内容要考虑每个环节紧密衔接，有序进行，环节之间要层层递进，保证活动的流畅性。由于婴幼儿的注意力、体力和精力有限，活动过程不能太长，时间有间隔，要动静结合，以免造成疲劳。每个环节要有针对性，环节的内容可以把认知、动作、语言、习惯、情感与社会性发展等多个方面整合起来，并且让家长在活动过程中能够掌握一定的育儿技巧。

3. 活动对象全体性和个体差异性

兼顾集体和个体差异，因材施教。教师采用多种活动组织形式，合理地使用集体活动、小组活动、个别活动。教师在组织活动时，多数是采用集体教学指导，教师应多考虑婴幼儿的年龄阶段发展水平和婴幼儿的兴趣所在，婴幼儿不感兴趣时，应适时调整活动的内容。但是每个年龄阶段的婴幼儿会存在个体差异，甚至仅相差几个月的婴幼儿间的差别都很大，其在活动内容的接受上差异也很大。因此除了集体教学活动外，还要进行个别指导，教师在活动中发现婴幼儿有不同的反应时，应及时进行调整，还可以指导家长进行个别指导，调整活动的内容，做到因人而异，因材施教，尊重婴幼儿个体发展的特殊性。

集体教学主要适用于需要全班婴幼儿都掌握的能力学习时或是初次学习新的技能时，教师可以进行集体示范。当婴幼儿在进行自主性创造活动时，如做手工、绘画时，教师可以提供个别指导。还可以进行分组，教师对每个家庭进行有针对性的指导。同时，教师还要把握教育活动的生成性，灵活运用不同的组织形式。此外，当活动结束后，教师还可以进行个别指导，如在早教机构里有一些大型的器械、新的活动材料时，教师可以指导家长了解不同的器材和材料如何使用，如何引导婴幼儿去玩，以及玩对婴幼儿的发展有什么意义。

4. 活动生活化

婴幼儿活动要立足婴幼儿生活经验，帮助增长婴幼儿生活经验。活动的选择要符合婴幼儿的生活经验，结合婴幼儿的一日生活进行教育。源于婴幼儿的真实生活，以日常生活事件为切入点，能够激发婴幼儿的探究兴趣，丰富婴幼儿的生活经验。尤其是卫生习惯、生活习惯等的养成，需要在生活中进行学习。教师可以把婴幼儿的生活搬到早教活动室中，引导婴幼儿在生活活动中学习新的经验，掌握良好的生活习惯和卫生习惯，养成一些基本的生活自理能力。例如，“打电话”是婴幼儿日常生活中的典型事件，这类活动更符合他们的现有经验，更能激发他们的主动性和创造性。

5. 师幼互动

婴幼儿活动还要注重师幼互动，应注重婴幼儿主体地位，发挥教师引导作用。师幼互动是决定婴幼儿活动质量的关键。婴幼儿活动过程应让婴幼儿感受到温暖、愉悦，充分体现婴幼儿的主体地位，给婴幼儿创造一个舒适宽松的环境，让婴幼儿能积极主动地参与、操作、感受和创造。在婴幼儿活动中，教师在导入环节、展开环节等，充分支持婴幼儿，引导、指导、帮助婴幼儿。在面无表情实验中，母亲对宝宝面无表情，不回应宝宝，宝宝就开始哭闹，表现出沮丧的表情。可见，互动对婴幼儿的情绪具有很大的影响。

（四）婴幼儿活动效果的评价

1. 婴幼儿发展状况

对婴幼儿活动的评价，应关注活动对婴幼儿发展状况的影响。通过观察，了解活动对婴幼儿的生活与卫生习惯、认知发展、身体与动作发展、情感与社会性发展等方面是否起到了促进作用。评估婴幼儿在各领域的发展水平有以下两种方法：第一种是调查法，包括问卷调查和访谈调查。比如，可以将测量相关领域能力的量表发放至婴幼儿家长或教师手中，根据他们填写的结果判定婴幼儿在该领域的能力水平。还可直接访谈婴幼儿的家长或教师，通过问答的形式了解婴幼儿的发展现状。第二种是观察法。可以使用相关的观察工具直接对婴幼儿的表现进行记录和评定，以了解婴幼儿的发展情况。

2. 家长育儿能力

婴幼儿活动的一个重要对象就是家长，家长期待通过婴幼儿活动获得育儿知识，提升养育技能。家长育儿能力的提升，包括知识、技能、育儿理念几个方面。因此婴幼儿活动，首先应使家长获得育儿的知识和技能，包括保育和教育的知识和技能，如婴儿营养与喂养技巧、婴儿保健、与婴幼儿生长发育特点相关的知识，即怎么做。其次，还应使家长掌握与保育与教育相关的婴幼儿发展的知识，如婴幼儿身心发展的阶段特点、婴幼儿疾病的预防与照护、婴幼儿心理发展的关键期与规律等，即知道为什么做。最后，还应引导家长了解保育与教育和婴幼儿终身发展的关系，如保育与婴幼儿性格发展、保育与幸福、保育与社会性发展等的关系，即知道什么是结果。此外，还应引导家长提高亲子互动的能力，掌握亲子互动的技巧。

二、对婴幼儿发展的评价

婴幼儿是否得到全面发展是对婴幼儿活动进行评价的关键。婴幼儿活动要达到的效果，就体现在实施活动之后，婴幼儿是否得到了全面、健康的发展。通过对婴幼儿认知、身体与动作、情感与社会性发展等的观察和测评，来了解婴幼儿的发展情况，以便更好地评价活动，反思活动，从而更好地改进活动。对婴幼儿发展的评价可以从以下几个方面进行。

（一）认知

认知评价主要是评价以下方面：婴幼儿在活动过程中是否获取了新的知识，是否获得对周围世界的经验；教师能否根据婴幼儿的认知发展特点组织教学，诱发婴幼儿感知兴趣，让婴幼儿掌握观察方法，提高其感知觉的灵敏度。教师可以利用感知觉特性，选择的学习内容是强度大、与周围背景差异大、新奇的，还可以教会婴幼儿观察的方法，使婴幼儿积累丰富并适宜的感性经验，拓展认知，多看多听多体验，运用多种形式，提供真实的经验。认知是大脑反映事物的特性与联系，并揭露事物对人的意义与作用的心理活动。皮亚杰的认知发展阶段理论认为，0～2 岁婴幼儿处于感知运动阶段，婴幼儿通过他们的感觉器官感知世界并进行思考。他们创造了解决感知动作问题的方法。如从百宝箱里取放玩具、用拇指和食指抓取东西等。婴幼儿认知发展的特点是发展快、敏感、活跃，但缺乏整体性；思维具有直觉行动性的特点；自我意识具有自我中心性的特点。

（二）身体动作

身体动作的发展主要包括两个部分：一是大肌肉动作的发展，如抬头、翻身、爬、走、跑跳等；二是精细动作的发展，如抓握、捏、眼手协调等。婴幼儿的身体发展趋势遵循首尾原则、大小原则、近远原则，发展的特点有发展迅速、协调性差、随意性差、精确性差等。0～12 个月的婴幼儿大肌肉动作要注重头颈部的运动，抬头、翻身、爬、坐、站、走等，需要家长和教师引导婴幼儿去控制自己的头颈部和躯干；精细动作主要是初步控制自己的手。13～24 个月的婴幼儿的大肌肉动作是用胳膊和腿部来进行移动；小肌肉动作是能够用手指来抓握物品等。25～36 个月的婴幼儿大肌肉动作主要是控制自己的身体，让身体逐步协调，小肌肉动作是更好地运用手来做动作、眼手协调等。评价活动时，要注意教师是否遵循了婴幼儿身体动作的发展原则，教师在活动中对婴幼儿动作的训练是否能够做到由易到难，并能够亲自进行示范。

（三）情感与社会性

婴幼儿的社会性发展包括两个方面：一方面是个性的形成，另一方面是个体的社会化。社会化是指个体能够适应社会环境，正常地与别人交往，接受别人的影响，并反过来影响别人，在努力实现自我完善过程中积极地影响和改造周围环境。个体形成和发展这些社会心理特征的过程，就是所谓的社会化过程。社会性强调人的社会性发展和演变的结果，而社会化强调人的社会特性发展和演变的过程。婴儿生来就有发出信号的能力，他们的哭声对成人具有显著的唤醒效果，能召唤成人前来安慰他们，并缓解他们的不适。随着婴儿的成长，与成人的互动增加，他的情感反应产生了分化，出现了更多的情感需求与体验，如愤怒，忧伤、惧怕、需要成人的更多关注等。亲子交往中的母婴交往是婴儿最初的交往行为，中间伴随着依恋的出现与发展。评价婴幼儿活动对婴儿情感与社会性是否有效果，要观察教师是否会引导婴幼儿去跟教师进行师幼互动，能否帮助婴幼儿形成自我意识，促进婴幼儿个性的形成，引导婴幼儿与同伴之间的互动。

想一想

一个9个月大的婴儿刚刚被母亲送到照料中心，他的母亲上班快要迟到了。尽管她在把儿子交给照料者时已经和他待了几分钟，但不巧的是今天的照料者是一位替班的新手。当母亲跟婴儿告别，匆匆忙忙离开后，婴儿就开始哭闹。现在，他坐在地板上，感到害怕，一会儿尖叫，一会儿哭泣。

问题：这个婴儿的行为可能会代表何种意义？根据拓展资料的评价指标（见表7－3），对一个婴幼儿活动中婴幼儿的情感与社会性发展的情况进行评价。

三、婴幼儿活动评价案例分析

（一）案例分析一

活动名称：小鱼游游游。

活动准备：5条金鱼，分别放在几个盆内。

活动开始：

老师："宝宝，你看这是什么啊？"宝宝说出名称，如果宝宝不认识，老师要教他认识金鱼，并让他观察金鱼是怎么游的。

展开部分：

老师示范小鱼游的动作：两脚小跑步，两手贴在身体两侧，三拍一下前后摆。老师播放《小鱼游游游》的音乐："小小鱼儿游呀游，游来游去真快乐，小鱼小鱼游呀游，摇摇尾巴点点头。"老师让宝宝模仿小鱼游的动作，看看谁游得好。

活动结束：

教师和幼儿一起跟着音乐做小鱼游游游的动作。

分析：通过各项游戏和操作活动开发婴幼儿早期的潜能，促进婴幼儿身心全面发展，注重婴幼儿社会性、认知能力、运动能力等的发展。教师与婴幼儿有良好的互动，能够促进婴幼儿社会性的发展。通过音乐游戏的形式，让婴幼儿感受到音乐的节奏，能够让婴幼儿在音乐中大胆地表现自己。针对活动中的具体内容和方法指导家长，提高家长科学育儿水平，增进亲子感情。

（二）案例分析二

活动名称：小动物来了。

活动准备：玩具乌龟和玩具兔子。

活动过程：

教师将玩具乌龟和玩具兔子展示给婴幼儿看，告诉婴幼儿“兔子是一蹦一跳来这里的，乌龟是一步一步慢慢爬来的。”边说边演示玩具，教师播放《乌龟爬》《小兔跳》的音乐，当听到缓慢低沉的音乐时，教师问婴幼儿：“这是什么动物来了呀?”看婴幼儿是否能辨认出是乌龟，然后演示乌龟随着音乐节奏慢慢爬。当听到欢快跳跃的音乐时，教师再问：“听，这又是什么动物来了呀?”引导婴幼儿说出是兔子，然后教师又模仿兔子随着音乐节奏一蹦一跳的动作。教师让家长带着婴幼儿听音乐，并跟着音乐模仿动物行走的样子。

分析：该活动主要是运用音乐、乐器、活动材料来对婴幼儿实施音乐教育、感统练习、动作训练。活动内容包括体态律动、感觉统合练习、感知音乐的特点。让婴幼儿从小接触到不同种类的音乐，用不同的音乐节奏代表小兔和乌龟，让婴幼儿能够区分两种不同的音乐节奏，为婴幼儿提供节奏、声音、韵律、听觉区别的体验。

想一想

对婴幼儿活动的评价中，如何保证评价的全面性?

拓展资料

《托育机构保育指导大纲（试行）》对0～3岁婴幼儿情感与社会性发展的评价指标如表7-3所示。

表7-3 0～3岁婴幼儿情感与社会性发展评价指标

月龄	序号	评价内容
0～6个月	1	发展迅速，能自我调节发展
	2	开始与他人建立关系
	3	对世界充满兴趣

续表

月龄	序号	评价内容
7～12 个月	1	在交往中出现一些情绪
	2	行为具有目的性
	3	能表现出各种情感
13～18 个月	1	在情感交流中，运用一些互动技巧
	2	在情感交流中，运用一些情绪信号
	3	在情感交流中，运用一些手势符号
	4	在听到别人喊自己的名字时，是否有回应
	5	在照镜子时，是否能意识到镜子里的人是自己
19～24 个月	1	能运用理性思维表达感受、希望和意图
	2	能了解他人的情感表达
25～36 个月	1	能根据成人的指令完成一些任务
	2	能理解他人的情绪并作出自我行动调整

主题三　婴幼儿活动评价的原则

婴幼儿活动评价的内容分为两部分：一是对婴幼儿相应发展水平的评价；二是对活动实施情况的评价。

婴幼儿的身心发展具有个体差异性。婴幼儿早期的个体差异通常十分明显，即使同年龄段的婴幼儿也会表现出不同的发展水平。另外，每个婴幼儿自身各方面的发展速度也不同。对婴幼儿身心发展水平的评价非常重要，一方面可以帮助教育者更好地评估婴幼儿的水平以设计活动，另一方面可以帮助教育者更好地回顾和反思活动实施的成效以作出调整。

一、婴幼儿发展评价的原则[①]

婴幼儿活动评价观察评估是教育的基础，只有真正了解婴幼儿发展情况并分析其真正的发展需求，才能为婴幼儿提供更好的支持。在对婴幼儿发展情况进行评价时，保教人员

① 张红．0～3 岁婴幼儿教育活动设计与指导［M］. 上海：华东师范大学出版社，2021：177－179.

要遵循一定的原则，保证评价过程的准确性、合理性以及评价结果的可靠性。

（一）目的性与系统性相结合的原则

目标能够指明行动方向并指导实践工作，从而保障相应工作能有目的、有计划、有组织地进行。① 在教育评价工作中，离不开明确的目标，而衡量目标的重要标准之一就是它是否能引导教育工作的正确方向。因此，对婴幼儿的评价需要有非常明确的目的，即以《托育机构保育指导大纲（试行）》中提出的“尊重儿童、安全健康、积极回应、科学规范”四原则为核心，切实将评价内容充分融入促进婴幼儿身心健康发展的工作中。

对婴幼儿的发展评价需要坚持目的性与系统性相结合原则，需要对婴幼儿的表现展开有目的的系统评价，即在评价之前，事先确定好观察评价的具体方案，包含评价过程中需要收集的信息、评价的对象、采用的评价方法等。

（二）整体性与连续性相结合的原则

婴幼儿的发展遵循一定的客观规律，但是不同的婴幼儿之间存在巨大的个体差异；即使是同一个阶段的婴幼儿，其不同方面发展的速度、水平也不一样。保教人员在评价婴幼儿时，要从连贯、整体的角度看待评价结果，不应追求所有婴幼儿发展水平“整齐划一”，不能因为婴幼儿某个方面表现落后于其他婴幼儿就判断其是“落后的”。

婴幼儿发展水平的评价是一个长期的、连续的过程，保教人员要学会将评价的内容、结果与婴幼儿的活动有机结合，努力做到从关注婴幼儿连贯、整体发展的角度看待婴幼儿发展评价的结果。

（三）真实性与情境性相结合的原则

婴幼儿是发展评估中的主体，也是评价者的主要评价对象，因此保教人员对婴幼儿的评价应该考察婴幼儿在情境中的真实反应。

在进行评价时，保教人员应尽量不干预婴幼儿的活动，从而保证评价的有效性。如果在评价过程中，婴幼儿表现出某些意外的行为，评价应适时中断，待婴幼儿状态恢复时再开始。

在坚持真实性原则的基础上，评价者可以对婴幼儿的反应作出回应，使婴幼儿的评价处在情境性之中。

（四）科学性与保密性相结合的原则

在评估婴幼儿发展的过程中，应采用多元综合测评的体系，评价主体要多元，教师与

---

① 霍力岩，等．学前教育评价［M］. 3 版．北京：北京师范大学出版社，2015：45.

家长都可以参与其中，保证获取评价信息的全面性和测评过程的科学性。

同时，要注意对获得的评价信息严格保密，在记录过程中尽可能使用婴幼儿编号或者以虚拟的代号代替他们的真实姓名。若未能得到被评估家长的允许，评价者要严格遵循保密性原则，禁止将评估信息告知他人。

二、对婴幼儿活动本身的评价原则

评价的根本目的在于提高托育机构的质量，从而保障每一位婴幼儿的身心健康。在对婴幼儿活动的要素进行评价时，为了保证评价结果的客观、有效，必须遵循一定的评价原则。

（一）客观性原则

婴幼儿活动评价的客观性原则，是指在评价过程中必须把握婴幼儿活动的客观规律，实事求是，以客观事实为依据，从客观实际出发获取真实信息，依据科学的标准，对婴幼儿活动的过程和结果进行分析判断。

贯彻婴幼儿活动评价的客观性原则，要求评价者确定的评价指标必须符合评价的目的要求，反映被评价对象的本质特征；评价标准要合理，评价者要正确理解和把握评价标准，克服主观随意性的影响；评价方法的选择要与评价内容相适应，多种方法相结合，这样才能搜集到更全面、准确的评价信息，得出的评价结论也更可靠。

（二）激励性原则

婴幼儿活动评价的激励性原则，是指评价应促使被评价对象形成继续努力或在进一步的活动中克服不足之处，增强提高活动效果的动机或期望。这是由婴幼儿活动评价要激励评价对象前进、促使其发展的目的所决定的。

贯彻婴幼儿活动评价的激励性原则，首先要使婴幼儿活动评价过程和评价结果客观、公正、准确；其次，制定婴幼儿活动评价目标和具体标准时要从评价对象的实际出发，充分考虑评价对象的客观环境和条件，不要过高或过低；最后，要求评价的实施者注意评价对象个体的心理状态，了解并尊重评价对象的意见，及时反馈评价结果，以激发评价对象在进步的活动和教育过程中保持优势、克服不足之处的动机和行为。

（三）实效性原则

实效性原则，是指评价要有实际作用。婴幼儿活动评价活动如果不能帮助被评价对象找出工作或学习中的问题，并对其改进提供有价值的帮助，那么这种评价就不具有现实意义。因此，为达到“以评促建，以评促发展”的目的，在评价时要参考各类政策文件、文献资料以及实践经验等，了解各个评价指标的具体含义。

拓展知识

《托育机构保育指导大纲（试行）》对0～3岁婴幼儿动作与习惯能力发展的评价指标如表7-4所示。

表7-4　0～3岁婴幼儿动作与习惯能力发展评价指标

月龄	序号	评价内容
0～6个月	1	能作出无规律、不协调的动作，如紧握拳
	2	能在直立位、俯卧位时抬起头，在家长帮助下能翻身
	3	能从仰卧位变为侧卧位，能用手摸东西
	4	扶着髋部时能坐，手能握持玩具
	5	俯卧时能用两手撑抬起胸部
	6	扶着腋下能站直，两手能各握一个玩具
	7	能独坐一会儿，能用手摇玩具
7～12个月	1	会打滚，能坐很久，可以将玩具从一只手换到另一只手
	2	会爬，会自己坐起来或躺下去，会扶着栏杆站起来，会拍手
	3	能试着独站，会从抽屉中取出玩具
	4	能独站片刻，扶椅或推车能走几步，能用拇指和食指拿东西
	5	能独走，能弯腰拾东西，会将圆圈套在木棍上
13～18个月	1	能走得好，能蹲着玩，能叠1块或1块以上积木
	2	能爬台阶，有目的地扔皮球
19～24个月	1	能双脚跳起来
	2	手的动作更准确，会用勺子吃饭
25～36个月	1	能跑，会骑三轮车
	2	会洗脸、洗手，能穿脱简单的衣服

想一想

如何保证婴幼儿活动评价的客观性？

小案例

亲子课程——给瓶子排队

［课程描述］

教师通过操作演示吸引婴幼儿注意，引导婴幼儿观察、发现瓶子的不同之处。在操作活动中，比较、分辨瓶子的大小、高矮。在亲子游戏中，引导婴幼儿根据高矮顺序进行排列。

[观察记录]

超超被教师的示范所吸引，能用“语言+肢体动作”表达自己对物体的感受。在“给瓶子排队”的操作活动中，超超每次都能在2个大小、高矮不同的瓶子中准确找出大的给爸爸、小的给自己。当爸爸说“高的给爸爸，矮的给超超自己”时，超超时对时错。爸爸给超超3个高矮不一的瓶子，让超超按“从高到矮”的顺序给瓶子排队，刚开始超超做起来有些困难，胡乱摆放，在爸爸的指点下，超超终于成功地将3个瓶子按从高到矮的顺序排列好了。

[评估分析]

超超能通过观察、比较来辨别物体的大小，但在辨别物体的高矮方面还有一定的困难。他有时会混淆大小与高矮的概念，因此需要再多进行练习。

资料来源：张红．0～3岁婴幼儿教育活动设计与指导［M］．上海：华东师范大学出版社，2021：200.

想一想

对婴幼儿的能力发展评价应遵循什么原则？请结合案例加以说明。

拓展知识

美国幼儿教育协会（NAEYC）对教育项目的认证标准（节选）

关注领域：儿童

标准1：关系

项目应促进儿童与成人之间建立积极的关系，鼓励儿童形成个人价值和社区归属感，培养儿童成为负责任的社区成员。

理论基础：积极的人际关系对于责任感、自我调节能力以及与他人的良好互动都至关重要，并且能促进学习能力的提高和对知识的掌握。温暖、敏感和回应式的互动能够帮助儿童建立安全的、积极的自我意识，促使他们尊重和协助他人。积极的关系还能让儿童从教学经验和资源中获益。自我评价高的儿童通常更有安全感，精力充沛，能与他人和睦相处，学习能力强，并且有归属感。

标准2：课程

项目中的课程应当与其促进儿童发展的目标一致，促进儿童在审美、认知、情感、语言、体能和社交能力等方面的发展。

理论基础：课程要以目标为导向，融合当前研究中的思想和技能，促进儿童的学习和发展。如果教师理解学生个体，明确的课程就能指导教师，他们就能为儿童提供有助于多方面发展的体验。合理的课程还需要教师有目的地计划每日事项，合理协调时间和教学材料，为儿童创造游戏、自主性学习和发挥创造力的条件，让儿童能够根据个人需要和兴趣进行单独或小组式的学习。

标准3：教学

项目应当采用适宜于发展、文化和语言的有效的教学方法，以此促进儿童在课程目标情境中的学习与发展。

理论基础：多种教学方法的运用能够丰富儿童的学习机会，例如使用结构式和非结构式的教学方法，以及以成人为主导和以儿童为主导的教学方法。儿童不同的背景、兴趣、经历、学习方式、需求和能力都将融入学习环境中。为了帮助所有儿童取得进步，老师在选择和运用教学方法时应当考虑这些差异。此外，不同教学方法运用在课程和学习的不同方面时会产生不同的效果。一个能够有效处理教学情境中内在复杂性的教学项目必然运用了多种有效的教学方法。

标准4：测评

通过系统的正式和非正式的测评了解儿童的学习和成长，项目才会具有丰富的信息。测评应在儿童与家人相互交流的环境中开展，并且关注儿童成长的文化背景。测评结果将为儿童、教学和项目改进提供有益的参考，从而促进儿童的发展。

理论基础：老师对每位儿童的了解有助于他们设计合理并具有挑战性的课程，同时采用符合每位儿童优势和需求的教学方法。进一步来说，系统化的测评对于判断儿童是否需要进阶教学、干预或者额外的发展评估必不可少。这些信息能够确保项目实现其在儿童学习及发展进程方面的目标，并能提供项目改进方向的信息。

资料来源：冈萨雷斯-米纳，埃尔．婴幼儿及其照料者：尊重及回应式的保育和教育课程［M］．张和颐，张萌，译．北京：商务印书馆，2016：449－450.

项目小结

实施早期教育活动时，保教人员要科学评估婴幼儿身心发展水平，并对早期教育活动的环境准备、实施过程、实施效果等进行多维度有效评价，根据评价的结果继续推进早期教育活动。因此，掌握婴幼儿活动评价的原则、方法十分重要。本项目重点从婴幼儿活动评价的目标、内容和原则论述婴幼儿活动评价的内容。婴幼儿活动评价的主要目标是掌握婴幼儿身心发展水平、了解教育活动实施的效果、对婴幼儿发展和活动实施进行诊断及反馈。从评价内容来看，点评一个婴幼儿活动，可以从活动目标、活动准备、活动材料、活动实施过程、活动效果等多个方面进行。评价婴幼儿活动时，保教人员需要遵循一定的原则，如客观性原则、激励性原则、发展性原则等。

同步练习

一、选择题

1. 在教育过程中，教师评价婴幼儿的适宜做法是（　　）。

A. 用统一标准评价　　B. 根据一次测评结果评价

C. 用标准化测评工具评价　　D. 根据日常观察所获得的信息评价

2. 颜老师评价婴幼儿活动时，主要考虑活动设计是否符合婴幼儿的年龄特点，目标是否适宜，评价教师的教学方法的运用等，综合判断活动实施的效果。这体现了婴幼儿活动评价（　　）的目标。

A. 掌握婴幼儿身心发展水平　　B. 了解教育活动实施的效果

C. 对婴幼儿发展进行诊断　　D. 对活动实施进行诊断

3. 朱老师设计婴幼儿活动目标时包含了认知、能力和情感的三维目标。这体现了活动目标设计要遵循（　　）的要求。

A. 系统连贯性　　B. 适宜性　　C. 多重整合性　　D. 具体可行性

4. 要评价婴幼儿活动内容的选择是否正确，以下符合婴幼儿的年龄阶段特点的选项是（　　）。

A. 7～12 个月婴幼儿：拨浪鼓摇一摇活动

B. 7～12 个月婴幼儿：跟我一起唱一唱活动

C. 25～36 个月婴幼儿：抬腿翻滚活动

D. 25～36 个月婴幼儿：小乌龟爬爬爬活动

5. 陈园长在评价活动时，注意评价任教老师的心理状态，了解并尊重老师的意见，及时反馈评价结果，以激发老师在教育过程中保持优势、克服不足之处。这体现了评价的（　　）。

A. 客观性原则　　B. 激励性原则　　C. 发展性原则　　D. 实效性原则

二、判断题

1. 婴幼儿活动评价的客观性原则意味着保教人员要对婴幼儿进行绝对评价。（　　）
2. 婴幼儿活动评价要保证客观性、全面性。（　　）
3. 婴幼儿活动评价一定需要评价量表。（　　）

三、简答题

1. 简述婴幼儿活动评价的原则。
2. 简述婴幼儿活动评价的内容。
3. 简述婴幼儿评价的目标。

四、材料分析题

表 7－5 是某早教中心的材料清单，请根据评价标准思考：该早教中心活动材料准备得怎么样？

表 7－5　早教中心物品明细表

所需区域	物品名称	数量	备注
教室及活动区	拖鞋	30 双	冬季和夏季两套
	电源	2 处	早教中心 1m 以上，幼儿园 1.2m 以上
教室（每间 30 平方米以上）	教具柜	2 组	规格：120cm×30cm×90cm
	电子琴	1 个	标准 61 键
	坐垫	6 个	每间教室 8 个以上
	垃圾桶	1 个	每间教室及活动区各一个
	纸抽	1 个	每间教室及活动区各一个
	整理箱	1 个	每间教室一个
	钟表	1 部	电子时英钟
	CD 机	1 台	每间教室一台
	地面	2 层	底层地垫，上层黄色地板革
	墙体		以浅色为主，禁止乱涂乱画
	门		不设门槛
	窗户		低、矮，保持清洁

续表

所需区域	物品名称	数量	备注
卫生间	洗手台	1个	适合儿童使用
	洗手液	1个	定期更换
	清新剂	1个	有淡淡水果清香味
	消毒液	1个	产品不伤皮肤
	毛巾	若干	定期清洗
	马桶	1个	适合儿童使用
游乐区	小型桌椅	1套	圆形
	海洋球	1套	与海洋球池配套
	滑梯	1组	安全塑料
	跳跳床	1个	直径100cm
	羊角球	4个	直径50cm
	沙发	1个	以浅色调为主
	鞋架	2组	能摆放下拖鞋
	衣物柜	40～50个	规格：30cm×30cm

参考文献

[1] 王丽娟，陈元，张莹．0～5 岁婴幼儿 24h 活动研究系统综述 [J]. 上海体育学院学报，2021，45 (4).

[2] 律茵．锦州市早教机构 0～3 岁婴幼儿亲子活动课堂组织现状研究 [D]. 呼和浩特：内蒙古师范大学，2013.

[3] 乔建梦．12～36 月龄婴幼儿家长教养信念和行为对婴幼儿社会情绪能力的影响 [D]. 上海：上海师范大学，2017.

[4] 郑琼．0～3 岁婴幼儿亲子活动指导与设计 [M]. 福州：福建人民出版社，2013.

[5] 武霞．浅谈布鲁纳的认知结构学习理论 [J]. 文学教育，2011 (3).

[6] 徐晓敏．布鲁纳认知-发现学习理论与幼儿教育 [J]. 长春教育学院学报，2013 (17).

[7] 陈立．皮亚杰、维果茨基对建构学习观的贡献 [D]. 桂林：广西师范大学，2000.

[8] 张丽莉．皮亚杰建构主义理论在我国幼儿园课程中运用的可行性研究 [D]. 上海：华东师范大学，2011.

[9] 公续亮．行为主义学习理论与中国现代教育理念的比较研究 [D]. 济南：山东师范大学，2003.

[10] 吴丽君．马斯洛人性理论初探 [D]. 呼和浩特：内蒙古大学，2005.

[11] LYNN E COHEN，SANDRA WAITE-STUPIANSKY. 幼儿教师须知的教育理论：13 个世界著名理论流派的幼儿教育观 [M]. 刘富利，覃静，译．北京：中国工业出版社，2021.

[12] 张红．0～3 岁婴幼儿教育活动设计与指导 [M]. 上海：华东师范大学出版社，2021.

[13] 王丽娜．婴幼儿早期教育活动设计与指导 [M]. 上海：复旦大学出版社，2020.

[14] MARY JANE MAGUIRE-FONG. 与 0～3 岁婴幼儿一起学习：支持主动的意义建构者 [M]. 罗丽，译．北京：中国轻工业出版社，2020.

[15] 安吉丽卡·冯·德·贝克．如何创建日托保教空间：0～3 岁托育机构环境创设指南 [M]. 张世胜，刘雪婷，王雅馨，译．北京：北京师范大学出版社，2021.

[16] 袁爱玲．幼儿园环境创设 [M]. 长沙：湖南大学出版社，2015.

[17] 华爱华，黄琼．托幼机构0～3岁婴幼儿教养活动的实践与研究［M］. 上海：上海科技教育出版社，2006.

[18] 李维金．学前儿童科学教育［M］.2版．北京：科学出版社，2012.

[19] 秦旭芳．学前儿童活动设计［M］. 北京：教育科学出版社，2014.

[20] 李婧．早教机构0～3岁婴儿教育活动问题与对策研究［D］. 重庆：西南大学，2011.

[21] 霍力岩，等．学前教育评价［M］.3版．北京：北京师范大学出版社，2015.

[22] 冈萨雷斯-米纳，埃尔．婴幼儿及其照料者：尊重及回应式的保育和教育课程［M］. 张和颐，张萌，译．北京：商务印书馆，2016.

[23] 文颐，石贤磊．婴儿认知指导活动设计与组织［M］. 北京：科学出版社，2015.

[24] 倪陶．托育机构生活活动保育质量评价指标体系的构建研究［D］. 重庆：西南大学，2021.

[25] 魏晓会．日本0～2岁保育服务及其对中国的启示［D］. 南京：南京师范大学，2017.

[26] 刘俊升．天使之心：儿童心理的形成与发展［M］. 北京：北京大学出版社，2007.

[27] 庞丽娟，李辉．婴儿心理学［M］. 杭州：浙江教育出版社，1993.

[28] 徐小妮.0～3岁婴幼儿教养教程［M］. 上海：复旦大学出版社，2011.

[29] 何慧华.0～3岁婴幼儿保育与教育［M］. 上海：上海交通大学出版社，2013.

[30] 陈雅芳，曹桂莲.0～3岁儿童亲子活动设计与指导［M］. 上海：复旦大学出版社，2014.

[31] 胡红梅.0～3岁婴幼儿早期教育活动设计与指导［M］. 重庆：西南师范大学出版社，2021.

[32] 杨玉红，赵孟静.0～3岁婴幼儿保育与教育［M］. 天津：南开大学出版社，2015.

[33] 王丹．婴幼儿心理学［M］. 重庆：西南师范大学出版社，2016.

[34] 王丽娜．婴幼儿早期教育活动设计与指导［M］. 上海：复旦大学出版社，2020.

[35] 侯金芹．婴幼儿亲子共享阅读：学前家庭教育的实践路径［J］. 教育观察，2021(48).

[36] 杨帆．对城市0～3岁婴幼儿家庭教育的思考与建议［J］. 知识文库，2021(17).

[37] 赵鑫瑞，蔡迎旗．美国“帮助我成长”项目概述及对我国婴幼儿家庭教育支持

服务的启示［J］. 早期教育，2021（1）.

［38］于雅杰 .0～3 岁婴幼儿家庭教育的策略［J］. 现代教育科学（小学教师），2013（4）.

［39］陈红梅，金锦秀 . 对城市 0～3 岁婴幼儿家庭教育的思考与建议：以武汉市为例［J］. 幼儿教育（教育科学），2009（12）.

［40］业冰，马超俊 .“85 后”父母学堂：区域推进婴幼儿家庭教育的实践［J］. 江苏教育，2022（23）.

［41］杨腊凤 . 常州市 0～3 岁婴幼儿社区早期教育公共服务基地建设的实践研究［J］. 理论观察，2013（12）.

［42］吴凡 .“全面二孩”政策下 0～3 岁婴幼儿社区早教服务的困境与突围［J］. 早期教育，2021（18）.

［43］杨秀蓉，欧阳运柳，王玉，等 . 成都市金牛区社区 0～3 岁婴幼儿早期教育服务多元模式探索［J］. 东方娃娃：保育与教育，2021（3）.